DAS
NEUE
BERLIN

Bärbel Balke

FRAUEN TÖTEN EINSAM

Begegnung mit weiblicher Gewalt

Verlag
Das Neue Berlin

ISBN 3-359- 007409-9

1. Auflage

Verlagsgesellschaft mbH
Postfach 106, 10103 Berlin

Gestaltung: P. Fischer Sternaux
Printed in Germany

Frau

Liebreiz. Heilige. Oh, Angebetete.

Endlich Angetraute. Vertraute.

Grundsätzlich zum ehelichen Verkehr Verpflichtete.

Du Mutter. Berufstätige. Haushälterin.

Frau Scheide. Spermahalde. Lustobjekt.

Du barbusiges Titelbild. Du Hure.

Frau als Dulderin. Du Opfer.

Du Ehebrecherin. Du Brett im Bett.

Du unersättlich' Weib. Hyäne.

Erpresserin und Nervensäge.

Du diplomatische Managerin. Frau Schwanzabschneider.

Frau Tod.

Frau. Vielleicht alle in einer.

Verabredung mit einer Mörderin

Die Luft steht wie die Autos. Stau. Benzingestank. Hinter Lenkrädern nervöse Menschen, gerade umbenannt in Arbeitnehmer, Manager, Geschäftsführer.
Die Sonne prallt aufs Wagendach. Ich kurbele mein Fenster herunter und höre aus einem anderen: „It's a wonderful, wonderful life ..."
Frauen-Haftanstalt Berlin-Grünau. Früher hieß das Gefängnis Strafvollzugseinrichtung, jetzt Justizvollzugsanstalt. Die ehemals uniformierten Erzieherinnen nennen sich nun Betreuerinnen und tragen Jeans.
Man müßte bei diesem Wetter an einen See fahren ... Ausgeschlossen. Eingeschlossen und wieder ausgeschlossen. Pflastersteinweg ...
Man müßte sich in ein Straßen-Café setzen, Schwarzwälder-Kirsch-Eisbecher bestellen ... Die gewesene Frau Leutnant geht voran. Ich spüre ihren Schatten auf meiner Haut. Die Glassplitter der Mauer gleißen ab und zu auf wie spitze Schreie.
Betrete Verwahrtrakt. Stelle mich auf den weißen Strich am Flurboden. Davor hatten sie anzutreten. Diese Markierung durfte keine übertreten, als es noch die andere Mauer gab, die große um diese.
Man müßte Alltäglichkeiten verstreuen. Blumensträuße vielleicht oder Vogelfutter. Auch ohne Uniformen rekrutiert sich mein Unbehagen aus Uniformen ...
Im Waschraum fünf Waschbecken nebeneinander und zwei Toiletten ohne Türen, mit Trennwänden, die bis zur Hüfte reichen, wenn man im Stehen pinkelt.
Frauen pinkeln aber nicht im Stehen. Müssen Auge in Auge sitzen, wenn sie können. Wer nicht kann, bekommt einen Einlauf.
Die Frau in Jeans geht.
Mein Platz, zwei mal drei Meter, mit Couch, Sessel und Kantinentisch, ist nun meine Zelle. Wage es nicht, mich zu setzen. Wer erst einmal sitzt, der bleibt 'ne Weile.
Die Klospülung nebenan tropft Zeit dahin. Panik. Ich muß gehen, raus hier, weg. Bin schon zu lange hier. Habe doch wirklich genug Gefängnisse von innen gesehen – im Kino. Was

ist Berlin-Grünau gegen Alcatraz! Kenne den Knastalltag doch – vom Fernsehen. Weiß längst, es gibt solche und solche Mörder. Frauen oder Männer, die sich an Kindern vergriffen haben, gelten als Monster. Auch im Knast gibt es eine Hierarchie.
Karin A. wollte ein Kind und noch ein Kind und noch ein Kind und noch eins töten. Das kleinste überlebte nicht.
Karin A. ist eine Mörderin. 13 Jahre Haft. Karin A. wird gleich durch diese Tür treten ...

I Die Spur

Was will ich mit einer Mörderin reden? Eine solche Frau hat schwerwiegend gesellschaftliche Normen verletzt, ist eine Verbrecherin, ein verwahrlostes, gefühlskaltes Wesen. Nicht der Rede wert ...

Ich gehe. Bin gegangen. Seit langem in eine Richtung. Werde mir dessen jetzt erst bewußt.

Karin A. ist jünger als ich. Wenige Jahre nur.

Wie ein Kriminalist will ich versuchen vorzugehen. Bin allerdings in der besseren Lage. Bin eine Frau. Und damit könnte ich in einer ziemlich komplizierten Lage sein, hätte ich nicht Hoffnung.

Ich werde zuhören. Erst einmal. Naiv. Ich folge der weiblichen Melodie. Dem Solo. Erst einmal. Und ich werde mich erinnern, wie sich jeder erinnern wird ...

Ich treffe eine Mörderin. Aus der Verabredung wird eine Begegnung. Dann noch eine. Am Ende werde ich mit vielen Frauen gesprochen haben, mit noch inhaftierten, bereits entlassenen. Und ich werde nicht mehr loskommen von ihnen. Das erste Gruppen-Bild wird über meinem Schreibtisch hängen, dann noch eins und noch eins ...
Mit der Zeit werde ich bemerken, daß die Frauen auf den Bildern, die alle Straftäterinnen heißen oder Verbrecherinnen, Mörderinnen, Monster, jedesmal anders zur Kamera stehen, bis

sie sich selbst platziert und formiert haben, ohne zu wissen, daß sie damit das reale statistische Abbild schufen: Frauen, die ihre eigenen Kinder töteten zuvorderst; dann jene, die ihre Partner umbrachten oder umbringen ließen; ganz zum Schluß die Frauen, die Fremde töteten. Und die eine lacht sich halbtot über nichts. Die andere zieht schnell noch die Konturen ihrer Lippen nach. Die dritte, verstockt, wendet sich ab in Richtung Bildrand. Einige lächeln wie immer, weil sie nichts anderes geübt haben. Schnappschüsse. Augenblicke weiblicher Zeit und Unzeit. Szenen fraulicher Gewalt, gebannt auf Papier ...

Karin A. lernte ihren Mann während des Studiums kennen.

Ich lernte auch einen Mann während des Studiums kennen. Vollgestopft mit Muttersätzen schlitterten Karin A. und ich aus einer kleinbürgerlichen Großfamilie übergangslos in die kleinste Zelle der Gesellschaft. Doch hier trennt sich auch schon der Weg unseres ähnlich begonnenen Schicksals. Karin A. heiratet erst nach dem Studium. Ich will vierzehn Tage vor dem Standesamtstermin bereits keine Hoch-Zeit mehr. Aber es ist höchste Zeit. Meine Mutter bearbeitet mich. Letztendlich glaube ich ihr, daß frau unehelich kein Kind bekommen sollte.
Mit neunzehn habe ich einen dicken Bauch. Mit neunzehn habe ich noch zwei Jahre Studium vor mir und einen Mann an der Seite, der gelegentlich tätlich ausrastet.
Vielleicht begann ich deshalb zu schreiben. In meinem zweiten Buch ließ ich eine Frau eine andere Frau töten.
Daß eine Frau eine andere Frau tötet, ist im realen Leben höchst selten.
Warum ließ meine Phantasie es nicht zu, daß eine Frau einen Mann tötet?

Im Kino oder in Romanen töten meist eiskalt berechnende Schöne unter anderem aus leidenschaftlicher Eifersucht den Geliebten, weil er fremdgeht, oder den Gatten, weil auch der fremdgeht.
Kunst-Derricks, vereinzelt auch schon ergreifende Kommissarinnen sind Helden, die stets nach Recht und Gesetz jeden Täter zur Strecke bringen.
Im realen Leben aber ist Recht oder Unrecht keine konstante

Größe, verrückt oder nicht, kein medizinischer Begriff. Und gut oder böse sind schon immer verkommene Worte gewesen und stehen nur in der Bibel.

Grüne Menschen schlachten lilafarbene. Der an die Erde glaubt, metzelt den, der an den Himmel glaubt. Und die Etcetera-Mafia schlachtet die dazwischen, die im Wege sind. Mord ist alltäglich.

Der Frankfurter Psychologie-Professor Jo Groebel stellt in seiner 1992 veröffentlichten Studie fest, daß ein zwölfjähriges Kind im Durchschnitt bereits 14 000 Tötungsdelikte per Bildschirm miterlebt hat – alle zwanzig Minuten ein Mord, siebzig Leichen pro Tag. Mord ist alltägliche Unterhaltung.

Karin A. ist eine leise Frau mit großen, ausdrucksvollen Augen.

Auch in der sozialistischen Republik wurde getötet. Genaueres wußten nur Auserwählte. Auf die „gleichberechtigten Frauen als Beweis für den humanistischen Staat" – wie die Vorsitzende des Frauenbundes noch 1989 formulierte – durfte öffentlich kein Schatten fallen. Die berufstätige Mutter hatte im Haushalt aufzublühen, in der Arbeit aus sich herauszugehen und in gesellschaftlicher Funktion über sich hinauszuwachsen. Für sie gab es seit 1968 zur Verhütung der Schwangerschaft kostenlos die „Pille", ab März 1972 die legale Unterbrechung einer Schwangerschaft per Fristenlösung. Der § 218 war abgeschafft. Es gab Frauenförderungspläne, Geburtenbeihilfen in Form einer einmaligen Zuwendung, den sich sukzessive verlängernden bezahlten Schwangerschafts- und Wochenurlaub, Unterstützung für kinderreiche Familien, bezahlte Freistellung von Müttern bei der Geburt eines Kindes bis zur Vollendung seines ersten Lebensjahres ... Es gab. Es gab.
Es gab trotz aller sozialpolitischen Maßnahmen sowohl in der sozialistischen Republik als auch in der Bundesrepublik, es gibt heute in Gesamtdeutschland als das häufigste Gewaltdelikt von Frauen Mord oder Totschlag – begangen an ihren eigenen Kindern. Ist das nicht bemerkenswert? – wie eben auch das: Die mittlerweile bekanntgewordene weibliche Beteiligung an Mord und Totschlag in Ost unterschied sich nicht von der weiblichen

Beteiligung in West. In beiden Teilen Deutschlands lag sie zwischen 13 und 15 Prozent.

1989 saßen 2363 Frauen in Ost-Gefängnissen, davon 1114 wegen sogenannter politischer Delikte. Anfang 1990 kamen rund 1500 Frauen frei. Unter denen, die bleiben mußten, waren jene Frauen, die getötet, zur Tötung angestiftet oder Beihilfe geleistet hatten.

Ein westdeutscher Buchautor schrieb im selben Jahr über weibliche Gewalt: „Frauen, die töten, geben uns *große Rätsel* auf. Solche Taten stehen... im Widerspruch zu *ihrer Natur*, die ja Leben geben und beschützen soll ... In unseren Tagen beherrschen jene negativen Heldinnen die Kriminal- und Gerichtsszene, die aus Leidenschaft und irregeleiteter Liebe Menschenleben auslöschen." [1)]

Lorena Bobitt, wohnhaft in einer Kleinstadt in der Nähe von Washington, schnitt 1993 ihrem Mann den Penis ab, warf ihn aus dem Autofenster und alarmierte dann die Polizei. Der Penis konnte wieder angenäht werden.
Der zuerst wegen fortgesetzter Vergewaltigung in der Ehe angeklagte Gatte erhielt Freispruch. Die Empörung der im Gerichtssaal anwesenden Frauen kommentierte ein Journalist in der BUNTEN so: „Der Freispruch wird mit wütendem Geheul der Feministinnen begleitet. Lorena Bobitt ist *keine kleine* Kosmetikerin mehr, sie ist *Jeanne d' Arc*. Sie ist *die Frau mit dem Schwert.*"
Gegen Lorena Bobitt wurde wegen Körperverletzung verhandelt. Ihr attestierte man(n) zur Tatzeit *Unzurechnungsfähigkeit*. Sie wurde aus der Haft entlassen mit der *richterlichen Anordnung*, sich einer *psychiatrischen Behandlung* zu unterziehen.

Mein Vater riet mir, kurz und kräftig das Knie nach oben zwischen die Beine des Mannes schnellen zu lassen, sollte mir einer, wenn ich es nicht will, zu nahe kommen. Weshalb warnte mich mein Vater vor männlichen, nicht aber vor weiblichen Übergriffen?

Das Gruppen-Bild hängt über meinem Schreibtisch: Die eine

Frau lacht sich halbtot über nichts. Die andere zieht schnell noch die Konturen ihrer Lippen nach. Die dritte, verstockt, wendet sich ab in Richtung Bildrand. Einige lächeln wie immer, weil sie nichts anderes geübt haben. Ein Schnappschuß. Ein Augenblick Zeit. Ich nehme das Bild ab, greife zur Schere und fange an, die Tage, Wochen, Jahre zu zerschneiden ...

Es ist Sonntag. Die kleinen, unverdorbenen Mädelchen mit den lustigen, blonden Zöpfchen, in den hübschen, hellblauen Kleidern und weißen Strümpfen gehen brav, manchmal unwillig an der Erzieherhand in die Sommer und Winter. Irgendwann reißen sie sich los. Mit schwitzigen Händen stehen sie in Nischen und Hausfluren, lassen die Nacht auf die Haut, bis sie glauben, ihren Prinzen gefunden zu haben. Der darf dann, der darf Kinder machen und Häusle bauen ... Doch eines Tages sind einige der nun zur Hausfrau und Mutter gewordenen Mädelchen bereit, zu erwürgen, zu erdrosseln, mit dem Messer zuzustechen ...
Was ist geschehen?

In der DDR wurden durchschnittlich pro Jahr 132 Menschen getötet (nicht gezählt die Opfer an der Grenze und die des Staatssicherheitsdienstes). Einzige Quelle dafür – das Statistische Jahrbuch. Der Geschlechtsunterschied bei den Tätern allerdings wurde verschwiegen oder für nicht relevant befunden.
Es gab in der DDR keine, in der Bundesrepublik erst Ende der sechziger Jahre Untersuchungen zu weiblicher Gewalt. Aber: „Weil Frauenkriminalität nicht bemerkenswert erscheint, ist sie in Schlagwortregistern auch heute immer noch nicht vorhanden ...“ Und wenn sich Kriminologen doch damit beschäftigten, „reservierten sich besonders konservative“ eine Ecke, indem sie „in ihren Erklärungsansätzen für weibliche Gewalt vom sogenannten biologischen Modell“ ausgehen. [2)]
Dieses Modell besagt, daß eine Frau besonders in ihrer Menstruations-, Schwangerschafts- oder Klimakteriumszeit zu Gewalt neigt. Die gewalttätige Frau ein biologisches Monster?

Karin A. hat ausdrucksvolle Augen. Ihre Hände sind gepflegt. Sie spricht leise, schreibt wie gemalt. Manchmal verfaßt sie Gedichte.

Das Gruppen-Bild liegt vor mir.
Es könnte auch ein Foto von einem Betriebsausflug sein. Die Frauen haben kein Blut an den Händen, manchmal aber so seltsame Blicke. Da spiegelt sich in ihren Augen der Tattag. Da wandert das Heute in eine bodenlose Ferne, da beginnen die Hände zu zittern, meine auch, und ich sehe, sie erkennen sich selbst nicht, sind sich fremd. Sehen sich Unbegreifliches tun. Streifen das Büßerhemd über. Das öffentliche Gewissen forderte strenge Ahndung. Doch die Strafen fielen nicht wunschgemäß aus. „Zu niedrig!" schreien die Prozeßenthusiasten, und die Laienrichter brüllen: „Nicht nachvollziehbar!"
Die eine Frau, jene, die noch nie in ihrem Leben in einem Restaurant geschlemmert hat, vergrub ihr Neugeborenes bei lebendigem Leibe. Sie bekam eine geringe Haftstrafe, ausgesetzt auf Bewährung. Die mit dem adretten Blick, die ihr Baby in einen Fluß kippte, wurde zu 10 Jahren, nach Revision zu 7 Jahren Haft verurteilt. Haben nicht beide an ein hilfloses, ihnen ausgeliefertes Wesen Hand angelegt?

Gesetze sind es, die die eine tötende Mutter gegenüber der anderen privilegieren. Gesetze sollen notwendige Verkehrsregeln für menschlichen Umgang sein.
Gesetze sind von Menschen, meistens von Männern gemacht, die Täter – also auch weibliche – in Abhängigkeit der jeweils vorherrschenden Moral be- und verurteilen helfen. Richter sind meist Männer. Gutachter sind meist Männer. Gesetze, Gutachten, Urteile sind demzufolge auch aufschlußreicher Widerspiegel männlicher familien-, kultur- und sexkulturpolitischer Standorte.

Süddeutsche Zeitung, 1991: Eine Frau stößt 1990 ihre beiden Kinder in den Seehamer See und springt selbst nach. Sie und ein Kind bleiben am Leben. Die Frau kommt frei mit der gerichtlichen Auflage, sich unverzüglich in eine offene psychiatrische Anstalt zu begeben.
Sonntagspost, 1993: Eine Leipzigerin, die in die BRD ausgereist war, dort geheiratet und zwei Kinder bekommen hatte, trank, weil „alles schiefgegangen war", mit Sohn und Tochter

vergiftete Brause. Die Kinder starben, die Frau wurde gerettet und zu 2 Jahren Haft verurteilt.

Hart dagegen die Strafe für Karin A. Sie bekam 1987 in der DDR 13 Jahren Haft. Viertausendsiebenhundertfünfundvierzig Tage und Nächte. Fast genau so lange war sie verheiratet gewesen ...

Der Fall Karin A.

Karin hat Hände, die schmal und gepflegt sind. Dauernd fassen sie irgend etwas an, die Fransen der Tischdecke, den Blusenkragen ...
Die Frau wird nicht mehr lange in der Haftanstalt Berlin-Grünau sein. Die Inhaftierten werden verteilt auf West-Justizvollzugsanstalten. Karin ist eine der wenigen, die sich über die bevorstehende Verlegung freut. Sie hat gehört, im West-Knast kann man Klavier üben. Ihre Finger sind zwar nicht mehr so gewandt wie früher, aber sie wird es versuchen. Überhaupt – ihr rechter Arm sieht nicht gut aus. Narben vom Handgelenk bis Oberarm. Wie eine Wilde hat sie mit Messer und Schere auf ihn eingestochen.

... Man schreibt noch die DDR-Zeit, in der besonders Arbeiterkinder gefördert werden. Das Mädchen Karin ist brav, ordentlich, nie schwatzhaft, eben eine Musterschülerin und ein Arbeiterkind. Also ist Abitur mit Berufsausbildung zur Maschinenbauzeichnerin selbstverständlich. Natürlich wird Karin auch Studentin, weil sie eines Tages Technologin sein will.
Ihr Allererster und Zukünftiger ist Mitstudent. „Schön und begehrt von allen, Beischläfer vieler", aber zur Frau „erwählt" er sie.
Karin ist stolz und glücklich. Nach dem Studium wird gleich geheiratet. „Alles ging schön geordnet seinen Gang." Das hieß: Neubauwohnung in einer größeren Stadt, Arbeit für Technologen und Konstrukteure. Und Kinder. 1974 wird die erste Tochter geboren ...

Karin kommt aus dem Strafvollzug Hoheneck in Stollberg. Sie wollte die Todesstrafe. Die aber wurde nur noch selten ausgesprochen und 1987 gänzlich aus der Verfassung gestrichen. Weil das so war, hat Karin es immer wieder selbst versucht. Mit ihrem Bademantelgürtel. Mit Spiegelscherben ... Sie wurde sonderbewacht, ans Bett gekettet und ein Jahr in Waldheim in der psychiatrischen Klinik „ruhiggestellt". Jedesmal mußte sie Stellungnahmen schreiben, weshalb sie sich das Leben nehmen wollte.

... 1976 bringt Karin ihr zweites Kind, einen Sohn, zur Welt. Ein Jahr später wird eine Tochter geboren.
Mit drei Kindern zählt man schon zu den kinderreichen Familien, aber Karin und ihr Mann sind sich einig, sie wollen noch mehr Nachwuchs. Das vierte Kind stirbt kurz nach der Geburt. Ein großer Schmerz für Karin, aber das Paar versucht es wieder. Das fünfte Kind lebt auch nur eineinhalb Monate. Nun wertet Karin den Tod als persönliche Niederlage. Was denken die Verwandten, die Arbeitskollegen? Karten und erste Geschenke kamen, aber kein Kindergeschrei ist zu hören!
Der Mann tröstet. Karin geht in den Kampf, entwickelt so etwas wie Ehrgeiz, will nur noch eins: noch einmal ein gesundes Baby gebären.
Wieder wird sie schwanger. Jetzt trägt sie Zwillinge im Bauch, doch der Gevatter Tod sitzt schon auf der Bettkante und holt auch diese Kinder. Karin schläft nicht mehr ein, denkt an Suizid, verdrängt den Gedanken. Als sie ein siebtes Mal in anderen Umständen ist, näht man ihr die Gebärmutter zu, damit sie das Kind halten kann.
Es wird ein Junge. Und er lebt. Er ist gesund. Und 1983 ist ihr Glücksjahr. Nun hat sie alles erreicht. Die Familie zieht in ein eigenes Haus am Stadtrand um. Ein Bauernhaus, das sie sich ausbauen. Ein Haus mit viel Platz für sechs Personen und mit einem großen Garten.
Die Mutter und Technologin arbeitet verkürzt in einer kleinen Firma, kann den Haushaltstag nehmen, wie sie ihn braucht, und während der Arbeitszeit einkaufen, was sie muß. Sie kocht täglich, und jeden Tag gibt es Kuchen. Sie näht selbst, und wenn am Wochenende keine frischen Brötchen auf dem Tisch stehen, fragt der Mann, wo denn die frischen Brötchen wären? ...

Karin hat die Wende im Knast erlebt und die Währungsunion mit Coupongeld, hat Hoheneck, Waldheim, Köpenick hinter sich, braucht keine ESDA-Strümpfe mehr zu zählen, sondern gestaltet jetzt für den Anstaltspfarrer die Einladungen zu den Gottesdiensten und hilft bei der Ausrichtung. Sie schreibt wie gemalt und malt Bilder aus Wörtern. Manchmal. Nachts verfaßt sie Gedichte.

... Der Tod soll schmerzfrei sein. Am besten Gift. Aber das hat Karin nicht. Die Tabletten reichen auch nicht. Und sie kocht nicht auf Gas, sondern elektrisch ...
Die Zeitungsmeldung! In Brasilien tötete eine Frau den Gatten in der Wanne, weil sie versehentlich ihren Fön ins Wasser fallen ließ.
Karin fragt ihren Mann, ob so was überhaupt funktionieren könne. „Natürlich", antwortet der. Wird nicht hellhörig. Fragt nichts. Tut, als wäre diese Frage wie eine Frage nach dem Wetter ...

13 Jahre Haft. Karin wiegt bereits nach einem Jahr Sonderbewachung nur noch einundvierzig Kilo und ist „abgefüllt mit Drogen", damit sie den Tag schafft, damit sie noch einen anderen Prozeß übersteht – den der Scheidung.
„Die Tragödie begann mit der Angst, abgeschoben zu sein, wo man doch jahrelang gut genug war. Ich hatte nämlich nicht vier, sondern – mit meinem Mann – fünf Kinder."
In Handschellen wird Karin zum Gericht transportiert. Die Verhandlung dauert nicht lange. Das Erziehungsrecht für die drei Kinder, die überlebt haben, erhält der Vater. Kurz nach der Scheidung schickt er eine Verzichtserklärung für das gemeinsame Haus. Die Ex-Frau soll unterschreiben. Sie unterschreibt.

... Mit dem Mann reden. Nur Ehrlichkeit hilft. Karin möchte ihm sagen, daß sie sich abgeschoben fühlt. Hat er denn kein Herz? Sieht er denn nicht, was los ist? Immer öfter geht er „auffällig schick" zum Fußball. „Und ein Wässerchen da und ein Wässerchen dort."
Oder er schließt sich in der Garage ein.
Oder er setzt sich nach der Arbeit vor den Fernsehapparat.
Oder er liest. Reden will er nicht. Er scheucht sie einfach weg.

Immer dieses Redenwollen! Was sie nur habe. Es sei nichts! Sie wisse doch, er sei Einzelgänger.
Karin muß ihren Mann bitten, daß er bei Spaziergängen einmal den Arm um sie legt. Hand in Hand kennt sie nicht. Am Strand macht er sie auf die tollen Figuren anderer Frauen aufmerksam. Im Bett interessiert er sich auch nicht sonderlich für sie. Das aber bringt Karin erst nach einiger Zeit über die Lippen: „Er hat mit mir geschlafen, aber ich habe nie etwas empfunden. Gab bald auf, darüber ein Wort zu verlieren. Keines kam an."

Karin nennt 1987 „das finstere Jahr". Die Kinder sind zwölf, zehn, neun und vier Jahre alt, die Hauptlast zur Versorgung der Familie liegt bei ihr. Einkaufen für sechs Personen. Wäsche waschen für sechs Personen. Essen kochen. Bügeln. Haus sauberhalten. Kinderfrühstück. Elternabende. Und im Frühjahr die Beete bestellen. Im Sommer ernten und einwecken. Und der Beruf. Wenigstens sind die Kollegen freundlich.
Trotzdem – Karin betrachtet die Familie nicht als Last. Sie leidet nur unter der immer größer werdenden Kluft zu ihrem Mann. Noch ist seine egoistische sexuelle Einstellung sogar Trost: „Er kann nicht zärtlich sein, also wird es mit der anderen Frau auch nicht lange dauern!"
Doch es dauert. Und der Mann streitet weiter ab, daß es eine Geliebte gibt. Zwar begehrt er seine Frau nicht mehr, trotzdem demontiert er ihre Persönlichkeit, zeigt ihr, wo sie „zuviel Fett" hat. Fragt, wenn sie ein Buch in die Hand nimmt: „Kannst du überhaupt lesen?" Findet „abscheulich", was sie trägt, und die Schuhe, die sie sich kauft „absolut häßlich".

Karin ist schlank und gebildet. Mit der Zeit aber empfindet sie sich selbst als graue Maus und traut sich nicht einmal mehr in kurzen Hosen im Garten zu arbeiten.
Sie will alles positiv sehen. Wenn er meint, sie bilde sich nur eine andere Frau ein, dann muß sie sich Mühe geben und diese Einbildung bekämpfen. „Ich lauerte hinterm Gebüsch, geb ich zu, hab ich gemacht. Und ich hab ihn gesehen. Mit ihr."

Der Tod will vorbereitet sein. Karin schreibt ihrem Mann einen Abschiedsbrief. Weil er nicht mit ihr redet, schreibt sie alles auf, was ihr einfällt. Sie schreibt auch: „Um Dich zu strafen ...

bringe ich mich und auch das Liebste um ... Rache für Deine Unehrlichkeit und Härte ...“
Karin übergibt den Brief nicht, sie legt ihn in ein Schubfach des Schreibtisches und sagt ihrem Mann, daß dort ein Brief für ihn liege, daß er ihn lesen solle. Ein Hilferuf! Eine Bitte um Zuwendung.
Der Mann liest den Brief nicht, jenen Brief, der im Prozeß als Beweis dafür herangezogen werden wird, daß die Täterin planvoll vorging.
Der Mann liest den Brief nicht. Will nicht reden. Will nichts wissen. Er geht seiner Wege, hat überhaupt kein Interesse mehr an ihr. Vier Kinder haben sie, mit denen fährt er Fahrrad, macht er Ausflüge, spielt er, aber sie hat für ihn kein Gesicht mehr. Ist ein Niemand. Ein Nichts. Nur Haushälterin. Eine traurige Figur ...
Karin läßt Badewasser ein. Genauso wie die Frau in Brasilien wird sie es machen. Fön ins Wasser und Ende ... Sie kann nicht mehr. Sie will nicht mehr. Nur sterben möchte sie. Aber da klingelt es. Ein Bekannter bringt Autoreifen vorbei. Dann kommt ihr Mann nach Hause. Karin ist verstört, mit den Nerven am Ende, liegt auf der Couch. Das erste Mal liegt sie auf der Couch, und ihr Mann fragt: „Was ist denn mit dir los?“
Er muß es wissen. Wenn er schon nicht den Brief lesen will, muß sie ihm wenigstens mitteilen, daß sie sich beinahe umgebracht hätte ...
Sie sagt ihm, was sie tun wollte. Ihr Mann antwortet: „Du doch nicht!“ Kein Wort mehr ...
Herr A. hat während des Prozesses gegen Karin A. auch nicht gesprochen. Doch nach so vielen Ehejahren wollte seine Frau „einmal eine Antwort“ hören. „Warum hat er in der Verhandlung immer noch geschwiegen?“
Ihr Mann schrieb darauf in einem Brief: „Als mich der Richter so barsch ansprach, dachte ich, tut doch euern Mist alleine.“

... Karin nimmt ab. Irgendwann ist der Mensch nicht mehr belastbar. Von einem Kollegen erfährt sie, daß der Gatte seinen Jahresurlaub bereits in die Urlaubsliste des Betriebes eingetragen hat. Darauf angesprochen, findet der Vater von vier Kindern und Ehemann es nicht absonderlich, allein entschieden zu haben, Urlaub alleine zu machen.

Karin wird krank, ist vierzehn Tage arbeitsunfähig, fängt zu rauchen an, kann nachts nicht mehr schlafen. Während er Urlaub macht, erkundigt sie sich, wie man die Scheidung einreicht.

Die Zeit läuft. Ihr Mann will keine Scheidung. „Hatte es doch bequem so. Dort eine fürs Bett. Hier eine fürs Haus ..."

Aber eines Tages geht er „offiziell" zu der anderen Frau, weil er „etwas klären" muß.

Karin ist erstaunt. Was? Plötzlich existiert eine Geliebte? Plötzlich leugnet er nichts mehr? Und – mit der anderen will er reden, nicht mit ihr, seiner Frau. „Für wen entscheidest du dich?" fragt Karin.

Der Göttergatte weiß es noch nicht genau. „Wirst es erfahren, wenn ich wieder hier bin."

Karin wartet, wartet, bis er zurückkommt. Es ist spät. Und er will gleich ins Bett. Aber er hatte doch versprochen ...

„Karin war ein Schaf. Ein größeres, dümmeres gab's gar nicht", sagt Karin.

Am Morgen versucht sie es noch einmal, ihren Mann zu einer Aussage zu bewegen. Und da legt er fest: „Du kannst gehen, aber die Kinder bleiben." Er rechnet vor, was ihn das ansonsten an Alimenten kosten würde.

„Er wollte mir die Kinder nehmen! Das sagt er einer, die weiß, was es bedeutet, Kinder zu verlieren."

In der darauffolgenden Zeit teilt Herr A. die Zimmer im Haus auf, damit man sich aus dem Wege geht. Die Frau kann abhauen, aber die Kinder bleiben. Er behält das Haus und die Kinder, alle ihre Kinder, weil sie ihn zuviel Unterhalt kosten würden, aber sie kann verschwinden.

Er will ihr die Kinder nehmen. Ihre Kinder!

Es ist Sonntag. Karin schließt das Haus ab. Beide Ausgänge verschließt sie. Der Mann ist wieder zu der anderen gegangen, sie mit den Kindern allein. Sie wird es tun ... Wird es jetzt tun ... Erst die Kinder töten und dann sich selbst.

Es ist Sonntag. Gerade haben sie zu Mittag gegessen. Die Kinder wollen in den Wald, Pilze sammeln, aber die Mutter läßt sie noch nicht weg: „Jetzt wird gebadet!"

Es ist Sonntag! Noch nie wurde sonntags gebadet. Aber was können Kinder tun? Sie fügen sich. Die Mutter schickt die

beiden jüngeren in die eine, die beiden älteren in die andere Badewanne. Schließlich haben sie zwei Bäder. Und die Mutter hat einen Fön. Ein kurzer Schlag, und alles ist vorbei ...
Der ans Stromnetz angeschlossene Fön fällt ins Wasser. Der älteste Sohn – er hat im Unterricht gut aufgepaßt – erklärt der Mutter erschreckt, daß beinahe etwas Schlimmes passiert wäre. Aber es passierte nichts. Es passiert überhaupt nichts. Der Junge springt aus der Wanne. Die Mutter ist verzweifelt, stößt ihn wieder zurück. Angst kriecht hoch. Angst steckt an. Noch begreifen die Kinder nicht ... Die Mutter ist so verändert. Warum ist die Mutter so anders? Sie bekommen keine Antworten, statt dessen verfolgt die Mutter sie, schlägt sie, versucht sie zu würgen ... Schreie ... Hilferufe ... Weinen ... Die Kinder reißen aus, rennen durchs Haus, die Tür ist abgeschlossen, der Schlüssel nicht da ... Eines der Kinder klettert aus dem Fenster, setzt sich aufs Fahrrad, hetzt zu Nachbarn ...

Der jüngste, der vierjährige Sohn, konnte sich nicht wehren. Karin A. drückte ihn unter Wasser.

... Er liegt in der Wanne. Über dem kleinen Körper ist ein Badetuch ausgebreitet. Aber sie, die Mutter, lebt noch. Ist noch am Leben. Steigt in die andere Wanne. Wirft die angeschlossene Kaffeemühle, Küchengeräte ins Wasser ... Es funkt nicht. Kein Stromstoß. Kein Schmerz und Ende. Muß sie es anders versuchen. Mit einem Messer. Rennt in die Küche. Greift ein Küchenmesser, sticht auf sich ein, lebt immer noch, sucht die Schere, sticht zu und immer wieder und wieder auf sich ein ...
Als die Polizei die Tür aufbricht, ist Karin schwerverletzt. Blutet aus all ihren Wunden. Hat es immer noch nicht geschafft. Sieht die vielen Leute. Lebt immer noch. Will aber nicht leben. Doch man muß sie mitnehmen. Man muß. Sie aber will sterben. Wollte doch nur eines, auch tot sein ...

Im Urteil, eingeflossen aus dem Gutachten, steht über Karin: „Sie ist geprägt vom Streben nach Ordnung und Sicherheit, das eine zielbewußte Planung auf lange Sicht einschließt ... Ein Sichfallenlassen, Ausleben, Spontaneität waren nicht möglich ... Sie stellte ihre eigenen Belange in den Hintergrund ... Es hat keine außergewöhnlichen schweren Konflikte gegeben ...

Sie bewertete die persönliche Situation über, daraus folgte die psychische Belastung und der Entschluß ..."

Karin schaut Richtung Fenster. Die Sonne ist vergittert und blendet. Karin setzt sich an das Ende der Couch in den Schatten, streicht imaginäre Krümel vom Tisch, rückt die Kaffeetassen zurecht ...

Der Fall Chris G.

Das Gruppen-Bild Mütter: Eine junge Frau kokettiert mit dem Betrachter, zeigt Figur in enganliegenden Pantalons. Die daneben zieht verschämt ihren Faltenrock über die Knie. Die dritte trägt einen strengen Hosenanzug und nachts Seide auf der Haut ...

Wie sieht die ideale Mutter aus? Frau in Kittelschürze, in der rechten Hand einen Zeigestock, links drei Einkaufsbeutel, an den Füßen Bohnerschuhe, im Ausschnitt Staubtuch, Koch- und Backrezepte, auf dem Kopf den Magisterhut, im Blick endlose Zärtlichkeit, Geduld und Aufopferung?

Immer wieder ist von spektakulären Baby-Entführungen zu lesen. Nachrichtensprecher verkünden, daß Kripo-Sonderkommissionen gebildet wurden. Und dann werden die Babys gefunden. In Dresden: 60 Polizisten durchkämmten die Stadt, als 1993 durch die Presse ging: „Baby-Raub vor einem Baby-Moden-Geschäft direkt aus dem Kinderwagen".
Sarah, vier Monate, wurde, erstickt in einem Müllsack, am Abend entdeckt, die Mutter kurz darauf als Täterin verhaftet. 1991 ließ eine junge Frau aus Hagen/Westfalen verzweifelt nach ihrer fünf Monate alten Tochter und den Entführern suchen, obwohl das Kind bereits von ihr erwürgt und in einem Waldstück versteckt worden war.

StraftäterInnen logen auch in der DDR, stritten ihre Tat ab. Ein Lügengebilde zu benutzen scheint für manche die einzige Möglichkeit, davonzukommen.
Die Lüge von der Entführung als eine Version zur Begründung

des Verschwindens eines Kindes benutzen Täterinnen mit DDR-Sozialisation auffällig erst seit der Wende. Geld und Gewalt jeder Art gehören heute zusammen. Die Lüge ist jetzt erst recht gesellschaftsfähig, aber nun auf Hochglanz poliert. Dubiose Firmen dürfen mit unlauteren Angeboten Leute hinters Licht führen. Leute dürfen unlauter Firmen in den Bankrott treiben. Politiker sahnen ab, wird's entdeckt, treten sie zurück und an anderer Stelle wieder vor.

Die Lüge ist ein Kondom und wird benutzt je nach Gewissen und sozialer Notlage.
Politiker sind in keiner Not-Lage.
Alleinerziehende Mütter gehören zu dem einkommensschwächsten Teil der Gesellschaft. Das ist keine Entschuldigung für ein Tötungsdelikt, aber einen Gedanken wert – wie die Frage: Ist die Lüge von fremder Gewalt, von einer angeblichen Entführung, die raffinierte Version eiskalter, egoistischer, gefährlicher Frauen oder ein letzter verzweifelter Versuch der Täterinnen, bis zum Schluß dem Idealbild Mutter entsprechen zu wollen?

In der Wuhle zwischen Berlin-Marzahn und Ahrensfelde findet ein Spaziergänger 1992 den an einem Abwasserrohr hängengebliebenen drei Monate alten Säugling Felix. Seine Mutter, gerade mal einundzwanzig Jahre alt, sitzt mit ihrem zweijährigen erstgeborenen Sohn Robert zu Hause und wartet auf Fahndungsergebnisse. Angeblich hätten „Glatzen" das Baby entführt.
Als die Kripo mitteilt, ein Kind sei gefunden worden, freut sich die Mutter riesig. Der Vater des Babys, nur wenige Jahre älter als die Mutter, wird diesen Vorgang später so kommentieren: „Sie hat mir die größte Show ihres Lebens geliefert."
Die junge Frau wird zur Tatnacht sagen: „Ich hatte ganz nasse Schuhe, nasse Hosenbeine. Ich hab mein Kind gesucht. Ich wußte, daß etwas Furchtbares passiert sein mußte, daß ich etwas damit zu tun hatte, aber was ...?"

Chris G. ist, als ich sie kennenlerne, 12 Monate in Haft und muß noch 9 Jahre wegen vorsätzlichen Totschlags absitzen, wenn die Revision erfolglos bleibt.

Ebenmäßiges Gesicht. Sieht aus, wie ein adrettes Mädchen aussieht: ordentliche Kurzhaarfrisur, weißes Krägelchen. Saubere Jeansjacke und Jeans. Sie spricht auch adrett von einer vollendeten und einer versuchten Vergewaltigung, als sie dreizehn und zwanzig war.
Den Versuch hat sie angezeigt, ohne Erfolg. Sagt es und lächelt dabei. Von der ersten Vergewaltigung erfuhr nur ihr Bruder. Den Eltern davon zu erzählen schämte sie sich. Sagt es und lächelt adrett.
Sie lächelt auch, als sie von ihrer ersten Liebe erzählt. Gemeinsamer Urlaub war geplant, plötzlich wollte der Freund alleine mit Kumpels verreisen. Tat er auch. Als er zurückkam, spürte sie etwas. Da lag was in der Luft. Der Freund war anders als sonst. Er meinte, er sei wie immer.
Der Freund des Freundes plauderte dann die Zweitfrau aus. „Wir trennten uns", sagt Chris und lächelt dabei. Dieses Lächeln kommt mir verdammt bekannt vor. Wo habe ich es schon gesehen. Bei Karin A.? Im Spiegel?
Erinnerungen, Details können an Farbe verlieren, aber die dabei erhaltenen Verletzungen heilen nie richtig, verschließen den Mund, machen gefügig und moderat den, der mehr liebt, oder machen widerständig, stark und mutig.

Chris wird überdurchschnittliche Intelligenz bescheinigt. Sie hat Zeichentalent. Aus dem Knast schickt sie bemalte Umschläge oder schreibt auf Zeichnungen ihre Zeilen. Vielleicht kann sie, wenn sie erst einmal „Freigängerin" ist, einen Malkurs besuchen.
Sie malt, seit sie denken kann. Und sie war zeitig ein selbständiges Mädchen mit ausgeprägtem Gefühl für Verantwortung. Ranzen in die Ecke und nach der Schule, an den Wochenenden ging es ab in den Pionier-Palast Wuhlheide.
Chris nennt sich „Junger Tierpfleger", liebt Meerschweinchen, Kaninchen, besonders aber Pferde, die sie erst pflegen, dann auch reiten kann. Sie gewinnt Turniere, wird ausgezeichnet als „Bester Pfleger". Ihr Berufswunsch nach der zehnten Klasse steht bald fest: Facharbeiter für Pferdezucht, vielleicht noch Plakatmalerin.
Der Vater klappert alle Gestüte ab. Man nimmt aber nur Jungen. Chris' Mutter, selbst Sekretärin, bringt die frustrierte

Tochter in letzter Minute als Lehrling für Schreibtechnik unter. „Da muß du durch. Nimm dich zusammen!" sagt die Frau, die immer für alle da ist, die an sich zuletzt denkt, die dem fünfundzwanzigjährigen Sohn auch heute noch die Wäsche wäscht, obwohl er längst eine eigene Wohnung hat, wie auch Chris ihre eigene bekam. Die Eltern tauschten vier Räume in zwei Zwei-Raum-Wohnungen und zogen aufs Grundstück: Mutter, Vater, gleichzeitig Oma und Opa, nun noch einmal Eltern, Pflege-Eltern mit vorläufigem Sorgerecht für den Enkel Robert, bis Chris aus dem Gefängnis kommt.

Muttersätze für Mädchen. Durchhalteparolen. Und Pillen für Mädchen. Chris nimmt die Pille, weil sie nicht schwanger werden will. Trotzdem wird sie es. Mit achtzehn. Ein Erpresserkind für Freund André? Endlich Liebe binden durch Verpflichtung?

„Ein TROPI (trotz Pille)", sagt Chris und lächelt dabei. André, der zweite, heiß auf Klamotten und Autos, verabschiedete sich mit dem Spruch: Eine Freundin mit Kind könne er sich nicht leisten.

Kurz nach der Wende wird Robert geboren und sein Erzeuger noch deutlicher. Er verweigert die Anerkennung der Vaterschaft. Also zum Gericht. Aber die Unterlagen sollen nach der Wende bei der Umstellung der Ämter verlorengegangen sein. „Nun läuft alles neu an." – Chris sagt's und lächelt dabei.

Anfang 1990 trifft Chris den Tiefbauer Sascha. Der ist noch Soldat, soll aber schon im März entlassen werden. Man wickelt die Nationale Volksarmee ab in Bundeswehr. Chris fühlt, Sascha ist der Richtige – auch, weil er nichts gegen „Frau mit Kind" hat. Am Tag der Einheit beschließen beide ebenfalls den Anschluß. Sascha zieht bei ihr ein.

Chris ist noch im Babyjahr. Als das um ist, braucht man die Sekretärin Chris nur noch statistisch für Kurzarbeit Null, dann folgt die Kündigung. Aber Sascha hat endlich Arbeit, fängt im Westteil Berlins als Kfz-Mechaniker an.

Und Chris ist erst neunzehn. Chris ist alleinstehende Mutter. Chris bekommt keinen Krippenplatz. Also hilft sie in einem Hundesalon aus, so, wie sie kann, so, wie man sie braucht. Und der kleine Robert ist immer dabei. Noch fängt das Baby sehr

früh am Morgen zu schreien an. Es hat Hunger und verlangt die Flasche. Also verläßt sich auch Sascha auf Chris. Chris ist Wecker. Chris ist Kaffeekocher, Brotbeleger, Einkäuferin, Putzfrau, Wäscherin – „auch seiner öligen Arbeitsanzüge und Socken, die er freitags selbstverständlich auszog und liegenließ, wo er sie fallengelassen hatte. Die verdreckten Klamotten waren öfter zu Hause als er", sagt Chris und lächelt dabei.
Arbeit, Knuffen, Geld ranschaffen. Sascha will auf *sein* Auto sparen. Chris will eine *glückliche* Familie. Er will noch mit *seinen* Kumpels zusammensitzen. Sie will nicht alleine sein, kann ja nicht einfach Reiten gehn. Hat ja einen Sohn. Der braucht rund um die Uhr Betreuung, ist auch mal krank. Also wartet sie auf Sascha. Fügt sich. Beklagt sich. Fügt sich, wird bockig und Brett im Bett.
Chromosomen aber fragen nicht nach Spaß. Chris ist wieder schwanger. Diesmal hatte sie sich zur Verhütung „auf die Wirksamkeit einer Spritze verlassen" und ist trotzdem im vierten Monat.
„Als ich's ihm sagte", sagt Chris und lächelt dabei, „sprang er hoch, ging zum Kühlschrank, stürzte ein Bier weg und schlief."
Früh versucht sie es noch einmal: „Austragen und zur Adoption freigeben?"
Er ist für: „Behalten." Sie ist nur dann für noch ein Baby, wenn er sich ändert. „Wir werden das Kind schon großkriegen", sagt Sascha. Sagt es und überläßt ihr den Alltag, bleibt nun sogar an Wochenenden weg, ohne Bescheid zu geben.
Chris wird immer schwangerer. Manchmal sucht sie Sascha. Manchmal bläst sie abends die Kerzen aus und ißt das Abendbrot alleine auf ... Manchmal heult sie, aber nur dann, wenn es niemand sieht.
Ein guter Freund mischt sich ein, redet mit Sascha. Vierzehn Tage vor der Niederkunft – es ist Weihnachtszeit – ändert der Mann sein Verhalten, weint sogar vor Freude, als Felix Neujahr 1992 geboren wird. Sind sie jetzt eine Familie? Jetzt haben sie zwei Kinder. Ein Kleinkind und ein Neugeborenes. Ein Kind ist sein Kind. Die Welt hat einen rosa Ton. Aber nur für kurze Zeit. Sascha geht bald wieder seinen Vorlieben und Gewohnheiten nach, bleibt so lange weg, wie er will. Sie hat ja Unterhaltung. Hat doch zwei Kinder.
Chris fragt Sascha einmal nach Heirat – keine Lösung, sondern

ein Testflug. Er antwortet ausweichend: „Uns nimmt doch sowieso keiner mehr."
Chris will ihn mit dem typisch hilflosen Satz zum Heimkommen zwingen: „Du hast jetzt eine Familie."
Er: Er habe keine Familie, sondern nur einen Sohn.
Solche Antworten sind wie Stufen hinab, immer tiefer und tiefer geht's. Ein sachverständiger Gutachter hat dann zu diagnostizieren, „wie tief" es bei der Täterin gegangen ist.

•

Seit Chris und Sascha zusammenwohnen, „steckt" er ihr 350 Mark zu. Als er merkt, daß sie „nicht richtig einkauft", kürzt er das Geld und kauft laut Chris „gelegentlich" selbst ein. „Was *richtiger* Einkauf ist, konnte Sascha mir auch nicht erklären", sagt sie und vermutet: „Vielleicht kürzte er das Kostgeld, weil ich mich geweigert hatte, mit Felix im Wagen und Robert an der Hand all das zu schleppen, was er im Auto transportieren konnte."
Schließlich – Sascha fährt nun (s)ein Auto. Und Chris zahlt Kreditraten für Möbel ab, in denen auch er wohnt. Sie erhält die Krankenhausrechnung für die Entbindung und Mahnungen zur Mietzahlung ... Sascha kümmert sich um all das nicht. Er regt sich nur auf, daß sie nicht alles schafft, was er ihr aufträgt, sie aber so tue, als habe sie es erledigt.
„Ja, ich hab gelogen. Notlügen. Hab gesagt, ich hätte es erledigt, weil ich unnötige Auseinandersetzungen vermeiden wollte. Sollte für seinen Freund das Auto ummelden gehen, weil die Wartezeiten so unendlich lange waren. Hausfrauen haben doch Zeit! Saschas Auto hatte ich schon umgemeldet. Stundenlang saß ich da rum mit zwei Babys", sagt Chris und lächelt dabei. „Aber für den Freund hatte ich es eben noch nicht gemacht." Sagt es und lächelt dabei, sagt auch, daß sie Sascha „betrogen" und heimlich die einzigen 100 Mark vom Sparbuch abgehoben habe, die der Vater für Sohn Felix eingezahlt hatte. Als Zukunftsobulus sozusagen. Als Anspare für den demnächst erwachsenen Felix.
Sascha nennt das heimliche Abheben des Geldes Betrug. Chris spricht von Geldnot. Sascha zahlt keine Alimente, keine Miete, kein Stromgeld ... Aber er spricht von Betrug! Und eines Tages spricht er auch von Trennung. Eines Tages will Sascha gehen.
„Dann nimmst du das Baby aber mit", sagt Chris.

Sascha fragt, wie sie sich das denn vorstelle? Chris packt einfach die Kindersachen zusammen.
„Dann muß Felix halt zu den Großeltern“, legt Sascha fest. Seine Mutter wird's schon schaukeln.
Das will aber Chris nicht. Der Vater ist er. Soll auch mal sehen, wie das ist, für ein Kind die Verantwortung zu tragen.
Da bleibt Sascha und mit ihm die Leere.

Wenige Wochen später der Tattag: Saschas Mutter hat Geburtstag. Sascha *will* von der Arbeit mit dem Auto, Chris *soll* mit dem Baby im Kinderwagen und Robert an der Hand per Bahn hinkommen. Anschließend wollen sie noch gemeinsam Freunde besuchen.
Als Chris bei den Schwiegereltern klingelt, ist Sascha bereits weg und allein mit seinem Auto zu seinen Freunden gefahren. Chris ist verletzt, zum x-ten Mal von Sascha versetzt worden. Eigentlich möchte sie schreien, aber sie reißt sich zusammen, bleibt eine Weile bei den Schwiegereltern, dann müssen die Kinder ins Bett. Man rät ihr, ein Taxi zu bestellen. Es ist schon dunkel. Ein Taxi kostet zuviel. Und Sascha ist unerreichbar, weit weg. Eigentlich hat sie einen Mann. Eigentlich hat der Mann ein Auto. Eigentlich könnte der Mann mit dem Auto ... Sie fährt Bahn. Eine Dreiviertelstunde. Eine lange Zeit. Eine endlose Zeit, dann steigt sie aus ... Dann rennt sie los ... Wird immer schneller mit dem Kinderwagen und Robert an der Hand ...

Im Urteil steht: „... Im Gefühl, verlassen zu sein und vernachlässigt zu werden, fühlte sie sich den Aufgaben nicht gewachsen ... beschloß sie, Felix zu töten ... schob Wagen an steile Böschung ... Wagen kippte um ... Säugling fiel ins Wasser und ertrank ...“

Chris erfand kurz nach der Tat die Entführung des Babys durch „Glatzen“. Warum tat sie das? Chris zuckt mit den Schultern und lächelt adrett.
In einer Zeitungsmeldung stand, daß Chris vor Gericht zugegeben hätte, „gern zu lügen“. Warum erfand sie zuerst die Entführung? Weshalb folgte sie dann der Version, es wäre ein Unfall gewesen, bis sie letztendlich den Vorsatz zur Tat unterschrieb?

„Aus Not“, sagt Chris und lächelt adrett. „Immer wieder hat man auf mir rumgehackt. Ich solle doch die Absicht zugeben, den Vorsatz ... Ich habe mir nicht vorgenommen, mein Kind zu töten. Ich bin in ein tiefes schwarzes Loch gefallen ...“

Chris ist eine intelligente Frau. Intelligente Frauen täuschen. Eine Mutter, die nachweislich ihr eigenes Kind getötet hat, gilt als Monster. Eine Mutter, die ihr eigenes Kind getötet hat und auch noch lügt, ist ein noch größeres Monster.
Für die Kripo, die Staatsanwaltschaft steht fest, Chris ist eine raffinierte Lügnerin und vorsätzlich vorgegangen. Vorsätzlicher Totschlag wird nach dem Strafgesetzbuch der Bundesrepublik mit Freiheitsstrafe nicht unter 5 Jahren, in besonders schweren Fällen mit lebenslanger Haft bestraft.

Chris wird zu 10 Jahren Freiheitsentzug verurteilt.

Die Schwurgerichtskammer schloß bei Chris Schuldunfähigkeit oder verminderte Schuldfähigkeit aus, obwohl der Gutachter „seelische Störungen in Verbindung mit geminderter Steuerungsfähigkeit“ diagnostiziert und festgestellt hatte, daß sie „depressiv verstimmt gewesen sei, unangenehme Situationen kaum bewältigen könne und eine emotional unausgereifte Persönlichkeit“ habe.

Chris fragte mich, was denn eine „emotional unausgereifte Persönlichkeit“ sei? „Wenn ich mit einem Mann ein Kind habe, der Mann auch noch freiwillig bei mir wohnt, will ich doch auch, daß er mit uns lebt. Richtig lebt? Ist das emotional unausgereift? Was ist dann emotionale Reife?“
Ich fragte mich: Wo ist das Raffinement, als sie die „Glatzen“ erfand? Der politische Bezug der Zeit, der in der Version von der Entführung steckt, ist makaber und nicht zu übersehen. Aber um das Makabre vollkommen zu machen, raffiniertes Denken nachweisbarer und Logik etwas logischer: Chris hätte schon eine in Deutschland lebende Fremde sein müssen, damit ihre Version das Prädikat „raffiniert durchdacht“ verdiente.
Wenn sich 1993 im Vergleich zum Vorjahr die Zahl rechtsextremer und fremdenfeindlicher Straftaten (insgesamt 2 060 Delikte) fast verdoppelte, erscheint die Entführung eines Aus-

länderkindes nicht unrealistisch, leider wahrscheinlich. Chris aber hat eine helle Hautfarbe und spricht deutsch. Was sollten „neue deutsche Herrenmenschen“, die man sich wohl unter dem Begriff „Glatzen“ vorzustellen hat, mit der Entführung eines deutschen männlichen Babys bezweckt haben wollen?

Obwohl der Bundesgerichtshof das Urteil revidierte, ergab es keine Abänderung im Schuldspruch, aber in der Höhe des Strafmaßes: statt 10 nun 7 Jahre Haft für Chris.

Sascha wohnt wieder bei seinen Eltern. Ich wollte mit ihm sprechen, doch ich erreichte nur dessen Mutter. Die Mutter indes übergab an den „Hausherrn“.
Ich verwandte den Ausdruck „Schwiegereltern“. Der Hausherr verwahrte sich dagegen. „Wir – Schwiegereltern? Unser Sohn war lediglich befreundet mit Chris.“
Sascha lehnte ab, mit mir über Vater werden und Vater sein zu reden. Er legte sich schon während des Prozesses gegen Chris eine neue Freundin zu.
„Er will schnell alles vergessen“, übermittelte der Vater.

Der Fall Dora S.

Das Gruppen-Bild Mütter. Junge Mütter, fast Mädchen noch ... Die eine lacht sich halbtot über nichts. Die andere zieht schnell noch die Konturen ihrer Lippen nach. Dora S. trägt ein Schild um den Hals. Aufschrift: Ich bin das fleißige Lieschen.
Und sie gickert in sich hinein, kann sich totlachen über nichts, kneift dabei die Lider fest zusammen, damit sie dem Gegenüber nicht in die Augen schauen muß. Als sie sich beruhigt hat, blickt sie an mir vorbei und auf die Mauern der Justizvollzugsanstalt mit Weststandard. Auch die sind hoch und aus Beton. Aber der gesamte Haftkomplex mit viel Freifläche und Grün wirkt auf den ersten Blick eher wie ein Internat. Die Gitter vor den zweiteiligen Fenstern sehen aus wie Ziergitter. Die Zelle heißt Einzelunterkunft und erinnerte mich an ein freies deutsches Gewerkschaftsferienzimmer mit „Naßzelle“ – wären da nicht die Uniformen. Jetzt gibt es wieder Uniformen.
Jeweils zehn bis fünfzehn Frauen bilden eine Wohngruppe, die

über einen Aufenthalts- und Eßraum, eine Küche und einen Duschraum, ausgestattet auch mit Badewanne, verfügt.
Es gibt ein Kulturzentrum, Krankenrevier, Sport- und Freizeiträume und einen Arbeitsbereich mit Arbeitsplätzen, beschäftigungstherapeutischen Werkstätten, Anlern- und Ausbildungsmöglichkeiten.
Ich habe keine Angst mehr, mich zu setzen. Habe mich gewöhnt, vielleicht wie Rechtsanwälte, SozialarbeiterInnen, Familienangehörige, die einen „Sprecher" genehmigt bekamen.
Man kann sich gewöhnen. Auch an den Tod?
Die Frauen tragen keine Anstaltskleidung mehr – Trainingsanzüge mit senkrechtem gelben Strich auf dem Rücken, wie sie in DDR-Knästen üblich waren. Sie dürfen im Hauskleid oder Jogging-Anzug herumlaufen, sich die Haare färben oder die Fingernägel lackieren. Nur mit einem Mann zusammensein, können sie nicht, später vielleicht, wenn sie Freigänger sind. Mit einer Frau zusammen sein wollen nicht alle.

Dora S. erzählt, wie Dora S. gesehen werden will. Im Knast bekäme sie zwar keinen Abschluß, aber sie nehme trotzdem zweimal in der Woche am Englisch- und außerdem noch an einem Schreibmaschinenkurs teil. Sie habe ihre Arbeit immer gut erledigt, obwohl der Kollektiv-Vertreter vor Gericht ausgesagt hätte, sie suche sich die Aufgaben aus. Stimmte das, wäre ihr doch nie eine Prämien zugestanden worden! Und weshalb habe man sie auch noch ausgezeichnet? Ihrer Brigade habe man sogar den Titel „Kollektiv der sozialistischen Arbeit" verliehen.

Dora kichert. Hält die Hand vor den Mund wie ein kleines Mädchen, das nicht über Schmuddelwitze älterer Jungen lachen darf. Erzählt von der letzten Englisch-Stunde. Thema: Alles ums Frühstück. Ein Text mußte übersetzt werden. Einer der Sätze lautete: Mister Sam has one egg only.
Dora fängt wieder zu gickern an. „Herr Sam hat nur ein Ei!" Sie kann sich nicht beruhigen.
„In den Verwahrräumen drüber", soll ich mir vorstellen, „sitzen tatsächlich Mörderinnen ein! Frauen, die jemanden umgebracht haben ...!" Ne, da gehe sie nicht hoch. Auch wenn jetzt

tagsüber die Zellen aufgeschlossen blieben, damit man mal mit jemanden reden könne, sie will keinen Kontakt zu denen.
Dora hat Angst vor Mörderinnen.
Dora ist auch eine Mörderin.
Als die dunkelhaarige Frau 1988 in Untersuchungshaft kam, war sie Mitte Zwanzig. Soll ihre acht Monate alte Tochter vorsätzlich getötet haben, jedenfalls nach Aktenlage und Urteil. § 112, Strafgesetzbuch der DDR: „Wer vorsätzlich einen Menschen tötet, wird nicht unter 10 Jahren oder mit lebenslänglicher Freiheitsstrafe bestraft."
Die Tötung eines Menschen kann durch Tun oder Unterlassen verursacht werden. Vorbereitung und Versuch sind strafbar.
Dora nahm den Tod ihrer Tochter „billigend in Kauf" und bekam 15 Jahre. Auch die Überprüfung aller im sozialistischen Staat ausgesprochenen Urteile der in der Nach-Wende-Zeit noch Einsitzenden ergab für sie keine Änderung.

Dora sagt, sie habe schon einen Rechtsanwalt beauftragt. Der würde den Fall neu aufrollen.
„Ich bring doch meine Tochter nicht um! Wissen Sie, warum ich das getan haben soll? Nur, weil Volker zu seinem Bruder gegangen ist, soll ich wütend geworden sein ... Deshalb hätte ich mich an meiner Tochter ... abreagiert! So ein Blödsinn. So ein Grund ... Das ist doch kein Grund ...! Erst hab ich alles abgestritten ... Dann hab ich ja gesagt und alles unterschrieben, was schon fix und fertig vorgeschrieben war. Ich wollte meine Ruhe, meine Ruhe."

„Fix und fertig Vorgeschriebenes" sind Vernehmungsprotokolle. Vor Beginn der Vernehmung wird ein Beschuldigter mit den entsprechenden Paragraphen der Strafprozeßordnung vertraut gemacht. Er muß unterschreiben, daß er diese Bestimmungen verstanden, keine Fragen mehr hat, daß er über seine Rechte und Pflichten belehrt wurde und bereit ist, wahrheitsgemäße Angaben zu machen.
Auf jedem Blatt eines Vernehmungsprotokolls stehen sowohl die Fragen des Vernehmers, als auch die Antworten des Beschuldigten. Der einer Tat Verdächtige muß durch Unterschrift auf jeder Seite die richtige Wiedergabe seiner Aussage bestätigen.

Man hat Dora also ein Geständnis „untergeschoben"? Dora ist „unschuldig"? Und weil Dora unschuldig ist, nimmt sie 15 Jahre Haft auf sich, nur, um endlich Ruhe zu haben?

In der DDR waren mit Ermittlungsbefugnissen ausgestattete Organe die Kriminalpolizei, die Transportpolizei, die Zollfahndung und die Staatssicherheit.
Anläßlich eines Anwaltsforums 1993 wurde die Arbeit besonders des Ermittlungsorgans Staatssicherheit eingeschätzt und festgestellt, daß bei Strafprozessen „der Sachverhalt in aller Regel sehr gründlich aufgeklärt wurde". Nur in den allerseltensten Fällen widersprachen Mandanten der Sachverhaltsdarstellung in der Anklageschrift. [3)] Das traf auch auf Ermittlungen in Mordfällen zu. Ein Mord war ein Politikum.

Wem kann man glauben? Was ist Wahrheit, Verdrängung, was rechtfertigende Dichtung? Wie wirklich ist die Wirklichkeit, die von damals, die von heute?
Und meine Wirklichkeit? Reflexion der Reflexion ...
Ich horche, lausche trotzdem der weiblichen Melodie und folge dem Solo ... Hat man Dora ein Geständnis untergeschoben? Wurde sie – vielleicht mit Schlägen, Essenentzug, Dunkelhaft – gezwungen, die Richtigkeit *gewisser* Aussagen durch eigenhändige Unterschrift zu bestätigen?

Dora erzählt von ihrer Tochter, und plötzlich weint Dora. Dora ist es nicht recht, daß sie jetzt weint. Gibt sich große Mühe, sich zu fangen. Drückt die Tränen weg. Bekommt dafür rote Flecken am Hals.
Dora sagt, sie wisse gar nicht, warum sie sich jetzt so aufrege. Immer habe sie bei ihrer Tochter besonders aufgepaßt. Das Kind war ein Achtmonatsbaby, geboren durch Kaiserschnitt, reagierte sehr langsam, hob später als andere das Köpfchen, konnte sich nicht aufstützen und aß auch nicht richtig. Immer sei sie zur Mütterberatung gerannt. Immer haben die dort gesagt: Na, wird schon noch. Aber das Mädchen habe fast nur geschlafen, den ganzen Tag, sei öfter sogar wie weggetreten gewesen.

Dora hat Mutter, Vater, zwei Geschwister. Seit sie aber aus der elterlichen Wohnung gewiesen wurde, hatte sie zur Familie nur noch wenig Kontakt. – Ihre Briefe aus dem Gefängnis wurden erst gar nicht beantwortet. Sie bekommt keinen Besuch, darf auch nicht, wie viele andere Frauen, für ein paar Stunden in betreuten Ausgang.

„Den Fragebogen, den ich dafür ausfüllen mußte, habe ich wohl falsch ausgefüllt", mutmaßt sie.

Dora sei ein komplizierter Fall, sagte man mir, eine gefühlskalte Frau, die ihre Tat verdränge und sich deshalb selbst für Reue und Besserung keinen Platz lasse.

Haft ist Strafe. Ausgang ist Belohnung.

Sind jene TäterInnen also besser dran, die das Prinzip erkannt haben und Reue beteuern? Wie anders als mittels Beteuerung bringt man Reue zum Ausdruck? Reue kann man nur verbalisieren.

Wenn Frauen das verdrängen, was so furchtbar und nicht begreifbar ist, kann man es dann bereuen?

„Ich war immer das fünfte Rad am Wagen." Dora knetet ihr Taschentuch. „Kam ich mal zu spät, stand meine Mutter schon hinter der Tür und erwartete mich. Wum, hatte ich eine sitzen. Mein Bruder konnte alles machen. Der war auch schon mit vierzehn in der Disko. Ich durfte das erste Mal nach meinem siebzehnten Geburtstag und auch nur mit meiner älteren Schwester tanzen gehen."

Die Mutter hat Dora nicht verschwiegen, daß sie Dora gar nicht haben wollte. Das erste Kind war schon ein Mädchen. Nun sollte ein „Stammhalter" geboren werden. Da Dora aber Dora wurde, haben die Eltern noch einmal ein Kind angesetzt. Das wurde dann endlich ein Junge.

Obwohl Dora sexuellen Kontakt mit einem Mann erst mit achtzehn Jahren hat, zwingt die Mutter sie schon mit fünfzehn zu einem Frauenarzt, damit sie die Pille verschrieben bekommt. Dora schluckt das Antikonzeptiva, obwohl sie nicht einmal richtig weiß, wie *das*, wogegen die Medizin ist, angestellt wird. „Drei Jahre hab ich umsonst das Zeug eingenommen!" Dora schlägt ihre kleine, dicke Hand vor den Mund und kichert.

Nach der zehnten Klasse, die Dora „befriedigend" abschließt, will sie Schuhfacharbeiterin werden. Doch sie darf nicht nach Dresden. Dort ist die Berufsausbildung und das Internat. Dort sind Jungen. Und dort ist sie ohne mütterliche Aufsicht.
Dora beginnt eine Lehre als Zerspanungsfacharbeiterin, macht lustlos nur einen Teilfacharbeiterbrief und fängt in einem Flanschenwerk an ... Rohling einspannen. Grat abfeilen. Die Löcher bohrt dann die Maschine. Bohröl rein, Hebel drücken, fertig.
In drei Schichten arbeitet sie. Die Eltern genehmigen die Nachtarbeit. Dora ist noch nicht volljährig. Schutzhaube auf, Schürze an ... Und der Ölgeruch, der Lärm, die schmierigen Hände ... Das soll Leben sein? Die Erwachsenenwelt? 700 Mark Lohn und pünktlich zu Hause erscheinen? Schlafen, essen und dauernd nur Flansche zwischen den Fingern?
Dora lernt einen Mann kennen. Er ist älter als sie und geschieden. Das paßt der Mutter nicht. Als Dora wieder einmal fünf Minuten zu spät nach Hause kommt, verweist die Mutter sie der Wohnung: „Morgen bist du mit deinen Sachen verschwunden! Unter meinen Tisch steckst du deine Beine nicht mehr."
Wohin soll Dora gehen? Den geschiedenen Mann kennt sie noch nicht lange genug, um ihn zu bitten, daß er sie aufnimmt. Sie ist zwar in ihn verliebt, aber sie kann sich doch nicht so aufdrängen. Was soll sie machen?
Sie schickt ihre Freundin in das Dorf, wo Manfred wohnt. Die Freundin soll herausfinden, was der Mann denkt. Manfred nimmt die Achtzehnjährige mit offenen Armen auf.
Manfred ist Doras erster Mann. Sie lebt mit ihm, wie sie's gelernt hat. „Ich komme von der Arbeit, mach seinen Haushalt, wasche seine Wäsche, koche Essen, wir essen – und danach geht er zu seiner geschiedenen Frau. Oder er geht zu der Schwiegermutter, um die Geschiedene dort zu treffen. Immer öfter hat er das gemacht. Er war noch nicht fertig mit ihr."
Im Dorf gibt es ein älteres Ehepaar mit reichlich Wohnraum. Dora mietet bei ihm ein möbliertes Zimmer und zieht um. Alles vorbei. Große Liebe ade. Schluß. Aus. Ende. Dora schlägt ihre Hand vor den Mund und lacht sich halbtot.

Ein Dreivierteljahr lebt Dora allein: Halbe Stunde mit dem Bus in die Stadt zu den Flanschen. Halbe Stunde mit dem Bus

zurück ins Dorf. Leben zwischen fremden Möbeln, neben fremden Menschen. Fremd aufstehn, Busfahren, fremd zurück ... bis Heizer Ralf ihren Busweg keuzt. Auch er ist einsam. Was für ein Glück! Er findet früh zwar nicht oft aus dem Bett, also hat er schon oft die Arbeit wechseln müssen, aber was Dora will, schafft Dora auch. Sie schaffen es gemeinsam. Bestimmt.
Dora gibt ihr Zimmer auf. Dora macht aus der Wohnung mit den feuchten Wänden ein einigermaßen annehmbares Zuhause und zieht zu Ralf.

Dora geht arbeiten, Ralf verschläft weiter. Wird ihm gekündigt, wechselt er den Betrieb, bis ihm wieder gekündigt wird. Vier Wochen fährt er Club-Cola aus, vier Wochen Kohlen ... Dora sucht und findet immer wieder eine Anstellung für ihn. Gutgläubig ist sie und großzügig. Zahlt alle Kosten und seine Schulden und baut darauf, daß er sich ändert. Er wird nämlich Vater. Und sie Mutter.
Er wird verhaftet. Sie wird dicker. Er wird wegen asozialen Verhaltens in den Knast gesteckt. Und Dora wird von der Mutter bearbeitet: „Trenn dich von ihm, sonst endest du auch noch im Knast!“ Mütter sehen die Zukunft der Töchter in Schwarz.
Dora hält zu Ralf. Zusammen schaffen sie es. Jetzt erst recht. Immerhin bekommen sie Ende 1984 einen Sohn. Dora bringt Mattias durch Kaiserschnitt auf die Welt. Dora nimmt als werktätige Mutter einige Monate „bezahlte Freistellung“ in Anspruch. Dann muß sie sich eine Arbeit suchen. Ralf wird erst im Sommer entlassen. Sie ist also noch lange allein. Flanschenproduktion im Schicht-System und Baby passen aber nicht zusammen. Also säubert sie im Normaldienst Büros, Flure, Speisesaal und Damen-Toiletten eines Industriewerkes. Die Reinigung der Männer-WCs lehnt sie ab. Trotz Zuschlages. „War so eklig. Iiih! Bin so empfindlich! – Vielleicht hat der Kollektiv-Vertreter das mit Aussuchen der Arbeit gemeint.“

Dora schlägt beide Hände vor den Mund, lacht und lacht. „Sex war mir nicht recht. Hab immer Schmerzen dabei gehabt. Wenn alles gut war, bin ich halt mit ins Bett ...“ Kichert wie über Dick und Doof. Schüttet sich aus vor Lachen, spricht Sex

und Bett leiser aus als andere Worte, so, als rede sie über abartige Praktiken.
„Soll ich mich da auskennen?“ Schrill steht ihre spitze Lache im Raum. „Ne, muß ich nicht. War nie unbedingt schön. Hatte keine Lust dazu ... Die Kaiserschnitte. Da ist doch nichts mehr in Ordnung ... Was denn für Wünsche anmelden?“
Sie quietscht bei diesem Gedanken. Hat vor Vergnügen Tränen in den Augen.

In der DDR haben sich die Jugendfürsorgeeinrichtungen besonders um alleinstehende oder gefährdete Mütter und um kinderreiche Familien gekümmert. Kontrolliert wurden die äußeren Bedingungen: geregelte Arbeit, Ordnung, Sauberkeit, Versorgungsstand.
Auch zu Dora kam die Jugendfürsorge. „Weil Ralf wegen Asozialität im Gefängnis saß, dachten die, ich sei auch asozial.“
Sohn Mattias ist ständig krank. Chronische Bronchitis. „Wegen der nassen Wohnung. Die Tapeten kamen schon entgegen.“
Die Fürsorge entscheidet, der Junge muß ins Heim. Eine Kollegin glaubt Dora nicht, daß ihr das Kind wegen der Wohnung weggenommen wurde. „Da hab ich gesagt“, sagt Dora, „ruf doch dort an! Ich hab nix gemacht.“
Die Kollegin ruft an, und so kommt alles ins Rollen. Der Betrieb setzt sich für eine bessere Wohnung ein. Man hilft beim Renovieren und Einrichten. Der Sohn darf zur Mutter zurück, und Dora zieht in ihre erste eigene Wohnung um. Als Ralf entlassen wird, duldet Dora ihn nur noch für kurze Zeit. Er ist nicht in der Lage, sein Leben in den Griff zu bekommen. 1986 trennt sie sich von ihm. Ein Jahr später begegnet sie bei einer Freundin Volker.

Dora ist zweiundzwanzig. Volker, der Monteur, zwei Jahre älter, wohnt noch bei seinen Eltern. Wenn er außerhalb arbeitet, schreiben Dora und Volker sich Briefe. Jetzt will Dora „sichergehen“, ihn erst testen, ob er auch in Frage kommt. Ihr Sohn wird drei Jahre. Wenn sie sich noch einmal mit einem Mann einläßt, will sie endlich eine „richtige“ Familie gründen. Sie schreibt Volker, daß sie für ein „schönes“ Familienleben ist. Fragt, ob er nicht auch der Meinung sei, daß Montagearbeit zu keinem Familienleben passe, ob er bereit wäre, sich was am Ort zu suchen. Was Beständiges. Was Solides.

Volker fängt bei einem Bäcker als Gehilfe an und zieht bei Dora ein.
Sie wollen heiraten. Dora ist schwanger.
Wenn erst einmal das Kind da ist, heiraten sie. Aber sie gehen schon mal durch die Geschäfte und suchen sich das Hochzeitskleid und den Anzug aus. Nur mal so. Noch nicht kaufen, erst gucken.
Die Eltern von Volker sind gegen eine Heirat. Sind „was Besseres". Haben eine eigene Gaststätte und sich erkundigt, was die Freundin ihres Sohnes für eine ist. Haben rausgekriegt, daß sie mit Ralf, dem Asozialen, lebte. Denken, Dora ist auch eine Asoziale, und wollen die Ehe verhindern. Aber Volker und Dora möchten heiraten. Erst das Kind bekommen und dann heiraten.
Im Januar 1988, einen Monat zu früh, wird wieder mit Kaiserschnitt Tochter Anita geboren. Das Kind muß sofort in den Inkubator. Dora kann es erst drei Monate später in den Arm nehmen, darf vorerst nur einen Blick durch die Glasscheibe auf den Brutkasten werfen. Nur das. Drei Monate lang.

Dora bleibt erst einmal zu Hause. Babyjahr. Weil sie sich um Anita besonders kümmern muß. Weil sie besonders auf die Ernährung achten soll. Weil das Kind ja nichts drinnnen behält. Aber die Mütterberatung sagt: Das wird schon noch. Der Junge, bald vier Jahre alt, ist eifersüchtig auf das Baby. Einmal kippt er das Körbchen mit dem Schwesterchen einfach um, und „mit Volker gehen die Nerven durch". Er verdrischt den Jungen „nach Strich und Faden". Und Dora, unverheiratete, alleinstehende Mutter von zwei unehelichen Kindern, wird von der Jugendfürsorge vorgeladen. Eine Kindergärtnerin hatte Anzeige erstattet, weil der Kleine „blaugeschlagen" war.
Dora hat jetzt öfter Streit mit Volker. Er will den Jungen anders erziehen, als sie es tut. Er rastet schnell aus. Sie heult.
Dora hat öfter Streit mit Volker auch wegen seiner Eltern. Die versuchen immer wieder, ihn zu beeinflussen und ihr wegzunehmen.
Dora hat oft Streit, schluckt vieles, aber nicht alles. Geht zu den Schwiegereltern. Sagt ihre Meinung: Sie habe einen ordentlichen Haushalt, kümmere sich um die Kinder. Trink nicht. Geh nicht weg ...

Die Schwiegereltern lehnen sie weiter ab. Das ärgert Dora. Und Volker ärgert sich, daß sich Dora ärgert. Er will keine Auseinandersetzungen mehr, verschwindet immer öfter.

September 1988. Freitag. Mittags. Es gibt die Wochenendauseinandersetzung. Volker möchte gleich wieder weg, seinen Bruder besuchen. Dora will, daß er bleibt. Volker geht. Als er abends nach Hause kommt, findet er Dora verheult vor. „Was ist los?“ fragt er.
„Die Tochter ist so komisch.“
„Hast du was gemacht?“
„Was soll ich gemacht haben?“

Dora hat Anita gebadet.
„Ich soll ihren Kopf auf den Boden geschlagen haben ...
Ich hab ihr das Fläschchen gegeben.
Vielleicht, daß ich beim Anziehen was ...?
Ich hab sie zurück in ihr Körbchen gelegt. Hat so komisch geatmet ... So komische Geräusche gemacht ... War ja öfter nicht ganz da. Aber dann war sie so ruhig.
Ich soll ihr auf den Bauch gedrückt haben ...
Sonntag hat sie alles rausgebrochen. Und dann war sie still. Ohne Besinnung. Weggetreten. Hatte so eine Angst.
Ich bin doch auch bei meinem Jungen nie ausgerastet. Hatte doch gar keinen Grund.
... Soll ihren Kopf auf die Erde geschlagen und den Bauch eingedrückt haben. Vielleicht, daß beim Anziehen was ...?
Habe Anita Montag morgen in die Poliklinik gebracht. Anita war ohne Besinnung. Sie haben mich gefragt, was passiert ist. Ich weiß nicht, was passiert ist. Ich hab nichts gemacht. Von außen hat man gar nichts gesehen, keine Verletzungen am Kopf, keine blauen Flecke ... Vielleicht, daß ich beim Anziehen was ...?
Mit dem Kind stimmte was nicht ... Manchmal denke ich, hört sich jetzt schlimm an, manchmal denke ich, wenn ich das wirklich gemacht habe, wofür ich verurteilt wurde, hätte ich Abscheu vor mir. Vielleicht ist beim Anziehen was ...?
Am Montag morgen sind wir mit ihr in die Poliklinik gegangen. Ja, Montag ... Vielleicht hab ich beim Anziehen was ...?“

Die Poliklinik liefert das acht Monate alte Mädchen sofort in ein Krankenhaus ein. Von dort wird das Baby in das Bezirkskrankenhaus gefahren.
Das Kind lebt noch zehn Tage, wird nicht zur Bestattung freigegeben, sondern obduziert.
Eine Woche später muß Dora zur Kriminalpolizei.
Bereits ein Arzt des Kreiskrankenhauses hatte Anzeige gegen die Mutter erstattet. Die bis dahin festgestellten Verletzungen des Kindes am Kopf, bewiesen durch Röntgenaufnahmen und Begutachtung der Ärzte, rechtfertigten den Haftbefehl wegen Erziehungspflichtverletzung. Dora gibt diese zu. „Wenn Ärzte sagen, daß ihre Tochter was am Kopf hat, müssen die das doch wissen!"
Dora glaubt, sie kann wieder nach Hause gehen. Doch das Obduktionsergebnis erhärtet einen anderen Verdacht.
Am Abend sitzt sie schon einem Vernehmer der Mordkommission gegenüber.

Warum ist Dora nicht schon am Freitag mit ihrem Kind zum Arzt gegangen? Warum unternahm der Vater des Kindes nicht irgend etwas?
Dora antwortet nicht auf meine Fragen. Sie hat ihre eigenen und auch eigene Antworten: „Gut, das war Volkers Kind. Aber ich strafe doch nicht das Kind, weil ich auf Volker sauer bin. Hätte Volker doch rausschmeißen können."
Die Staatsanwältin habe während des Prozesses im Gerichtssaal gebrüllt: „Geben Sie's doch zu. Sie haben das gemacht!" Dora habe geantwortet: „Nein." Darauf wieder die Staatsanwältin: „Doch." Und die in der U-Haft hätten gesagt: „Überlegen Sie sich Ihr Schlußwort!"
„Was für ein Schlußwort?"
„Na, daß Sie bereuen. Sagen Sie, daß Sie bereuen!"
„Da hab ich's gesagt", sagt Dora. „Ich bereue meine Tat."
Dora sagt auch: „Ich werde einen Rechtsanwalt beauftragen. Der muß den Fall noch einmal aufrollen."
Dora hat vergessen, daß sie schon am Anfang unseres Gespräches sagte, sie habe bereits einen Anwalt beauftragt. Hat man von ihr mit unlauteren Mitteln ein falsches Geständnis erpreßt? Nimmt sie 15 Jahre Haft auf sich, nur weil sie sich nicht wehren konnte?

Man muß sich um Doras Fall kümmern. Ich schlage vor, die Presse einzuschalten, den Petitionsausschuß, Strafgefangenenhilfsorganisationen ...
Die damaligen Kripo-Beamten, die Staatsanwältin, der Richter werden zur Verantwortung gezogen ... Das Fernsehen muß berichten, der Rundfunk. Dora muß sich wehren ...

Dora will Bedenkzeit. Dora will mich anrufen. Oder schreiben. Jaja, das macht sie. Ganz bestimmt schon Montag. Am Montag wird sie telefonieren. Kann sie ja. Wenn sie will, darf sie den Fernsprecher der Anstalt benutzen. Ein Telefon ist eine nützliche Einrichtung.

Dora hat nie angerufen. Bis heute beauftragte Dora keinen Anwalt. Dora macht derzeit eine Sozialtherapie.

Der Fall Paula I.

Das Gruppen-Bild zerschnitten. Eine Frau weint. Eine andere lacht sich halbtot über Sex. Die dritte zieht die Kapuze ihres roten Wollmantels tiefer ins Gesicht und geht in Richtung Bildrand ...

... Es ist kalt. Der Winter des Jahres 1985. Die junge Frau steigt in ihre Jeans, streift den weißen Pullover über, bindet das Tuch mit den Lurexfäden um, greift den roten Wollmantel ... Jetzt schlüpft sie in blaue Wildlederstiefeletten und geht in die Stadt. In einem Laden kauft sie zwei Kilogramm Kalk für 2 Mark und geht wieder nach Hause. Zieht den Mantel aus. Sucht nach einer Plastiktüte. Füllt etwa ein Pfund Kalk in diese Tüte und verstaut sie in ihrem Schreibtisch. Die größere Menge Kalk wirft sie weg, bringt sie gleich zum Müll-Container, an einem, der ein paar Häuser weiter entfernt liegt. Anschließend beschäftigt sie sich mit ihrem Diplomarbeitsthema. Was will die junge Frau mit dem Kalk?

Der Vater ist Chemiker. Die Mutter, Medizinstudentin, bringt ihr Kind während des Staatsexamens zur Welt und bleibt nur ein Vierteljahr zu Hause. Das Kind bekommt den Namen Paula

und ahnt nicht, was es heißt, einem fortschrittlichen Elternhaus zu entstammen.
„Weil es zu dieser Zeit in unserem Land an Ärzten mangelte, haben wir Paula in eine Wochenkrippe gegeben", wird die Mutter der jungen Frau Jahrzehnte später zu Protokoll geben. Das Baby Paula weiß auch noch nicht, wie viele Ärzte ein Land braucht. Es ißt nicht ordentlich, verweigert einfach die Nahrungsaufnahme und muß aus der Krippe genommen werden. Nun zieht die Großmutter Paula auf, dann auch den zwei Jahre jüngeren Bruder, bis beide in den Kindergarten gehen können.
„Ich habe das immer als Vorwurf gehört", wird sich Paula erinnern. „Weil du Theater gemacht hast, weil du nicht gegessen hast, weil du ständig geweint hast, mußten wir viel Geld ausgeben und Oma so bezahlen, als hätte sie gearbeitet."

... Die fünfundzwanzigjährige Frau, die gerade einen Beutel mit Kalk in ihrem Schreibtisch verstaute, die sich jetzt mit ihrem Diplomarbeitsthema herumquält, ist Studentin im letzten Studienjahr. Spricht Russisch, Englisch, Französisch und Portugisisch. Soll in drei Tagen über den Stand ihrer Abschlußarbeit einen Vortrag halten. Kommt aber nicht klar, schmeißt die Unterlagen in die Ecke, will erst einmal ihren Sohn vom Kindergarten abholen. Zieht den roten Kapuzenmantel über. Geht. Unterwegs entschließt sie sich, ein neues Diplomthema zu erbitten. Und wofür ist der Kalk?

Das Mädchen Paula wird ein grüblerisches Kind. Warum kann sie nicht so ausgelassen wie andere Kinder sein? Vielleicht liegt es an den Pflichten, die sie früh im Haus zu übernehmen hat? Die Mutter kommt häufig erst spät abends von der Arbeit. Die Patienten verlangen eben ihr Tribut. Deshalb wird Paula beizeiten Kochen und Stricken gelehrt. Deshalb bekommt Paula beizeiten eine Schreibmaschine geschenkt, „eine wertvolle Gabe", die eigentlich nicht in Kinderhände gehört. Deshalb soll Paula das wertvolle Geschenk ehren und achten.
Sie achtet das Geschenk, indem sie es zu benutzen hat. Bald schreibt sie für den Vater Arbeiten gegen Bezahlung. Taschengeld bekommt man nicht umsonst! Taschengeld muß man sich verdienen! Paula murrt. Der Bruder braucht nie etwas zu tun.

Er wurde schon im Kindergarten bevorzugt, ist einfach aller Liebling. Und sie?
Manchmal bringt die Mutter Westschokolade und Haribo-Bärchen – Geschenke von Patienten – mit nach Hause. Alles wird redlich zwischen den Geschwistern geteilt, aber Paula ißt die Süßigkeiten nicht auf, sie sammelt sie so lange, bis sie genug zusammen hat, um sich reich zu fühlen. Sie will aus dem vollen schöpfen, Gebieterin über viele Bärchen sein und versteckt ihre Heiligtümer unter der Matratze.
Beim Bettenmachen findet die Mutter die gehorteten Sachen. Der Vater wird geholt. Und der verfügt, daß der Bruder alle Kostbarkeiten der Schwester aufessen darf. Paula wird zusätzlich verurteilt, an den Vater 20 Mark Strafe von ihrem Taschengeld zu zahlen.
Paula fühlt sich nicht verstanden und einsam. Freunde dürfen die Geschwister sowieso nicht mit nach Hause bringen, aber gehen sie zu anderen, gibt es auch Krach. Einmal spielt Paula mit ihrem Bruder und seinen Freunden an einem Fluß. Die Jungen bauen sich ein Floß, wollen damit losrudern und fallen ins Wasser. Schmutziges, stinkendes Wasser, fast Klärschlamm. Völlig durchnäßt, flüchten die Kinder zu der Mutter eines Freundes. Die Frau steckt alle in die Badewanne, schrubbt sie sauber, gibt ihnen trockene Sachen und ein gutes Mittagessen. Als die Eltern von dem Vorfall erfahren, ist Paula wieder dran. Sie ist die Ältere, elf Jahre, der Bruder erst neun.
„Ihr habt bei fremden Leuten kein Mittag zu essen!"
Der Vater ordnet an, daß die Tochter sofort von ihrem Taschengeld alle Zutaten für Kohlrouladen zu kaufen und Kohlrouladen zu kochen hat.
„Ihr könnt euch selbst versorgen! Unsere Kinder brauchen nicht bei fremden Leuten zu essen. Ihr seid selbständig."
Die Kinder müssen am Abend das zubereitete Mahl aufessen. Soll ihnen eine Lehre sein.
Auf alle Fälle ist es Paula eine Lehre. Der Bruder verkraftet alles viel besser, sie aber geht nie wieder zu fremden Leuten, nie wieder leiht sie irgendwelche Sachen von Schulkameraden. Sie hätte auch so gerne Jeans gehabt, aber sie muß den gestrickten Hosenanzug anziehen, der in den Knien und am Po ausgebeult ist.
„Wenn du Sachen willst, dann strick sie dir", antwortet die Mutter.

Jeans aber kann man sich nicht stricken. Man kann auch nicht alles haben, was man will. Paula sieht das ein, aber sie darf auch nicht anziehen, was sie sich statt des ekelhaften Strickanzuges, über den alle schon lachen, aus ihrem Kleiderschrank aussucht. Sie muß tragen, was die Mutter herauslegt.

... Die junge Frau, die am liebsten Jeans trägt, holt ihren fast fünfjährigen Sohn vom Kindergarten ab und geht mit ihm nach Hause. Kurz danach kommt auch der Vater des Jungen heim, ein Diplom-Physiker, mit dem die Frau seit fünf Jahren unverheiratet zusammenlebt. Ihm zeigt sie die bisherigen Vorarbeiten zu ihrer Abschlußarbeit. Der Mann findet sie durchaus respektabel. Wozu also ein neues Thema?

Die junge Frau weiß es besser. Sie sieht voraus, daß sie die Arbeit nicht schaffen und demzufolge auch nicht den gewünschten und bereits abgesprochenen Einsatzort nach dem Studium erhalten wird.

Sie gehen zu Bett, doch die junge Frau schläft schlecht. Am Morgen macht sie den Lebensgefährten mit Zärtlichkeiten wach. Das ist lange nicht vorgekommen und schon gar nicht von ihr ausgegangen. Später wird der Mann zu Protokoll geben, daß noch am frühen Morgen des Tattages „Geschlechtsverkehr“ stattgefunden habe.

Der Mann, die Frau – sie streicheln sich, umschlingen sich, der Mann dringt in die Frau ein, der Mann hat es geschafft. Er kommt zu spät zur Arbeit, aber das war ihm die Sache wert. Schnell holt er noch das Fahrrad aus dem Keller, damit die Frau den Sohn in den Kindergarten fahren kann.

Die Frau gibt den Jungen Frühstück, zieht ihn an, bringt ihn in den Kindergarten. Danach kauft sie in einer Kaufhalle Äpfel, Schokolade und Backofenreiniger ein. Zu Hause kostet sie ein bißchen von dem Reiniger, findet ihn sehr mild und stellt ihn in der Spüle der Küche ab.

Um 12 Uhr beginnt eine Vorlesung, an der die junge Frau teilnehmen will. In den letzten drei Wochen war sie sehr unregelmäßig zu den Lehrveranstaltungen gegangen, weil sie sich überfordert und müde fühlte. Heute muß sie teilnehmen, auch, weil sie um ein anderes Abschlußthema bitten möchte.

Sie verläßt das Haus. Auf dem Weg zur Universität kommt sie an einer Sämerei vorbei. Geht hinein. Sucht nach Düngekalk, findet aber keinen. Sie ist spät dran. In die Vorlesung traut sie sich nicht mehr. Also kehrt sie um. Auf dem Heimweg sieht sie eine Tierhandlung. Für 8 Mark 50 sucht sie sich einen Goldhamster aus und verläßt mit ihm den Laden.

Die Mutter Paulas wird aussagen: „Paula war ein aufgewecktes Kind und anderen Kindern weit voraus."
Paula aber hat „andauernd Angst, nicht den Erwartungen der Eltern zu entsprechen. War ich alleine zu Hause, blieb ich ruhig. Sobald sich der Schlüssel in der Tür drehte und Vater kam, wurde ich nervös. Immer habe ich darauf geachtet, daß er keinen Anlaß findet, etwas an mir oder an dem, was ich zu tun hatte, aussetzen zu können. Ich versuchte, alles zur Zufriedenheit zu erledigen. Meine Schularbeiten interessierten bald niemanden mehr. Die Eltern waren sich sicher, daß ich alles brachte. Aber immer alles bringen, immer nur nützlich sein, das ist doch kein Leben! Nach außen hin verlief alles bestens, aber wie es in mir aussah, hat niemand bemerkt."
An den Wochenenden ist die Familie „auf der Datsche". Die Mutter züchtet Bienen, kümmert sich um ihren Öko-Garten. Der Vater hat mit der Laube zu tun. Der Bruder spielt mit den Nachbarkindern. Paula aber ist die einsame Spaziergängerin auf einsamen Wegen. Die Oma findet das verdächtig. Die Eltern finden das sehr „vernünftig". Paula, das kluge, selbständig denkende, nachdenkliche Mädchen ist eine Ausnahme. Eben ein besonderes Kind, das seit der dritten Klasse Russisch an einer Spezialschule lernt.
„Mich hat aber niemand gefragt, ob ich das will. Mit dem Schulwechsel habe ich alle meine Freunde verloren."
Ab der siebten Klasse stehen weitere Fremdsprachen an. Paula entscheidet sich für das Wahlfach „Französisch" – ihre einzige alleinige Entscheidung, wie sie sagt. Der Vater aber ist entsetzt: Englisch sei doch viel nützlicher! Paula darf trotzdem Französisch lernen – allerdings unter einer Bedingung: Sie muß gleichzeitig an der Abendschule auch noch einen Englisch-Kurs absolvieren.
Der Vater denkt eben an die Zukunft. Paula ist für eine Karriere vorgesehen. „Du bist durchaus fähig, einmal etwas darzustellen", sagt er ihr. Ein Satz, der sie nie mehr verlassen wird. Bald gilt Paula als Streberin. Sie ist sehr unglücklich darüber.

Die Eltern beschwichtigen die Ängste der Tochter: „Die sind doch alle bloß neidisch auf deine Leistungen!“

... Die junge Frau, die am liebsten Jeans trägt, die jetzt in einem dunkelroten Wollmantel mit Kapuze aus einer Tierhandlung kommt, trägt einen Pappkarton unter dem Arm. Sie hat sich soeben für 8 Mark 50 einen Hamster gekauft. Geht nach Hause. Zieht den Mantel aus. Setzt den Hamster ins Spülbecken. Holt die Tüte mit dem Kalk aus ihrem Schreibtisch. Rührt in einem Glas etwas Kalk in Wasser an ... und löffelt mit einem Teelöffel dem Hamster die Lösung in Augen und Schnauze.
Der Hamster gibt leise Fieptöne von sich.
Die junge Frau schüttet nun auch noch etwas von dem Backofenreiniger über das Tier. Nach einer Weile streckt es alle viere von sich und ist tot.
Die junge Frau, die so gerne Jeans trägt, verbrennt den Hamster samt Pappschachtel im Ofen. Dann sucht sie nach einem Beutel. Sie findet einen grünen Stoffbeutel. In den packt sie Kalk, eine Plastikflasche, in der vorher Entwickler war – jetzt füllt sie Wasser hinein. Sie verstaut Holzquirl, Meßbecher, Taschenlampe, ihre persönlichen Papiere und Portemonnaie.

Paula ist für eine Karriere vorgesehen und hat sich damit abgefunden. Die zehnte Klasse schließt sie mit „Auszeichnung“ ab. Sie besucht die Abendschule auch im Fach Französisch und erreicht die Sprachkundigenprüfung Stufe III. Sie soll Ärztin werden. Die Fachrichtung steht noch nicht fest. Aber daß sie Akademikerin wird, ist beschlossen.
Kurz vor dem Abitur bekommt Paula die Zusage zum Medizinstudium. Doch Paula ist am Ende, kann nicht mehr, sagt es den Eltern. Sie ißt nicht, schläft nicht, will auch kein Medizinstudium mehr anfangen. Sie fühlt sich so minderwertig. Alles, was sie gelernt hat, ist Auswendiggelerntes. Sie käut nur wieder. Das macht doch keinen Spaß. Sie möchte etwas mit den Händen tun, Schneiderin werden oder irgendein anderes Handwerk ausüben. Sie will kreativ sein.
Die Eltern können es nicht fassen. Ein Handwerk? Und die vielen Jahre Bildung? Käme überhaupt nicht in Frage!
Paula nimmt eine Überdosis Schlaftabletten. Die Mutter und

Ärztin wird zu Protokoll geben: „Als Ursache für diesen Suizidversuch sehe ich, daß sie mit ihren persönlichen Problemen nicht klargekommen ist, denn sie hatte schulisch keinerlei Probleme."

Paula wird in eine Fachklinik eingewiesen. Dort lernt sie einen weitaus älteren, ebenso suizidgefährdeten Mann kennen, von dem sie behauptet, daß er sie verstehe, daß er „wie ein Vater" zu ihr sei, so wie Paula sich eben einen Vater vorstellt. Sie will nicht nach Hause, fühlt sich noch nicht gesund, aber der Erziehungsberechtigte holt sie nach vier Wochen heim. Man müsse seine Angelegenheiten selbst klären! Außerdem stünden noch einige Abschlußprüfungen bevor. Zu Hause könne Paula sich besser auf das Abitur vorbereiten.

... Die fünfundzwanzigjährige Frau, die so gerne in Jeans herumläuft und Schokolade liebt, die junge Frau im dunkelroten Wollmantel, ist im letzten Studienjahr. Nur noch die Diplomarbeit muß geschrieben werden. Das Ende des Studiums ist in Sicht, bald ist alles geschafft. Doch sie kann nicht so recht daran glauben, findet ihre Leistungen schlecht, denkt, daß sie gerade die Abschlußarbeit verhauen wird. Und überhaupt – sie spricht die Sprachen, die sie gelernt hat, miserabel ... Professoren und Mitstudenten sehen das in einer „Kollektiv-Einschätzung" anders: „Paula gehört seit Beginn des Studiums zu den besten und leistungsstärksten Studenten des gesamten Studienjahres. Sie hat einen Leistungsdurchschnitt von 1,0. Auch in der gesellschaftlichen Arbeit war sie stets engagiert und vertrat aktiv einen stets parteilichen Standpunkt. Aus diesem Grunde wurde sie im ersten Studienjahr von ihren Kommilitonen zum FDJ-Sekretär der Seminargruppe gewählt. Jetzt ist sie Stellvertreter ... Sie erhält aufgrund ihrer hervorragenden fachlichen und gesellschaftlichen Arbeit das höchste Leistungsstipendium ... Zusätzlich zu den obligatorischen Praktika hat sie Dolmetschereinsätze absolviert, in denen sie sich ausnahmslos bewährte ... Sie wurde für die Aufnahme eines Forschungsstudiums vorgeschlagen ... Zur Einschätzung ihrer Persönlichkeit ist noch hinzuzufügen, sie ist sehr selbständig, selbstbewußt und zielstrebig und besitzt eine starke Ausstrahlungskraft ..."

… Die junge Frau, die sich an einem Dezembertag 1985 einen Hamster für 8 Mark 50 gekauft und in der Küchenspüle umgebracht hat, die sich einen grünen Stoffbeutel heraussuchte, in den sie unter anderem eine Flasche mit Wasser und Kalk tat, beseitigt jetzt alle Spuren. Wischt den Fußboden. Wechselt die Kleidung. Wäscht sich die Haare, stellt sich den Wecker zu 15 Uhr. Will eineinhalb Stunden schlafen. Aber immer wieder muß sie an den Kalk denken …

Paula ist unglücklich. Sie hat dem Vater zu gehorchen und aus der Klinik mit nach Hause zu kommen. Sie fühlt sich noch nicht gesund! Oder nur übergangen?
Sie ist doch depressiv! Oder aggressiv, weil man sie nicht ernst nimmt?
Paula bereitet sich auf ihre Abiturprüfungen vor und grübelt. Ihr Bruder lebt besser, er hat Freundinnen, wird geliebt. Er ist einfach vollkommen. Sie aber fühlt sich wie eine Maschine, ist innerlich wie leblos.
Der Bruder verspottet sie wegen ihrer ständigen Grübeleien. Da faßt Paula den Entschluß, den Bruder „zu schädigen“. Er soll sich auch mühen müssen.
Während eines Rot-Kreuz-Lehrganges bekam Paula einst gezeigt, wie man Personen, die sich mit Kalk die Augen verätzten, erste Hilfe leisten könne.
Sie holt sich vom Grundstück der Eltern Kalk. Sie will, nein, sie muß allen zeigen, daß sie „nicht ganz gesund“ ist.
In der Nacht legt sie sich alles bereit: Kalk, Rasierklinge, Dietrich, mit dem sie von innen das Kinderzimmer verschließen kann. Sie und ihr Bruder schlafen in einem Doppelstockbett.
Paula schüttet, als es in der Wohnung ruhig geworden ist, dem schlafenden Bruder Kalk ins Gesicht.
Der sechzehnjährige Junge schreit, stürzt aus dem Bett, will aus dem Zimmer, kann aber nicht. Die Eltern zerschlagen die Scheibe der Tür, die Scherben verletzen die Füße der Mutter.
Paula zerschneidet dem Bruder mit der Rasierklinge den Unterarm …
Nun müssen die Eltern einsehen, daß mit ihrer Tochter etwas nicht stimmt. Paula hat ihren Willen durchgesetzt. Sie darf wieder in die Klinik. Auch der Bruder und die Mutter müssen ins Krankenhaus.

Von Mai bis August 1978 ist Paula in psychiatrischer Behandlung, schließt in der Klinik ihr Abitur mit „sehr gut“ ab, wartet, daß sie verhaftet wird, aber die Eltern vertuschen den Vorfall, greifen jedoch zur Selbstjustiz.

... Die junge Frau, die sich an einem Dezembertag einen Hamster gekauft und in der Küchenspüle umgebracht hat, die sich einen grünen Stoffbeutel heraussuchte, in den sie unter anderem eine Flasche mit Wasser und Kalk tat, stellt sich den Wecker. Sie will eineinhalb Stunden schlafen, doch immer wieder muß sie an den Kalk denken ... Das ist wahnsinnig! Das ist Wahnsinn! Ich bin verrückt ...!

Paulas Bruder kann auf einem Auge nichts mehr sehen, nur noch hell und dunkel unterscheiden. Der Vater „verurteilt“ daraufhin die Tochter zu einer materiellen Schadensersatzleistung. Sie wird nach ihrer Entlassung aus der Klinik an den Bruder monatlich 120 Mark Schmerzensgeld zahlen müssen.
Die Eltern „besorgen“ eine Wohnung, stellen einige alte Möbel der verstorbenen Oma hinein und „verfrachten“ das Mädchen nach ihrer Entlassung in „ihr Zuhause“.
Paula darf die elterliche Wohnung nicht mehr betreten, kann aber auch nicht allein sein. Plötzlich ist das Geländer väterlicher Anweisungen weg. Allein in der Wohnung hält sie es nicht aus. Freunde hat sie nicht. Kennt nur Mitpatienten. Sie arbeitet zwar nun mit den Händen als Hilfskraft in einem Frisiersalon, doch ihre Haut verträgt die chemischen Stoffe nicht. Sie braucht also auch eine andere Arbeit ...
Erst einmal zieht sie zu der dreiundzwanzig Jahre älteren Klinikbekanntschaft. Der Mann ist Hausinspektor eines Gerichtes. Es beginnt ein intimes Verhältnis. Paula denkt nicht mehr an Selbstmord. Sie wechselt die Arbeit, fängt in der Polygraphie als Disponentin an und qualifiziert sich zum Facharbeiter für Reproduktionstechnik.
Die Kollegen reden, sagen, der Gefährte sei zu alt für sie. Paula weiß das nicht genau, aber als sie einen jüngeren Mann aus ihrem Betrieb kennenlernt, heiratet sie den ein halbes Jahr später.
Die Mutter wird zu Protokoll geben: „Wir waren zwar mit der Heirat einverstanden, aber daß die beiden nicht zusammenpaß-

ten, wußte ich gleich. Paula war dem Mann weit überlegen. Als sie sich dann scheiden ließen, wußte ich, jetzt sieht Paula wieder die Welt, wie sie ist."

Im Sommer 1980 wird Paula im Bus von Herbert angesprochen. Herbert ist auch geschieden, macht gerade sein Diplom als Physiker, wohnt wieder bei der Mutter, will aber nicht dort wohnen.

Paula und er ziehen zusammen. Sie glaubt, mit seiner Hilfe Vertrauen und Selbstvertrauen aufbauen zu können. Als sie schwanger ist, freuen sich beide auf das Kind. Im fünften Monat aber will Herbert das Kind und auch Paula nicht mehr. „Ich liebe dich nicht. Es war ein Versehen", sagt er.

Nun ist aber alles zu spät. Sie muß das Kind austragen, überlegt jedoch, es in ein Heim zu geben. Zu einer Alleinerziehenden fühlt sie sich nicht berufen.

Herbert hilft noch, die Wohnung zu renovieren. Herbert verspricht auch materielle Unterstützung. Als das Kind da ist, gefällt ihm die Vaterrolle. Doch viel hat er nicht von dem Baby. Er wird für vier Monate zum Reservistendienst eingezogen. Und als Paulas Vater wieder die weitere Zahlung des Schmerzensgeldes an den Bruder fordert, muß sie das Babyjahr abbrechen und sich eine Arbeit suchen.

In der Polygraphie kann Paula nur im Schichtdienst arbeiten. Eine Tagesarbeit hat man nicht für sie. Also nimmt sie, vermittelt über das Arbeitsamt, Heimarbeit an und erledigt Schreibarbeiten in Deutsch, Englisch und Russisch.

Herbert kommt „ausgehungert" von der Armee zurück. Herbert wohnt wieder bei Paula. Heiraten will er nicht. Und ein „Heimchen" will er auch nicht. Nun ist er wissenschaftlicher Mitarbeiter und möchte eine Freundin, die auch etwas „darstellt". Wofür hat sie all die Sprachen gelernt?

Immer wieder drängt Herbert Paula, ein Studium aufzunehmen. Paula möchte nicht so recht. Wie soll sie denn das alles vereinbaren? Sie hat ein kleines Kind.

Ein Studium, meint Herbert, könne man auch so lala absolvieren. Nicht die Note, der Abschluß zähle.

Und da bewirbt sich Paula. Da vergißt sie für den Moment, daß sie eine Streberin ist.

Herbert geht ab und zu seiner Wege, kommt aber immer wieder. Paula paßt das nicht. Er sagt, wenn es ihr nicht passe,

gehe er gleich. Also steckt Paula weg, was sie nicht austragen kann. Der Sohn bekommt einen Krippenplatz, sie eine Zusage zum Studium, und Herbert „entwickelte sich mit der Zeit zu einem guten Familienvater“.
„Er sagte sogar wieder, daß er mich liebt“, sagt Paula. „Er sagte, wo es langgeht. Er bot das, was ich schon zu Hause hatte: ein Gerüst, gleich gebaut, gleiche Farbe, gleich hoch.“
Nur die Liebe stirbt dabei. Seit Herbert ihre Beziehung ein „Versehen“ genannt hat, fühlt Paula nur noch Leere, empfindet immer weniger für Herbert, merkt auch, daß sie „sein Kind“ nicht lieben kann.
Sie fängt das Studium zwar an, aber sie mag es nicht. Sie beginnt Verhältnisse zu zwei anderen Männern, aber sie ist nur am Anfang verliebt.
„Das seltsame war“, sagt Paula, „Herbert reagierte plötzlich eifersüchtig, er schlug mich sogar. Aber das war nun schon egal. Herbert merkte auch, daß ich mit dem Kind nicht klarkam. Das läge, meinte er, an meiner leeren Kindheit, und ich brauche eine Therapie ... Ich habe mir dann einen Termin für die Therapie besorgt, bin aber nicht hingegangen. Herbert wollte mir helfen, doch auf die Dauer hätte er es nicht ausgehalten. Das gab er mir auch zu verstehen. Für die Trennung vereinbarten wir, daß das Kind bei ihm bleibt ...“

Paula hat ihr Studium bald beendet. Die Vorbereitungen für die Prüfungen sind anstrengend. Dauernd kommt das Kind dazwischen. Also kann sie manchmal erst nachts lernen. Ihr gelingt es einfach nicht, das Studium mit links zu machen. Sie ist es gewöhnt, gute Leistungen abzuliefern. Schließlich will sie nach einem gut abgeschlossenen Studium auch einen guten Job. Das weiß auch ihr Bruder. Deshalb besucht er Paula, um sie an die weitere Schadenswiedergutmachung zu erinnern. Sie legen für die Zeit nach dem Studium – weil sie nun endlich eine gutbezahlte Stellung in Aussicht hat – eine Art Alimentezahlung entsprechend ihrem Einkommen fest.
Auch die Trennung zwischen Herbert und Paula ist besprochen. Herbert und Paula suchen eine neue Unterkunft für Paula. Paula richtet sich ein Zimmer ein. Entweder aber steht Paula vor der Tür, oder Herbert holt sie zurück in die gemeinsame Wohnung.

„Was sollte eine Trennung? Ich mußte mich ja doch um alles kümmern. Dein Kind braucht dich, hat er immer gesagt.“

... Der Wecker klingelt nach eineinhalb Stunden. Die junge Frau in dem dunkelroten Kapuzenmantel, mit den dunkelblauen Wildlederstiefeletten und dem Lurextuch um den Hals holt gegen 15 Uhr 30 ihren Sohn aus dem Kindergarten ab. Sie geht noch mit dem Kind in einen Bücherladen, dann besteigt sie einen Bus, der nach *Außerhalb* fährt. Sie war schon öfter in Außerhalb Pilze suchen. Sie kennt die Gegend gut. Deshalb will sie nach Außerhalb. Aber der kleine Junge will nicht nach Außerhalb. Er hat keine Lust, Bus zu fahren, will wieder aussteigen. Da setzt sich die junge Frau mit dem Sohn ganz nach vorn neben den Busfahrer, so daß das Kind mehr von der Straße und den Häusern und den Bäumen und den Leuten sehen kann ... Kurz hinter Außerhalb beginnt das Waldgebiet. Paula, die so gerne Jeans trägt, die fünfundzwanzigjährige Studentin in dem dunkelroten Kapuzenmantel, steigt mit ihrem Sohn kurz hinter Außerhalb, wo das Waldgebiet beginnt, aus. Das Kind fürchtet sich. Es will nach Hause. Es ist bereits dunkel geworden. Und es ist kalt. Dezember 1985.
Paula holt die Taschenlampe aus dem grünen Stoffbeutel, und der Sohn ist etwas beruhigt. Die Mutter führt ihn immer weiter in das Waldstück hinein, bis er erneut unruhig wird und zu jammern anfängt. Jetzt will er nicht mehr. Wirklich nicht. Er will ganz bestimmt nach Hause.
Mutter und Sohn setzen sich erst einmal hin. Mutter und Sohn müssen ausruhen. Die Mutter singt dem Sohn ein Lied und holt aus dem grünen Beutel Wasserflasche, Quirl und Kalk.
Die Mutter stellt eine Kalk-Wasser-Lösung her.
Der Sohn fragt, was denn die Mutter da mache.
Die Mutter antwortet nicht mehr ... Drückt ihren Sohn zu Boden ... Schüttet ihm die Lösung ins Gesicht, hauptsächlich auf die Augen ...
Der Sohn beginnt zu weinen, will, daß die Mutter ihm den Sand aus den Augen wischt. Macht sie aber nicht.
Das Kind muß pullern.
Die Mutter zieht die Latzhose, die Strumpfhose, die Schlüpfer herunter, aber das Kind kann nicht mehr pullern.
Die Mutter zieht das Kind wieder an. Leuchtet ihm ins Gesicht.

Es fängt wieder zu schreien an. Die Mutter legt den Sohn auf den Rücken, hält ihm den Mund zu. Der Sohn wehrt sich. Die Mutter würgt das Kind. Mit beiden Daumen drückt sie auf den Kehlkopf. Leuchtet den Sohn an. Er atmet noch. Sie drückt noch einmal zu. Leuchtet wieder ins Gesicht. Und umfaßt ein letztes Mal mit beiden Händen den Hals ...
Im Taschenlampenlicht sieht Paula den starren Blick. Um ganz sicher zu gehen, faßt sie unter Pullover und Unterhemd und legt die Hand auf ihres Kindes Herzseite ... und läuft weg, einige Meter nur, hin zu einer Bank, die ihr auf dem Herweg aufgefallen ist. Setzt sich. Sieht auf die Uhr. Es ist gegen 18 Uhr. Und sie ist in Außerhalb. Was will sie hier? Sie rennt los. Findet keinen Weg. Irrt viele Kilometer durch Außerhalb. Kommt zu ihrem Sohn zurück. Schaut ihn noch einmal an. Streichelt ihn. Deckt ihn mit seinem Anorak zu. Geht wieder los. Kehrt noch einmal zurück. Streichelt das Kind noch einmal. Mittlerweile ist es 21 Uhr 45. Nun muß sie sich stellen. Wenn sie nur den Weg finden würde. Sie muß sich konzentrieren. Von da ist sie gekommen, also muß sie dort entlang ... Jetzt findet sie die Straße. Jetzt läuft sie von Außerhalb in Richtung Stadt. Und rennt. Und rennt. Es ist kalt und dunkel. Da hört sie ein Autogeräusch. In der Ferne tauchen zwei Lichter auf, die immer näher kommen. Es ist ein Bus. Der Linienbus hält. Wahrscheinlich der letzte Bus. Paula ist einziger Fahrgast. Sie fährt. Fährt an ihrem Zuhause vorbei. Nein, dahin will sie nicht. Sie wird zu dem Bekannten gehen, dem Gerichtsinspektor, mit dem sie in der Klinik war, mit dem sie eine Zeitlang gelebt hat. Ihm kann sie alles erzählen. Er wird wissen, was zu tun ist.

An einem Dezembertag 1985 wird um 2 Uhr 30 bei der Kriminalpolizei bekannt, daß sich Paula I. selbst bezichtigt, gegen 18 Uhr des Vortages ihren bald fünfjährigen Sohn in einem Waldgebiet von Außerhalb getötet zu haben.
Die bezeichnete Stelle wird aufgesucht und der kleine blonde Junge gefunden. Er ist bekleidet mit einer schwarzweiß-karierten Latzhose, einem rotem Pullover mit Norwegermuster, dunkelblauen Knöchelschuhen mit weißer Sohle. Auf der Brust liegt seine Brottasche. Zugedeckt ist er mit seinem blauen Anorak. Die Leichenstarre ist bereits weitestgehend ausgeprägt.

Paula nennt als Motiv: Sie habe ihrem Sohn das schöne Leben nicht gegönnt, weil sie selber ein so beschissenes Leben bekommen habe. Sie habe keine Zukunft mehr gesehen und sei der Meinung, abnormal veranlagt zu sein, weil sie keine emotionalen Bindungen entwickeln könne. Sie habe ihren Sohn nicht geliebt, aber auch nicht gehaßt …

Der Gutachter stellte die Frage, ob es sich bei Paulas Tat um Sadismus, um ein primär sexuelles Erleben von Aggressionen handelt, weil Paula sagte, Schmerz sei das einzige, was sie fühlen könne.

Letztendlich verneinte er die Frage ebenso wie das Vorhandensein von Schizophrenie, für die auch die Fachklinik, in die Paula mit achtzehn Jahren eingewiesen worden war, keine Anhaltspunkte gefunden hatte. Paula gab sich dort „unauffällig und überangepaßt".

Durchaus aber bestätigt der Gutachter eine psycho-pathologische Fehlentwicklung der Täterin, „eine psychische Störung, die zwischen Neurose und Psychose liegt". Das Trimmen auf lediglich „äußere Leistung", das „Ausspielen der Geschwisterkinder gegeneinander erzeugten Wut und Neid", und „die daraus folgenden Aggressionen Paulas waren zuerst auf den Bruder gelenkt" und richteten sich dann gegen den Sohn.

„Stabilität" hätte Paulas „Persönlichkeit" erst durch den Kindesvater und Lebensgefährten Herbert erfahren. Diese Stabilität wurde allerdings laut Gutachter „gefährdet durch ihre Männerbekanntschaften", durch ihre „sexuellen Entgleisungen". Jedesmal danach „klammerte sich" Paula geradezu an den Lebensgefährten", der sich dazu so äußerte: „Ich fühlte mich manchmal wie ihr Sofakissen!"

Paula hat ihr Vorgehen geplant, sich den Ort ausgesucht, das Risiko, bei der Tat entdeckt zu werden, ausgeschaltet, indem sie nach Außerhalb fuhr, und sie hat das Eintreten des Todes mehrfach überprüft.

Sie wird wegen Mordes verurteilt, allerdings findet bei ihr der § 16 (1) StGB der DDR Berücksichtigung, wonach die strafrechtliche Verantwortlichkeit gemindert ist „wegen einer schwerwiegenden abnormen Entwicklung der Persönlichkeit mit Krankheitswert".

Paula bekommt 12 Jahre Haft.

Sie wird nicht in einen normalen Strafvollzug, sondern in ein Staatssicherheitsgefängnis überführt. Dort ist sie mit ihren umfangreichen Fremdsprachenkenntnissen am nützlichsten.

Paula sitzt, als ich sie sprechen kann, bereits fünf Jahre und nur noch mit wenigen weiteren Insassinnen ein. Auch dieser Knast wird aufgelöst. Die Frauenstation ist im Keller gelegen. Vor den Fenstern sind Blenden angebracht, damit man nichts sehen und nichts hören kann. Trotzdem hat Paula eine Verpflichtungserklärung unterschreiben müssen, daß sie alles, was sie gesehen und gehört hat, vergessen wird.
Paula hat lediglich einige Vokabeln vergessen.

Eltern und Bruder gestattete man nach der Tat des Familienmitgliedes die Ausreise in die BRD. Paula durfte nie erfahren, wohin sie verzogen sind. Lediglich eine Tante übermittelte von „beiden Elternteilen" den Wunsch nach einer zu veröffentlichenden Erklärung, in der zu stehen habe, daß die Eltern keinerlei Schuld an dem Versagen der Tochter treffe.
Paula schickte seinerzeit eine solche Erklärung an den Staatsanwalt. Der lehnte natürlich die Einschaltung der Presse ab.
Paula schreibt noch heute an die Eltern, weil sie nicht vergessen kann. Die Tante übermittelt die Briefe. Paula fertigte gerade, weil sie den Geburtstag der Mutter bis jetzt nicht vergessen hat, eine kunstvoll gestrickte Tischdecke an. Die Tante überbrachte das Geschenk. Die beiden Elternteile ließen wissen, daß die Elternteile die Decke erhalten hätten.

Es ist nicht gut für den Menschen,
allein zu sein.
Doch als Gott Adam schuf, machte er Eva aus seiner Rippe
und nicht vom Haupt, dass sie nicht über den Mann hinaus
wachse, dass sie also nicht über ihn herrschen solle.
Er hat sie auch nicht von den Füssen gemacht, damit sie der
Mann nicht verschmähe. Denn hätte das Weib in Ehren
widerstanden, der Mann hätte ihr niemals Leid angetan.
Darum aber, da sie dem Teufel gefolgt ist, muss sie den
Mann über sich haben als einen Herrn, sagt Salomon.

3 Gewaltherd Bett

Es ist nicht gut, allein zu sein. Doch die eine Mutter lacht sich halbtot über nichts. Die andere greift zur Flasche oder zu Tabletten. – Die heimliche Sucht der Frauen ist die Medikamentenabhängigkeit. Von 1,5 Millionen tablettensüchtiger Menschen (nur alte Länder) sind 75 Prozent allein Frauen. Bei den Alkoholsüchtigen ist es umgekehrt. 70 Prozent von 2,5 Millionen Alkoholikern sind männlich. [4)]

Oft lacht der Mund, und das Herz weint.

In Deutschland sterben jährlich rund 15 000 Menschen freiwillig. Allein 1990 haben sich in den neuen Ländern 4 294 Menschen selbst getötet. Nicht die gesellschaftlichen Veränderungen sind, wie man vermuten könnte, hauptsächliche Ursache für Selbstmordgedanken, sondern Probleme und Schwierigkeiten in der Partnerschaft, die auch mit Alkoholproblemen einhergehen, wird in einer Studie festgestellt. [5)]

Täglich wächst die Single-Bewegung. Einsam, zweisam, dreisam. Zweisam einsam.
Es ist nicht gut, allein zu sein.

Das Gruppenbild zerschnitten auf meinem Schreibtisch. Die Jungen nesteln am Hosenknopf, die Mädchen warten auf den Prinzen. Die Jungen stellen sich in Reihe auf und spielen das Spiel: Wer spritzt am weitesten? Aber nur sonntags spielen sie das Spiel. In der Woche trainieren sie Ellenbogen. Und die Mädchen laufen zum Schrank der Mutter, ziehen sich deren Kleid an, schlüpfen in deren Schuhe und folgen der Melodie, tanzen ihr Solo …
Wer singt denn da? Wer singt das alte Lied?

Bezahl ich die Musik, will ich auch tanzen. Bin doch erst neunzehn. Auch ich habe das Kleid meiner Mutter über dem Bauch mit Kind. Ich bin verheiratet. Ich habe einen Mann, der ab und zu gewalttätig ausrastet. Weil ich auch eine Meinung habe. Weil ich widerspreche. Weil ich einen anderen Mann angesehen habe. Weil ich …

Ich wehre mich nicht. Ich weine nicht. Ich reiche die Scheidung ein.

Er will keine Entscheidung. Und weil *er* keine will, wird *Im Namen des Volkes* eine Scheidung ausgesetzt. Wir sollen eine glückliche Familie werden, sind aber nur eine unglückliche Frau, ein unglücklicher Mann und bald ein unglückliches Kind. Bekommen Bewährung. Ein Jahr lang.

Wo schon ein Monat wie ein halbes Leben ist!

Wo jede Nacht kein Ausweg gefunden wird.

Wo nur der Schlaf ein Notausgang ist.

Manchmal nimmt er das Kind weg, trägt es nachts aus der Wohnung. Plötzlich kennt er auch den Weg zur Krippe. Jetzt weiß er, wie er mich kleinkriegt. Das Kind bekommst du nie! Du wolltest es doch sowieso nicht auf die Welt bringen. Alle sollen wissen, daß du an Abtreibung gedacht hast. Und wenn du nicht zum ehelichen Verkehr bereit bist, wird Ehebruch der Grund sein. Zeugen dafür werden sich finden lassen.

Ich schaue in den Spiegel. Er ist gesprungen. Ich bin gesplittert.

Nichts mehr übrig als eine Stimme, die nicht meine ist.

Schnell sterben ist besser als lebendig tot sein.

Einmal denke ich auch: Den bringst du um! Der Gedanke – ein kurzes Aufleuchten nur. Eine Unmöglichkeit, gedacht und schon verworfen.

Ein paar Stunden liege ich im Gas.

Ein paar Tage danach hält ein Medizinmann meinen Puls und eine Rede auf das schöne Leben.

Nun ist aufmerksam zu beachten, daß es dreierlei Frauen gibt. Die ersten sind kluge, die anderen unweise und die dritten übermütige, sagt Salomon. Und: Eine kluge Frau erfreut den Mann. Den unweisen Frauen sind Gebote zu setzen, doch nicht zu strenge. Die übermütigen aber sind mit strengen Geboten und ernster Drohung zu zwingen.

Ehestand, Wehestand. Gut gehängt ist besser als schlecht verheiratet. Ehe ist ein notwendiges Übel. Heiraten ist kein Kappentauschen …

Weshalb gelingt es so wenigen, aus einer Beziehung einen lichten Raum zu machen, den man bis an sein Lebensende gern bewohnt?

Weshalb? Weshalb? rufen die Frauen, und das Echo kommt zurück: ...halb, ...halb.
Weshalb verfiel die römisch-katholischen Kirche dem Hexenverfolgungswahn?
Weshalb ist das Christentum die einzige bis heute vor Sexualität Ekel und Furcht auslösende Instanz im abendländischen Kulturbetrieb?
Warum hackte sich der frühkirchliche Papst Leo die Hand ab? Weil der Handkuß einer Frau in ihm leibliche Lust auslöste. Er wurde für die Selbstverstümmelung heiliggesprochen.
Weshalb galt bis ins 19. Jahrhundert als Regel, daß nicht mehr als einmal im Monat Geschlechtsverkehr stattfinden dürfe, und zwar nur in Missionarsstellung? Weil dieser Koitus – allerdings nur der Frau – geringstes Vergnügen bereitete.
Der Orgasmus des Weibes wurde allgemein als schädlich angesehen, zum einen für die Frau, weil er ein Werk des Teufels war, zum andern schädlich für die Gesellschaft, weil bei einem Werk des Teufels keine Kinder entstünden.
Orgasmische Frauen wurden zu viktorianischen Zeiten in Irrenhäuser verbannt, weil sie unter Nymphomanie, einer Form des Wahnsinns, litten. Also lernte die Frau, sich hinzugeben, nur um *ihm* gefällig zu sein.
Noch die Mütter der heute Vierzig- bis Fünfzigjährigen, die aus Angst vor lebenslanger Schwangerschaft und wegen fehlendem männlichen Einfühlungsvermögen in Frustration erstarrten, wurden der Frigidität beschuldigt. Dieses von Freud als Erklärung für weibliche Unlust entdeckte „Indiz" stempelte Frauen ab, während der männliche Analphabetismus, die sexuelle Rücksichtslosigkeit und der nicht vorhandene Wunsch am gemeinsamen Vergnügen, gesellschaftsfähig war und noch immer ein Teil unserer Kultur ist.
Papst Paul VI. durfte noch 1976 in seiner „Enzyklika zur Sexualethik" lauthals vermelden, daß Masturbation eine „ernste sittliche Verfehlung" sei und Sex auch innerhalb der Ehe nur „mit Zeugungsabsicht moralische Güte" erlange.
Und erst kürzlich hat Johannes Paul II. vor der Vermännlichung der Frauen gewarnt. Als Frau perfekt zu sein hieße, nicht wie ein Mann zu sein. Die Gleichheit zwischen Mann und Frau habe ihr Fundament in der biblischen Schöpfungsgeschichte (!).

Nicht, daß die Deutschen im Bett neben sich Papstworte oder sozialistische Gebote zu liegen gehabt hätten. In der Bundesrepublik langweilten sich sogar per sexueller Revolution vier Frauen mit einem Mann (oder umgekehrt) auf dem Lustlager, während entlarvte FremdgängerInnen in Ost sich bis Ende der sechziger Jahre mit Parteistrafen wiedereingliedern ließen.
Im Westen lernten auch die Achtundsechziger bald Kapital, Karriere und Kochkunst einer eigenen Hausfrau zu schätzen, während im Osten die Heiratswilligen immer jünger wurden, weil nur Verheiratete eine Wohnung bekamen. Die Ehe war somit weiterhin die heilige Kuh.

Die berufstätige vollbeschäftigte DDR-Mutter wurde zwar durch großzügige sozialpolitische Maßnahmen unterstützt, die Männerdämmerung wurde damit allerdings kaum befördert. Das belegen nicht nur die höheren und stetig bis Ende der 80er Jahre gestiegenen Zahlen weiblicher Scheidungskläger in der DDR, das zeigen in besonders zugespitzter Weise die gelebten Leben der Täterinnen.
Verheiratete – schon gar nicht alleinerziehende – berufstätige Frauen mit Kindern konnten (und können) ihre Entwicklung, die Freizeit, also auch ihre Erholungsphase, wegen ihrer permanenten Verantwortlichkeit für die Familie kaum eigenständig und bedüfnisgerecht gestalten.
Der Wechsel von einem Ehemann zum andern ändert oft nicht die Situation der Frau, sondern nur die Anzahl der Kinder. Sind aber Männer deshalb besser dran?

Was nützt Verhungernden ein üppig zubereitetes Leben, wenn es kläglich und grotesk verschlungen werden muß?
Was nützt männliche und frauliche Erfahrung, wenn systemgewollt und machtimanent Frauen immer noch eine eigene Moral und eine eigene Welt angeboten bekommen: die Familie. Die Männer bemerken dabei nicht einmal, daß sie sich ins eigene Fleisch schneiden, weil sie sich ebenfalls beschränken.

Frauen stülpt man gerade in dieser rezessiven Zeit wieder den Heiligenschein des Natürlichen über: Mütterlichkeit ist angeboren, also ab an den Herd!
Die Gesellschaft aber teilt sich fast prozentgleich in zwei Abtei-

lungen: in eine stillende und eine nichtstillende. Das heißt aber nicht in geborene Mütter und geborene Männer.
Ich will niemandem ausreden, „nur" Hausfrau und Mutter sein zu wollen, wenn jemand es will. Hier geht es um mehr als das kleine Glück. Es geht um das große Unglück von Frauen, die ihre eigenen Kinder töteten und noch töten werden. Es geht um Zukunft. Kinder sind die Zukunft.

In jeder Gesellschaft stellen Gewaltverbrechen wie Mord und Totschlag die Spitze des Eisberges einer nichtfunktionierenden Kommunikation dar. Keineswegs gleichgewichtig verteilt sich auf die beiden Abteilungen die Position *Täter* und *Opfer*: Tötende sind meist nichtstillende, Opfer meist stillende Heterosexuelle. Doch auch wenn Tötende meistens Männer sind, bleiben jene Frauen übrig, die ebenfalls Mord und Totschlag begehen. Wenn die häufigsten Opfer von Männern Mädchen und Frauen sind, sind nicht folgerichtig die häufigsten Opfer von Frauen etwa Jungen und Männer.
Die Sensationspresse widmet sich mit Vorliebe jener „psychisch labilen" Frau, die aus „hysterischer" (Hysteria – Schoß) Eifersucht Männer und aus nicht nachvollziehbaren, „abartigen" Gründen Kinder tötet. Damit kultiviert sie weiter das konservative Urweib als biologisches Emotionsbündel, reduziert auf Mutterinstinkt und irre An- und Ausfälle.
Da die Frage nach der Regel in der Rollenverteilung – Wer ist Täter und wer am häufigsten sein Opfer? – seit Jahrhunderten entschieden ist, vergaß auch die traditionelle Kriminologie nicht, ebenso lange stets auf das Opferverhalten z. B. vergewaltigter oder sexualgemordeter Frauen hinzuweisen. Sie „provozierten" zur Tat: Rock zu kurz. Ausschnitt zu tief. Absätze zu hoch.
Diese grausame wie männliche Vereinfachung ließe den Schluß zu, Männer bräuchten bloß engsitzende Unterhosen oder ein properes Schulterpaket zu tragen, und schon wären sie zu potentiellen Opfern weiblicher Gewalt avanciert.
Kriminologen begründen weiterhin den Fakt, daß in der Mehrzahl Männer meistens Frauen sexuell motiviert töten, mit dem maskulinen Geschlechtstrieb und der Machthierarchie zwischen den Geschlechtern.
Mord und Totschlag ist also ein Ausdruck patriarchalischer Strukturen.

Der Mächtigere vergreift sich am Schwächeren. Männer töten Frauen, also töten Frauen Kinder.
Nein. Frauen töten ihre *eigenen* Kinder.
Frauen, wenn sie gewalttätig werden, töten am häufigsten ihr „eigen Fleisch und Blut".
In beiden Teilen Deutschlands war das so, und es ist noch so. Erst dann rangieren Partner als Opfer. Und nur bei fünf Prozent der Fälle richtete sich weibliche Gewalt gegen Fremde.
Weshalb? Weshalb? rufen die Frauen, und das Echo kommt zurück: ...halb, ...halb. Und die eine lacht sich tot über nichts, die andere geht trotzig Richtung Bildrand ... Ich ziehe schnell noch die Konturen meiner Lippen nach. Ich bin davongekommen.

Wenn in beiden Teilen Deutschlands, also in grundsätzlich verschiedenen gesellschaftlichen Verhältnissen, sich weibliche Gewalt in den häufigsten Fällen gegen die eigenen Kinder richtete, dann können die konkreten, alltäglichen Bedingungen, unter denen Frauen hüben wie drüben gewalttätig wurden, doch gar nicht so verschieden voneinander gewesen sein?

Warum konnten und können manche Mütter in derlei Krisensituationen nicht ihre Kinder weggeben, von Fremden aufziehen oder adoptieren lassen? In jedem Kindestötungsprozeß fragte garantiert der Gutachter, Richter oder Staatsanwalt, weshalb, statt zu töten, nicht das getan worden war. Einige Täterinnen hatten die Adoption sogar erwogen.
Rein theoretisch gäbe es keine einleuchtende Begründung mehr dafür, daß die biologische Mutter identisch sein muß mit der aufziehenden, genausowenig wie es nicht zwingend ist, daß der Erzeuger auch die Vaterstelle einnimmt.
Erzeuger brauchen nicht, wenn sie nicht wollen, Väter zu sein. Die Gesellschaft toleriert, eine Überweisung per Dauerauftrag regelt.
Schwanger Gewordene müssen Mütter werden, entbindende Frauen müssen Mütter sein. Naturgegeben. Die Gesellschaft besteht darauf, verlangt es so. Nur in ganz wenigen Fällen wird eine Ausnahme gestattet. Die Göttin in Kittelschürze, in der rechten Hand den Zeigestock, links drei Einkaufsbeutel, an den Füßen Bohnerschuhe, im Ausschnitt Staubtuch, Koch- und

Backrezepte, auf dem Kopf den Magisterhut, im Blick endlose Zärtlichkeit, Geduld und Aufopferung.
Eine gute Mutter gibt ihr Kind nicht weg. Die ideale Mutter nimmt, ehe sie ein Kind weggibt, es lieber mit in den Tod: Bei 40 Prozent der Tötungsdelikte von Frauen an Kindern in der Bundesrepublik erfolgte anschließend der Suizid der Mutter. Bei 25 Prozent mißglückte der Selbstmord. [6)]

Das Idealbild setzt generell unter Druck und bei einigen Frauen Aggressionen eben auch gegen solche Kinder frei, die ungewollt, nicht ersehnt und nicht erwünscht, also ungeliebt geboren werden müssen. Politiker wollen aber weiter erst das ungeborene Leben schützen. Das viele Geld für die vielen Sitzungen, in denen es um Ja oder Nein zum § 218 ging, hätte verteilt werden können. Das viele Geld für die vielen Sitzungen, in denen es weiter darum gehen wird, sollte verteilt werden.

Das Leben der meisten Frauen, die ihre älteren Kinder töteten, bestand nur aus „Nützlichkeiten". Sie hatten nie Zeit für sich selbst, die Männer fragten nicht danach. Sie hatten keine Sinnlichkeit, keine erotische Beziehung. Nicht einmal pure sexuelle Befriedigung hatten sie, die sich die Männer ganz selbstverständlich nahmen oder von anderen holten.

Karin A. sagte: „Mein Mann brauchte es oft, und ich hab's mir gefallenlassen. Ich hatte ja gar keine Ahnung. Oral hätte ich früher nicht gemacht, hab ich dann aber, obwohl es nicht meine Sache war. Spaß hat mir gar nichts gegeben. Bin sowieso ein Mensch, der auf alles verzichten kann. Wenn er rauf und runter ist ... na ja, er wußte es nicht besser ... Aber – muß denn das sein, wenn man verheiratet ist, daß man dann Bilder anguckt? Unsere Bettzeiten waren verschieden. Ich bin einmal runtergegangen, und da sah ich das Kartenspiel. Ein Pornokartenspiel. Das war schon ein Hammer ... !"

Einmal wollte Chris „nicht nur als Hausfrau und Mutter von zwei Kindern" gelten. „Wie alt war ich denn! Ich wollte auch eine Frau sein, die Verrücktheiten draufhat. Wir gingen zum Fasching, und ich hab Strapse angezogen. Sascha ist ausgeflippt. Ich sollte sofort alles ausziehen. So ginge er nicht mit

mir! Aber ich habe sie angelassen. Und der Abend war gelaufen."
Sich einmal eine Verrücktheit erlauben! Strapse zum Fasching! Erotische Wäsche als Verkleidung, ein Kostüm zur Narrenzeit. Nicht ernst gemeint und doch ernst.
Chris wurde Brett im Bett, wurde jung kalt. Die anfängliche Liebesbeziehung wandelte sich in „Karnickel-Akte".
„Ekelhaft. Als er wieder einmal rauf ist, hab ich gesagt: Na, nun mach mal. Er hat gefragt: Mensch, was ist denn? – Und dann zu Ende gemacht."

Dora schluckte bereits mit fünfzehn, seit die Mutter sie dazu verpflichtete, die Pille, obwohl die Frau bis heute nicht weiß, wie *das*, wogegen die Pille ist, sein kann. Sie ging halt mit ins Bett. Wünsche anmelden? Warum denn?

Paula hatte ein Leben lang männliche Anweisungen im Genick, war selbst aber klug und begabt. Nur von dem dreiundzwanzig Jahre älteren Mann fühlte sie sich verstanden, der mit ihr in der Klinik war. Wer in der Klinik war, tickt nicht richtig. Trotzdem erlebte Paula, wie sie selbst, ohne danach gefragt worden zu sein, zu Protokoll gab, „erstmalig und nur bei dem Mann einen Orgasmus". Bei ihm war sie nicht nur ein „nützliches Wesen", mit ihm war sie vertraut bis zum Schluß.
Paula gestand ihre Tat diesem Mann und nicht dem Lebensgefährten.

Die alten Ägypter umschrieben den Geschlechtsverkehr als „mit einer Frau vertraut sein". Die Weisen rieten den Männern, niemals grob zu einer Geliebten zu werden oder sie gar herumzukommandieren, denn das wäre der Gesellschaft eines Mannes, mit dem eine Frau ihre „Freude" geteilt hatte, nicht angemessen.
Die sexuellen Beziehungen der Täterinnen zu ihren Männern waren von Prüderie, Selbstverleugnung und Nichtwissen geprägt. Außerdem überschattete diese Beziehungen die Tatsache, daß sich alle Männer mehr oder weniger aufrecht von den Frauen trennen wollten. Oft hatten sich die Männer breits während der Schwangerschaften von den Frauen abgewandt. Chris und Paula nannten diesen Fakt als erschütternden Ein-

schnitt. „Ein Versehen“, hatte der eine gesagt und der andere: „Ich habe keine Familie, nur einen Sohn.“
Es gab kein Hoffen auf „Vertrautheit“. Gibt es kein Hoffen, gibt es kein Jetzt.

Bei der gutachterlichen Beurteilung ist die männliche Sprache Verräter der männlichen Sicht auf fraulichen Alltag.
Zum Beispiel „erreichte“ Paula nach Meinung des Gutachters erst „Stabilität“ durch den „Lebensgefährten“ Herbert. Sie gefährdete diese Stabilität allerdings „durch Männerbekanntschaften“ (in fünf Jahren zwei), durch ihre „sexuellen Entgleisungen“.

Für Karin gab es sogar Vorwürfe: „Sich-fallen-lassen, Ausleben, Spontaneität waren nicht möglich ...“ Wann auch?
„Sie stellte ihre eigenen Belange in den Hintergrund ... “ Einer muß es doch tun, wenn Lastenausgleich nicht selbstverständlich ist.
„Es hat keine außergewöhnlichen, schweren Konflikte gegeben ...
Sie bewertete die persönliche Situation über ...“
Sicher ist ein Partnerwechsel kein außergewöhnlicher Konflikt – im Pornofilm. Im Leben kann der Verlust eines Partners aber, obwohl wir alle so polygam sind, ein schwerer Konflikt werden, wenn nicht mit offenen Karten gespielt wird.
In den Betten der Täterinnen war es kalt. Sie hatten Männer, die immer nahmen, aber nie bezahlten. Und Aschenputtel sammelte Blut im Schuh.

Die Göttin Mutter in Kittelschürze, in der rechten Hand den Zeigestock, links drei Einkaufsbeutel ... Wohin mit weiblichen Wünschen, Talenten und Kräften?
Mittlerweile hat sich doch herumgesprochen, daß Frauen nicht mehr an der „rasenden Gebärmutter“ leiden, die mit kalten Güssen behandelt werden muß. Doch in Werbespots wird weiter die Frau als Kittelschürze geadelt, die nur bei „Meister Proper“ einen Orgasmus bekommt. Und in Pornos stöhnen Frauen nicht, weil sie von rüden Hirschen in Leistungssportmanier besprungen werden, sondern trotzdem – weil der Regisseur mit dem Tausender winkt.

Ob das aber der männliche Nachwuchs weiß, wenn er solche Filme sieht?
Die sexuell selbstbestimmte Frau ist entgegen aller Gerüchte noch immer anrüchig. Deshalb wird sie gern in Talk-Shows als Phänomen vorgestellt.

Wenn Feministinnen darüber nach wie vor klagen, Sexualobjekt zu sein, haben sie die Austauschbarkeit von Subjekt – Objekt, haben sie einfach die Dialektik übersehen und nie versucht, selbst Subjekt zu werden. Oder sie brauchten diesen Versuch nicht, weil sie keine Männer brauchten.
Alle Männer sind auch nicht brauchbar, aber es gibt ihn, den *selbstverständlichen* Mann, mit dem frau vertraut werden kann. Er ist der abgewickelte Heroe, eine auf menschliche Größe dimensionierte Genießbarkeit. Ein männlicher Mann, der den Hausstand nicht als Frauenstand sieht, das Kind nicht als ihr Kind, das Geld nicht als sein Geld, das Bett nicht als Samenhalde.
Die *selbstverständliche* Frau ist keine auf Versorgungseinrichtung kalkulierende, keine mit Fetus im Bauch erpressende, keine nur ihm zu Willen seiende Frau.
Jede Art von Unterdrückung, auch die des Bedürfnisses nach sexueller Befriedigung, die Selbstverleugnung, hat unvermeidlich Gewalt, mindestens Aggressionen zur Folge.

Klar, das hat Salomon nicht gewollt. Die Ehe ist auch heute noch (und laut Bundesgerichtshof) eine Geschlechtsgemeinschaft, die grundsätzlich zum ehelichen Verkehr verpflichtet. Es gibt in Deutschland kein Gesetz, das Vergewaltigung in der Ehe verbietet und Lustverbreitung anweist, weil ein Vergewaltiger nur der ist, der eine Frau zum „außerehelichen" Beischlaf mit ihm oder einem Dritten nötigt.

Nehmen wir den Fall Lorena Bobitt: Ist es nicht bemerkenswert, daß dieser Fall (Journalisten-)Männer nur insofern beunruhigte, als daß sie Nachahmerinnen der Schwanzabschneiderin für Deutschland befürchteten?
Ist es nicht bemerkenswert, daß die Tat der Lorena Bobitt lediglich als „verdächtig irre" angesehen, die vorausgegangene männliche Gewalt aber mit keiner weiteren Silbe bedacht wird? Und ist es nicht bemerkenswert, daß der § 217 des Strafgesetz-

buches der BRD einer Täterin, die während oder kurz nach der Geburt ihr Kind tötet, Nachsicht zubilligt? Nein, nicht generell. Nur die Mutter, die einem nichtehelich geborenen Kind etwas antut, bekommt eine mildere Strafe. Die verheiratete Frau, derselben Tat an ihrem ehelichen Kind schuldig, wird härter bestraft. Ist das nicht bemerkenswert?
Welchen Einfluß hat eine gesellschaftliche Atmosphäre, haben Gesetze auf eine Beziehung zwischen Mann und Frau? Entstand zum Beispiel dieser § 217 deshalb, um der besonderen Gewaltanfälligkeit der Frau während der Schwangerschaftszeit Rechnung zu tragen? Ist diese Milde dem sogenannten „biologischen Erklärungsmodell" für weibliche Gewalt geschuldet? Ist es dann aber nicht um so bemerkenswerter, daß unverheiratete Frauen anders schwanger sein sollen als verheiratete?

Und Salomon sagt: Nur eheliche Werke soll man üben –
wegen der Kinder.
Geschieht das aber zur Erfüllung leiblicher Lüste und
ausserhalb der Ehe, so ist das
eine Todsünde.

4 Von Frauen, die Neugeborene töteten

Die eine Frau lacht. Ich ziehe schnell noch die Konturen meiner Lippen nach und lache auch, frage die Frau, die sich jetzt an die Stirn tippt: Weshalb?
Sie versteht nicht, daß andere schwanger werden wollen. One-night-stand, ruft sie und fragt: Familiensplitting statt Ehegattensplitting? Kinderfreibetragserhöhung? Alles Wahlpropaganda! Die Prostituierte ist die Emanzipierte. Und vor Gott schütze mich das Kondom ...
Eine andre hat ihre Kinder an sich gebunden und schreit: Umgangsrecht kriegt der doch nicht! Sind meine Kinder, meine ... Die dritte weint sich die Augen aus. Zu lange wartet sie schon, wird einfach nicht schwanger ...
Die Frau, die in der Ecke des Krankenzimmers hockt, stopft sich Servietten, Klopapier und Haushaltstücher in die Vagina. Sie blutet. Blutet sich die Seele aus. Ihr Baby ist tot geboren worden ...
Und Susanna friert. Erst dreiundzwanzig Jahre alt ist sie, und es ist kalt im Frankfurter Knast. Vielleicht zittert die junge Frau auch, weil sie sich vor ihrer Hinrichtung fürchtet. Die Totenwache halten Geistliche seit vier Tagen und verspeisten währenddessen auf Kosten der Staatskasse zwölf Pfund Rindfleisch, zwölf Pfund Kalbsbraten, drei Pfund Bratwürste und Gemüse, sechs Pfund Karpfen und dreißig Milchbrote. Durch die Kehlen flossen sechseinhalb Maß Wein.
Ähnlich tafeln Scharfrichter und Soldaten bis zum 14. Jänner 1772. Dann wird Susanna Margaretha Brandt in einer einstündigen Prozession durch die Stadt zum Richtplatz gekarrt. Auf dem Blutgerüst setzt man ihr glücklich und wohl vollzogen durch einen Hieb den Kopf ab.
Wegen der Schande und des Vorwurfs der Leute, gab die Dienstmagd an, hätte sie der Teufel angestiftet, ihr Kind zu töten. Empfangen hätte sie die Frucht von einem durchreisenden Goldschmiedegesellen, der sie mit Hilfe von Wein, in den er ein Mittel getan hatte, willig gemacht habe. [7)]
Ein junger, aufstrebender Rechtsanwalt, der sich nach seinen Studien wieder in der Heimatstadt Frankfurt niederließ, ist nicht nur der Frauenwelt, auch mit empfindsamen Verständnis

dem Brandtschen Schicksal zugetan. Daß ihr Leben und Sterben, wohl stellvertretend für die vielen anderen Kindsmörderinnen dieser Zeit, in die Geschichte eingingen, ist diesem damals zweiundzwanzigjährigen Advokaten zu verdanken. Goethe hieß er. Ihn inspirierte Susanna Margaretha für sein „Gretchen“, das von Faust unehrenhaft angebumst und danach verlassen wurde.

Es gab noch nicht die Pille. Trotzdem lernte man Männer kennen. Auch ich trank mit einem Wein. Aber er brauchte kein „Mittel“ hineinzutun. Eine solche Lüge für den Sündenfall mußte nicht mehr erfunden werden. Doch die Mutterneurosen waren auch mir auf den Bauch gestempelt: Alle wollen nur das eine! Schweinskram. Schmutziges Zeugs. Daß du uns kein Balg anbringst!

Mein Balg? Sein Balg? Ein Kind. Unser.

Im vierten Monat sah mir meine Mutter an, daß ich im vierten Monat war. „Wer ist der Mistkerl? Du heiratest! Unehelich bekommt man kein Kind. Wie willst du denn mit 180 Mark Stipendium ein Balg und dich ernähren?“

Ich wollte das Baby nicht, weil ich dazu den Mann nehmen sollte. Ich fragte, wie man ein Kind abtreiben könne. Die Frage war vier Jahre zu früh gestellt. Ich trank heißen Rotwein, sprang besonders betrunken von einem besonders hohen Doppelstockbett, bis ich doch einwilligte in eine Ehrenrettung. Die war leider die ganze Basis. Und somit habe ich ihn und mich und meine Tochter um ein Stück Leben betrogen.

Ich gebe zu Protokoll, ich war in keiner Menstruations-, Schwangerschafts- oder Klimakteriumsphase, als ich sterben wollte.

Ich gebe weiter zu Protokoll, einmal habe ich daran gedacht, meine Tochter mitzunehmen, aber gleich wieder den Gedanken verworfen. Manchmal denken Mütter, daß es besser ist, die Kinder mitzunehmen, als sie einem Menschen zu überlassen, den sie als unmenschlich empfinden. Manchmal denken Mütter das und nehmen ihre Kinder mit in den Tod.

Meine Tochter ist davongekommen. Ich bin davongekommen. Doch nicht ganz. Nach einjährigem Scheidungskrieg – beide

wollten das Erziehungsrecht für das Kind –, sagte ich während einer Verhandlung plötzlich: Ja, er soll es haben. Wenn er seinen Jähzorn, die Schläge abstreitet, wenn er sich als treusorgender Ehemann, sich ständig im Haushalt betätigender, sich überwiegend ums Kind kümmernder Vater darstellt, dann soll er sehen ...
Der Mann hat meine Tochter zu seiner Mutter gegeben. Ein paar Jahre wuchs sie dort auf, bis er wieder heiratete. Ich hatte Umgangsrecht. Als meine Tochter fünfzehn war, zog sie zu mir. Das schlechte Gewissen habe ich bis heute nicht verloren, trotzdem sind wir davongekommen.
Einige kommen nicht davon.
Gerade jetzt schließt sich eine Frau in der Toilette ein.
Oder sie geht in den Wald.
Oder sie verschnürt ihr Baby in einen hellblauen Plastiksack. Es ist ein Junge. Jungen tragen blau.

Ein „Bastard" im Bauch ist auch heute längst kein Baby wie jedes andere. Kam im Mittelalter eine Frau in ihrer Verzweiflung, Verlassenheit und Hilflosigkeit auf die Idee, die Schwangerschaft zu verheimlichen und das Neugeborene zu töten, und entdeckte man Tat und Täterin, wurde die Frau lebendig begraben, mit glühenden Zangen zu Tode gezwickt, gepfählt oder ertränkt. Rädern als Strafe war unmoralisch. Man hätte ja unter den Weiberrock sehen können.
Die Hinrichtung einer Kindsmörderin zu Zeiten Goethes mittels Schwert war da schon eine Gnade für die Delinquentin.

In der Zeit der Aufklärung war der Leitgedanke Friedrich des Großen, daß „die Strafe für Kindestötung so lange nicht als gerecht gelten könne, als der Staat nicht alles in seiner Macht Stehende tut, das Verbrechen zu verhindern", lediglich eine Diskussion wert. Diese Kritik am Staatswesen fand keinen Niederschlag in der Partikulargesetzgebung. Erst 1813 wurde mit dem ersten Bayrischen Strafgesetzbuch die Todesstrafe für Kindesmord durch eine auf unbestimmte Zeit ausgesetzte Zuchthausstrafe ersetzt. Württemberg folgte 1839, Hannover 1840, Hessen 1841, Baden 1845.
Die Grundlage der heutigen Strafbestimmungen ist das „Strafgesetzbuch für die Preußischen Staaten", das 1851 das „Preu-

ßische Allgemeine Landrecht“ aufhob. Noch war die uneheliche Mutter, die ihr Kind in oder gleich nach der Geburt tötete, eine Mörderin, die mit 5 bis 20 Jahren Zuchthaus rechnen mußte.
1871 wurde mit dem Reichsstrafgesetzbuch für das Deutsche Reich erstmalig aus Kindesmord Kindestötung. Die Täterin war also keine Mörderin mehr, das Strafmaß lag abgemildert nun nur noch bei Zuchthaus nicht unter 3, bei „mildernden Umständen“ mindestens bei 2 Jahren. [8] Der entsprechende Paragraph war der § 217.

Daß der Familienstand des Kindes im Vordergrund stand, ist der im vorigen Jahrhundert herrschenden und bis heute nicht überwundenen Bigotterie geschuldet. Die weiblichen Menschen waren seinerzeit oft als Dienstboten, Küchen- oder Hausmädchen angestellt. Nicht selten griff sich der Hausherr, das Familienoberhaupt, der Haushaltsvorstand, so ein einfaches Mädchen, vögelte es durch und schwängerte es. Ein Kind aber wollte er ganz bestimmt nicht mit einer Magd zeugen; daß die Öffentlichkeit so von seinem Ehebruch erfuhr, durfte nicht sein. Auch das entehrte Mädchen wußte, was ihm bevorstand: Arbeitslosigkeit und öffentliche Ächtung.
Nach dem patriarchalischen Verständnis aber war und ist es üblich, daß eine Hand die andere wäscht. Die mißbrauchte, unehelich schwanger gewordene Frau sollte nicht auch noch zusätzlich die große Härte des Mordparagraphen treffen, wenn sie in ihrer verzweifelten Not das ungeliebte Neugeborene tötete. Impliziert aber nicht gleichzeitig die milde Strafe für solche Täterinnen den Schutz der Erzeuger?

Seit 1871 wird eine *ledige* Mutter, die ihr Neugeborenes „in oder gleich nach der Geburt tötet“, gemäß § 217 verurteilt und ist demzufolge privilegierter als eine verheiratete Frau, die das tut.
Auch der schwer umkämpfte Abtreibungsparagraph 218, den es für Ost-Frauen etwa zwanzig Jahre nicht mehr gab, entstammt ebenfalls dem ehemaligen Reichsstrafgesetzbuch.

Immerhin: 123 Jahre alt sind diese Paragraphen. Immerhin wurden sie ab und zu „modernisiert“. So 1974 letztmalig der

§ 217, indem man lediglich „nichtehelich“ statt „unehelich“ formulierte und „mildernde Umstände“ in „minder schwere Fälle“ abänderte. Diesem Gesetzestext gemäß wird Rücksicht genommen auf die „Bedrängnis“, in der sich eine ledig Gebärende (oder zugestandenermaßen nun auch durch Ehebruch schwanger gewordene Frau) befindet. Die Strafe ist eine Freiheitsstrafe nicht unter 3 Jahren, in „minder schweren Fällen“ von 6 Monaten bis zu 5 Jahren.
Immer noch wird also in „Bastarde“ und „ordentlich“ geborene Kinder unterschieden. Und wenn ein „Bastard“ in oder gleich nach der Geburt getötet wird, ist das halt weniger schlimm als der Tod eines ordentlichen Kindes.
Die Verurteilung einer solchen Tat in Abhängigkeit vom Familienstand des getöteten Kindes gab es in der DDR auch nicht mehr. Die Täterinnen hatten sich wegen Totschlags gemäß § 113 (3) Strafgesetzbuch zu verantworten und mit einer Freiheitsstrafe bis zu 10 Jahren zu rechnen.

Männer töten Männer, Frauen und Kinder; vergewaltigen, mißbrauchen das weibliche Geschlecht.
Frauen, wenn sie gewalttätig werden, töten meist ihr „eigen Fleisch und Blut“. In beiden Teilen Deutschlands war das so, und es ist noch so.
Weshalb? Weshalb? rufen die Frauen, und das Echo kommt zurück: ...halb, ...halb ... Und die eine lacht sich tot über scheinbar nichts, die andere geht trotzig Richtung Bildrand ...

Während Brecht noch in einer Ballade über die Kindsmörderin Marie Farrar, die 1921 in Augsburg vor Gericht stand, weil sie ihre uneheliche Schwangerschaft geheimgehalten, ihr Neugeborenes gleich getötet und im Wäschehaus versteckt hatte, veröffentlichen konnte: „... denn alle Kreatur braucht Hilf’ von allen“, verbot Goebbels 1940 die Verfilmung des von Gerhard Hauptmann verfaßten Dramas über die Kindsmörderin „Rose Bernd“. Die deutschen Frauen sollten nicht verdorben werden. Die deutschen Mütter sollten gute Mütter sein. Die deutschen Mütter sollten freudig gebären. Eine deutsche Mutter ist eine ideale Mutter.

Die Statistik des Bundeskriminalamtes weist, erstmalig inklusive der neuen Bundesländer, für 1992 insgesamt 6291519 erfaßte Straftaten aus. Von diesen Straftaten richteten sich 4470 gegen das Leben, darunter 33 Fälle von Kindestötung nach § 217 (davon 9 in Ost) und 148 ungesetzliche Schwangerschaftsabbrüche (nur in den alten Ländern) nach § 218.
181 weitere weibliche Katastrophen zu den Tragödien, in denen Mütter ihre älteren Kinder töteten.

Die neunzehnjährige ledige Krankenpflegerin Rita bringt in Düsseldorf allein in ihrer Wohnung ein Kind zur Welt, erstickt es mit ihrem Bademantel, legt es in eine Plastiktüte und wirft es in den Müll.

Astrid, bereits Mutter von zwei Kindern, gerade verlassen worden von ihrem Freund, gebiert in ihrer Küche ein Kind, erstickt es in einem Müllsack und versteckt das tote Baby im Schlafzimmerschrank.

Claudia ersticht ihren frühgeborenen Sohn mit Schere und Schraubenzieher. Die Mutter der Zwanzigjährigen hatte gedroht: „Wenn du schwanger wirst, schmeiße ich dich raus."

Rita, in anderen Umständen von einem verheirateten Mann, bekommt zu Hause Zwillinge und wirft sie in die Mülltonne.

In Kerken überläßt 1990 eine Mutter ihr Neugeborenes ebenfalls dem Müll. Und 1991 bringt sie wieder unehelich ein Kind zur Welt, verstaut es lebendig in einem Müllsack und bringt es in den Wald. Das Kind wird tot gefunden.

In Zwönitz entbindet 1992 eine fünfundzwanzigjährige Frau allein ihr Baby und läßt es ins Plumsklo fallen.

1992 ahnt niemand in Belzig, daß die achtzehnjährige Regina in anderen Umständen ist. Sie gebiert in ihrem Kinderzimmer des Elternhauses das Baby, ersticht es sofort und fährt wieder zurück ins Lehrlingsinternat. Mit starken Blutungen muß sie ins Krankenhaus eingewiesen werden und gesteht die Tat. Der kleine Leichnam wird, versteckt in einem Koffer unter ihrem Bett, im Kinderzimmer gefunden. Urteil: 1 Jahr, 8 Monate – auf Bewährung.

Berlin 1992: Auch die neunundzwanzigjährige Michaela schenkt allein auf der Toilette einer Tochter das Leben und nimmt es ihr wieder. Sie vergräbt das Neugeborene bei lebendigem Leibe. So jedenfalls berichteten die Zeitungen.
Fotografen scheuen sich nicht, verzweifelte Gesichter abzulichten. In vielen Fällen werden sogar Name samt vollständiger Adresse genannt. Wahrung der Persönlichkeitsrechte doch nicht bei solchen!
Ist es nicht bemerkenswert, daß bei allen Tötungsdelikten an Neugeborenen die Mütter neun Monate lang ihre Schwangerschaft gegenüber der Umwelt verheimlichten?
Ist kurz vor dem 21. Jahrhundert ein unehelicher dicker Bauch immer noch Schande ?
Ist es nicht bemerkenswert, daß Täterinnen Neugeborene in Müllsäcke verpacken, wegwerfen wie Müll, in Müll-Container verbringen?

Ist es überhaupt vorstellbar, daß ein Fünfjähriger Kalk ins Gesicht geschüttet bekommt, ein Vierjähriger ins Badewasser gedrückt wird, ein Neugeborenes lebendig unter der Erde vergraben oder in einem Bilka-Einkaufsbeutel unter Essenresten, Bierbüchsen und Quelle-Werbung liegt?
Heutzutage weiß doch jeder, wie verhütet wird oder daß man ein Kind zur Adoption freigeben kann!
Die meisten wissen das auch, manche werden aber trotzdem ungewollt schwanger. Und ist es dann geschehen, scheint für einige die Tötung des Neugeborenen die weniger „peinliche“ Alternative als dessen Freigabe zur Adoption.

Die Wegwerfgesellschaft demonstriert Andrang vor Gerichtssälen und vor Kameras Abscheu. Die Urteile fallen nicht hart genug aus. So auch im Fall Michaela R. Das hohe Gericht verkündete 2 Jahre Haft auf Bewährung. Ein Mann ruft: „Skandal“. Eine Frau schreit „Möderin“.
Die Zaungäste wissen nicht, daß hier die besondere Milde des sogenannte „Dienstmädchen-Paragraphen“ wirkte, daß hier

ein „minder schwerer Fall“ von Tötung verhandelt wurde. Die Zuhörer, darunter auch Frauen, haben keine Fragen. Ahnen sie denn nicht, daß sie nur davongekommen sind?

Der Fall Michaela R.

Michaela hat schon ein Kind. Der neunjährige Daniel ist in der Schule. Gott sei Dank. Denn überraschend setzen die Wehen ein. Es ist gegen 10 Uhr. Ein schöner Herbsttag, Oktober 1992. Die Abstände der krampfartigen Schmerzen werden immer kürzer. Und sie krümmt sich ... Und es tut so weh ...
Michaela tastet sich zur Toilette. Sie hat nur eine Toilette mit kleinem Waschbecken, kein Bad. Die Preßwehen kommen ... Ein Mädchen wollte sie schon immer haben. Und das Blut überall ... und das Kind so schmutzig. Muß es waschen, aber es hängt noch an der Nabelschnur. Nimmt eine Schere, hat sich vorher gerade noch damit die Haare geschnitten ... trennt das Kind ab ... Und nun die Nachgeburt! Um Gottes willen ... wohin damit? Wohin bloß mit diesem Zeug ...? In eine Plastiktüte. Da ist aber noch ein neuer Rock drin ... Egal!
Michaela stellt den Beutel mit dem neuen Rock und der Nachgeburt auf dem Balkon ab. Später werden die Kriminalisten feststellen, daß auch das Kind eine Zeitlang in dieser Tüte gelegen haben muß. Sogenannte Käseschmiere befand sich am Rock. Deshalb wird das Gericht auch davon ausgehen, daß das unehelich geborene Mädchen, als es für kurze Zeit kurz nach der Geburt in der Plastiktüte lag, schon tot war. Wahrscheinlich erstickt von der ledigen Mutter. „Während oder kurz nach der Geburt getötet“, heißt es ja.
Das Gericht wird weiter davon ausgehen, „daß eine zeitlich begrenzte, schwere seelische Abartigkeit zur Tat geführt habe und die Täterin vermindert schuldfähig war“.

Michaela aber wird dabei bleiben, daß sie ihr Kind lebendig begraben hat. Viele Stunden nach dessen Geburt hat sie es lebendig begraben. Etwa zwanzig Stunden später. „Ich habe mein Kind lebendig begraben.“ Sie weiß nicht, daß sie anders, härter hätte bestraft werden müssen, wenn das Gericht ihrer Wahrheit gefolgt wäre. In oder kurz nach der Geburt heißt in der Regel bis ca. eineinhalb Stunden danach. Nur die ledige Mutter, die in dieser Zeit tötet, darf mit Milde rechnen.

Michaela hält an ihrer Aussage fest, daß sie noch viel Zeit mit ihrem Kind verbracht habe. Ist doch „keine Rabenmutter"! Hat das Baby immer wieder angeguckt …

… Nimmt ihr Baby mit ins Bett. Immer wieder streichelt sie es … Immer wieder versucht sie, es zu stillen. Jawohl, das Kind liegt neben ihr. Gegen Mittag aber läßt sie es allein, geht einkaufen, zur Sparkasse und wieder nach Hause.
Der Sohn weiß nicht, daß ihm eine Schwester geboren wurde. Hat denn das Baby nie geschrien? Als Daniel am Nachmittag von der Schule kommt, schmeißt er den Ranzen in die Ecke und verschwindet wieder zum Spielen. Gegen 19 Uhr ißt er mit der Mutter Abendbrot und geht in seinem Zimmer zu Bett. Auf dem Lager der Mutter aber liegt immer noch das Baby. Mutter und Tochter verbringen nebeneinander die Nacht. Eine unruhige Nacht. Kaum Schlaf.
Am Morgen versucht Michaela noch einmal, das Neugeborene zu stillen. „Aber es ging nicht, das Kindchen hat nicht gewollt."
Michaela zieht sich an. Es ist noch früh am Tag. Es ist noch dunkel draußen. In kaum einem Fenster brennt Licht. Am Wochenende schläft man aus.
Sie wickelt ihr Kind in eine Babydecke. Das Baby ist 51 Zentimeter lang, 3096 Gramm leicht. Ohne Vater.
Michaela wird ihrem Mädchen wenigstens ein Grab geben. Später will sie auch noch eine Blume pflanzen …
Im Morgengrauen, gegen 5 Uhr, verläßt sie mit einem Bündel auf dem Arm ihre Wohnung, geht aus dem Haus auf den Hinterhof und immer an der Wand entlang bis zu den Bäumen. Mit einem Eßlöffel scharrt sie ein Loch in die Erde, legt das in die Decke gewickelte Kind hinein und schaufelt Erde und Laub darüber. Trister Morgen. Zwei, drei erleuchtete Fenster. Kahle Bäume und kein Laut …
Die gelernte Gärtnerin kehrt zurück in ihre Wohnung und legt sich noch einmal für eine Stunde hin. Dann macht sie den Haushalt. Der Sohn geht spielen. Am Nachmittag kommt eine Schwester zu Besuch. Michaela muß andauernd weinen, erklärt sich aber nicht. Als die Schwester wieder weg ist, geht Michaela

hinunter. Sie hält das nicht aus. Muß in den Hinterhof, muß zum Grab ... entfernt die Babydecke von dem Baby ... wirft die Decke in den Müll, hat Angst, man könne anhand der Decke die Täterin identifizieren, deckt das tote Kind wieder mit Erde und Laub zu ... glaubt bald, man finde sowieso das Kind, kommt nicht mehr zur Ruhe.
Wenige Stunden später scharrt Michaela den Leichnam noch einmal aus. Diesmal trägt sie ihr Kind in die Wohnung. Sie will es waschen und schön anziehen, bevor sie sich der Polizei stellt, aber das geht nicht mehr. Also wickelt sie das Mädchen wieder in eine Decke ...

„Das ist es.“ Die junge Frau zeigt die Kopie eines vor der Obduktion gemachten Fotos. Sie bestand darauf, ein Foto von „ihrem Kindchen“ zu haben, und sie bekam es von ihrer Anwältin. Ein schlimmer Anblick. „Mein armes Mädchen“, sagt Michaela. Und: „Wie soll ich Daniel bloß erklären, wo seine Schwester ist?“

Michaela hält das Bündel mit dem toten Kind im Arm und gibt ihrem Sohn zu verstehen, daß sie erst einmal nicht wiederkommen wird. Daniel bleibt allein zurück, soll warten. Und seine Mutter geht los, die Treppen hinunter, über den Hinterhof, durch den Hausflur auf die Straße. Es ist Kaffeezeit ...
Bald darauf wird es in dem Hof, in der Seitenflügel-Wohnung wimmeln von Kriminalbeamten und Technikern. Spurensicherung. Zeugensuche. Umfeldbefragung.
Der Junge wird in einem katholischen Heim untergebracht, seine Mutter kommt in Untersuchungshaft. Es vergehen nur wenige Monate bis zur Verhandlung. Nur wenige Tage dauert der Prozeß. Das Urteil wird gesprochen, und Michaela ist frei. Sie kann es selbst kaum fassen, aber sie sitzt wieder in ihrer Wohnung. Sie kann es selbst kaum fassen, aber sie darf sich wieder eine Arbeit suchen. Und sie muß sich um einen Therapieplatz kümmern. Ihren Sohn bekommt sie erst wieder, wenn sie eine neue Wohnung in einer anderen Wohngegend bezogen hat. Also bleibt ihr nur der Besuch bei Daniel. Und sie besucht ihn regelmäßig. „Meine Mutter hat mich nie besucht!“

Michaela liebt und haßt die Mutter. Und den Vater?

Sie schimpft über Sonntagsausflüge. Die Kinder hatten schon die weißen Kniestrümpfe an, aber die Mutter wurde nicht fertig. Und der Vater?
Michaela klagt, daß nie „etwas Süßes“ da war. „Und der Vater kennt mich auch nicht mehr.“

Die Eltern lassen sich 1966 scheiden, der Vater, alkoholkrank, zieht aber nicht aus. Michaela ist da zwei Jahre alt, hat noch eine ältere Schwester. Zwei Schwestern werden noch geboren. Der bereits geschiedene Mann ist der Erzeuger. Die Eltern können nicht voneinander lassen. 1973 aber geht der Vater endgültig und die älteste Tochter mit ihm. Die anderen drei Mädchen werden von der Mutter erzogen, besser gesagt, versorgt. An liebe Worte oder Zärtlichkeiten kann sich Michaela nicht erinnern, nur an laute, hektische Maßregelungen und eine Hand, die locker saß.
„In der Erziehung stand materielles Denken im Vordergrund“, stellte das Gericht fest. Und Michaela spricht tatsächlich laufend von Geld, Kosten und Ausgaben. Sie läuft lieber, als daß sie sich eine teure Fahrkarte kauft. Und jetzt, wo sie alleine zu Hause ist, braucht sie auch keine Kohlen, geht sie lieber ins Bett, wenn sie friert. Aber „etwas Süßes“ hat Michaela immer. Immer knabbert sie irgend etwas.

Der Gutachter machte bei Michaela eine „leichte geistige Behinderung“ und einen Sprachfehler aus. Sie besuchte vier Jahre eine Sprachheilschule. Weil sie den Stoff einer Normalschule nicht schaffte, mußte sie in eine Sonderschule. „Vielleicht kann mich meine Mutter deshalb nicht leiden.“

Die Mutter, eine kleine, schmächtige Buchhändlerin, wirkt verloren in der viel zu großen Wohnung, bittet mich freundlich, Platz zu nehmen. Wie sich herausstellt, glaubt sie, ich wäre vom Jugendamt. Aber ich komme nicht wegen der Jüngsten, die freiwillig in einem Heim bleiben will.
Einmal noch mit der Mutter über alles reden, das will Michaela, aber sie getraute sich bisher nicht zu klingeln. Ich versuche zu vermitteln. Da springt die Fau auf, redet so laut wie Michaela, hat den gleichen Sprachfehler wie die Tochter und deren Sohn.

„Ich will mit ihr nichts zu tun haben." Noch lauter, noch eine Oktave höher: „Das ist nicht mehr meine Tochter. Hilfe braucht die? Daß ich nicht lache!"

1983: Die Mutter sieht nichts, die Mutter merkt nichts. Und Michaela, unerfahren, unwissend, weil nicht aufgeklärt, ängstlich, weil sie denkt, etwas Schmutziges getan zu haben, weiß nicht, wie sie's sagen soll. Sie ist erst achtzehn und schon schwanger. Den Erzeuger kennt sie nicht, will ihn auch nicht kennen, aber sie will das Kind, ein Kind, das nur sie lieben wird. Im fünften Monat „beichtet" sie ihre anderen Umstände.
Die Mutter bezeichnet die Tochter erwartungsgemäß als „asoziale Schlampe" und behandelt sie wie Dreck. Dreck fegt man weg oder übersieht man.
Die Frau ist in der Wohnung anwesend, als Michaelas Wehen vierzehn Tage zu früh einsetzen. Auf allen vieren kriecht das Mädchen zur Toilette, glaubt, es sind Bauchschmerzen, die sie fast zerreißen. Die Mutter kommt nur und kuckt, spricht nicht mit der Tochter, hilft ihr nicht bei dem Geburtsvorgang. Michaela entbindet Sohn Daniel allein auf dem Klo, die Mutter telefoniert danach lediglich nach einem Krankenwagen …
Eine traumatische, angsteinflößende Erfahrung von Verlassenheit, die sich 1992 wiederholt hat. Michaela hat niemanden, kann auf keinen bauen, ist allein.
Als sie aus dem Krankenhaus entlassen wird, muß sie auf Geheiß mit ihrem Baby in das kleinste Zimmer der Wohnung – die Rumpelkammer – ziehen und dafür 80 (DDR-)Mark zahlen. Die ganze Wohnung kostete nur 64 Mark Miete.

Michaela nimmt das Babyjahr und muß noch sechs Monate auf einen Krippenplatz warten, dann kann sie wieder in ihrem Lehrberuf als Gärtnerin arbeiten. Eigentlich wollte sie Säuglingsschwester werden, irgendwas mit Medizin. Aber Gartenarbeit ist auch schön. „Nur jetzt nicht mehr, jetzt rühr ich keine Erde mehr an!"
Der jungen Frau wird bescheinigt, daß sie ihre Arbeit gut macht. Blumen zu pflanzen macht Spaß, und man verdient auch nicht schlecht. Den Sohn bringt Michaela in die Krippe. Manchmal geht sie in ein Tanzhaus, dahin, wohin die Mutter sie das erste Mal mitgeschleppt hatte. Ansonsten aber kommt

sie mit der Mutter nicht klar. Die ist herrisch, hektisch und laut. Michaela ist auch laut und läßt sich nichts gefallen. Ständig gibt es Streit, auch zwischen den anderen Töchtern und der Mutter. Eine Schwester bekommt nun ebenfalls unehelich ein Kind. Die ist erst sechzehn Jahre alt und ahnungslos wie Michaela.

1986 weist man Michaela endlich eigene zwei Zimmer mit Außenklo zu. Der Mensch muß aber auch baden. Die Mutter jedoch gestattet nicht die Benutzung „ihres" Bades. Also verabredet sich Michaela heimlich mit ihrer jüngsten Schwester und badet sich und den Sohn, wenn die Mutter nicht da ist. Eines Tages aber ist sie da, hat die Heimlichkeit herausbekommen. Michaela darf die Wohnung nicht mehr betreten. Sie soll sich unterstehen, noch einmal zu klingeln.
„Dabei habe ich immer Handtücher und eigenes Shampoo mitgebracht."

Michaela wird noch zweimal schwanger. Obwohl sie nach der ersten Geburt die Spirale eingesetzt bekam, wird sie schwanger. Geht zum Abbruch. Bekommt wieder die Spirale, wird wieder schwanger, geht zum Abbruch.
Immer sind die Erzeuger namenlose Eintagsfliegen, die sie im Tanzhaus aufgelesen hat oder von denen sie mitgenommen wurde. Auch den Vater des getöteten Kindes will sie nicht kennen. Möchte sie nicht kennen. Ist ihr egal.
Aber den Weg zum Krankenhaus kannte sie doch schon. Weshalb ging sie diesmal nicht zum Arzt?
Die Kriminalpolizei notierte: „Zuckt mit den Schultern." Dann sagte Michaela: „Wegen der Eltern." Außerdem ... Die Abbrüche in der DDR waren einfach. Jetzt wären so viele Wege zu gehen, und kosten würde es auch was ...

Michaela hat eine neue Wohnung bekommen. Diesmal eine mit Innenklo. Sie kauft sich Möbel. Sie versorgt ihren Jungen. Eigentlich wünscht sie sich noch viele Kinder, Mädchen, alles Mädchen. Aber einen Mann will sie nicht dazu. Kinder ja, aber nicht mit einem Mann zusammenziehen. Sie will alleine leben. Immer. Für immer.
Michaelas Zweckbehauptungen türmen sich zu einem ansehn-

lichen Stapel. Einmal findet sie nämlich einen Mann ganz gut. Der steht auf einem Baugerüst. Das Baugerüst steht für Aufschwung Ost. Und der „gutgebaute Typ“ ist aus’m Westen. Er fragt Michaela, ob sie nicht was zu trinken ranschaffen könne. Michaela ist keine Schönheit aus der Werbung, aber liebenswert bereitwillig. Michaela spricht wegen ihres Sprachfehlers etwas zu laut, aber liebenswert offen. Michaela kauft ein. Die Männer reiben sich die Hände.
Michaela geht nun öfter am Gerüst vorbei. Bald kommt der Mann aus’m Westen in ihr Ost-Zuhause, sogar mit Freunden. Michaela kauft ein, bewirtet. Michaela selbst trinkt nicht, aber eben die Freunde. Eine Weile hat sie „immer was zu Hause“. Das wissen die Freunde. Doch auch sie weiß bald, daß die das wissen und nur deshalb kommen.
Mittlerweile borgt sie den Freunden auch kein Geld mehr, weil sie es nie zurückgeben. Der beste Freund, der mit der Tätowierung, schuldet ihr noch heute 350 Mark. Dabei hätte sie das Geld dringend für den Kinderwagen benötigt. Ja, sie wollte sich einen Kinderwagen kaufen. Aber der Typ hat sich nicht mehr blicken lassen. Ist er der Erzeuger?

Mit dem aus dem Westen hat sie’s auch mal probiert, aber „was ist denn das, immer nur raus und rein ... ? Kann ich verzichten. Ich hätte mir schon gewünscht, daß er es ist, der Vater meiner Tochter ... aber er hat als Zeuge vor Gericht gesagt, er hätte mit mir nichts zu tun gehabt ... Er ist es auch nicht, ganz bestimmt ist er nicht der Erzeuger. Ich will gar nicht sagen, daß er es ist. Ich will auch gar nicht wissen, wer es ist. Einer eben.“

Seit Michaela frei ist, läuft sie nach einem Therapietermin, nach einer neuen Arbeit und einer anderen Wohnung. Ab und zu kauft sie sich Bücher. Ramschware. Alte DDR-Ausgaben, die auf Trödelmärkten zu finden sind. Die kosten nicht viel. Sie hat schon jede Menge Romane, und die liest sie alle. Da ist sie nicht so allein in ihrer Wohnung, seit sie frei ist. Wenn sie aber die Nase voll hat von literarischen Figuren, geht sie in ein Tanzhaus. Sie sitzt allein. Trinkt allein ihr Glas Saft. Geht allein. Nur manchmal wankt einer mit. Sie kennt nicht den Namen, will ihn auch nicht kennen. Sie will überhaupt keinen Mann.

„Nur wenn man sich richtig liebt ... Was ist denn das sonst im Bett?"
Aber sie liebt ja niemand richtig. Sie hat noch nie jemand geliebt. Und es wird sie niemand lieben. Sie will das eben so. Also mag sie nur noch ein paar Kinder. Doch ... ja ... Kinder schon noch. Mädchen, alles Mädchen.

Der Fall Margitta und Manfred F.

Der in der Kriminalgeschichte der DDR und auch bundesweit wohl einmalige Fall der Tötung von Neugeborenen war der des Ehepaares Margitta und Manfred F. In den Jahren von 1984 bis 1988 brachten sie fünf Kinder um. Einmal jährlich eine Entbindung. Fünf Jahre hintereinander jährlich ein Mord.

Auf den ersten Blick scheint in jenem Haus, in dem die Familie F. lebte, alles entfernt, was an sie erinnern könnte: Briefkasten, Namensschild, und auch die fünf zurückgelassenen Kinder, Söhne im Alter von sieben, elf, sechzehn, siebzehn und achtzehn Jahren, sind weg. Verteilt. Untergebracht in verschiedenen Heimen ... Doch plötzlich entdecke ich ein vergilbtes Blatt Papier: Straßenreinigungsplan. Am schwarzen Brett im Treppenflur wird die Familie F. noch geführt als Mietpartei.
Jener Pflichtenkalender, diese winzige preußische Alltäglichkeit, macht pötzlich deutlich: Das war auch einmal eine ganz normale Familie der DDR mit Treppe wischen, Essen kochen und großer Wäsche, mit Träumen, mit einem guten Anfang ...

Verliebt. Verlobt. Geheiratet 1971. Margitta ist Kellnerin, Manfred Heizer. Manfred ist lieb. Manfred ist anhänglich. Er kommt aus einem Alkoholiker-Milieu, verbrachte mehrere Jahre in Heimen und sehnt sich nach einem Leben, wie alle es führen, mit Kinderlachen, Arbeit und einem Zuhause. Vier Kinder wollen sie haben und eine gute Familie sein.
Der Nachwuchs kommt. Manfred bringt das Geld nach Hause. Margitta hat die Hosen an. Das Reglement paßt. Einer muß das Sagen haben.
In elf Jahren bringt die Frau sechs Kinder zur Welt. Ein Kind

stirbt. 1983, nach der Geburt des letzten Sohnes, steht fest, nun reicht es. Fünf Schnäbel stopfen muß man erst mal können. Ein bißchen noch leben will man schließlich auch, und ein bißchen noch lieben ...
Margitta hat mit den Söhnen genug zu tun, sie kann nicht auch noch arbeiten gehen, jedenfalls nicht, wenn nicht auch der letzte aus dem Gröbsten raus ist. Aber das Geld reicht nicht vorne, nicht hinten und nicht für Alkohol. Sie verscheuern einiges von der Wohnungseinrichtung im An- und Verkauf. Später bringen sie auch die von Kollegen geschenkten Kindersachen oder die Auslegware aus dem Kontingent der Jugendhilfe für kinderreiche Familien dorthin. Sie hat die Hosen an. Er arbeitet nebenbei, will ansonsten seine Ruhe, will die Familie zusammenhalten, will Margitta, seine Frau. Marmorstein und Eisen bricht ...

Die Stadt, in der die Familie F. lebt, eine weithin bekannte, Sehenswürdigkeiten, Harzidylle im Fachwerklook mit Hunderten sich tummelnder Touristen, ist trotzdem Kleinstadt der typischen Merkmale: Trottoirs werden 19 Uhr hochgeklappt. Fast jeder kennt jeden vom Sehen. Und Kinderreichen oder jenen, die durch andere Auffälligkeiten immer wieder einmal aus dem ordentlichen Bürgerrahmen fallen, drückt der Tratsch schnell seinen Stempel auf: Knacki oder Schlampe, Penner oder Assi ...
Ein Nachbar: „Margitta und Manfred F. waren Assis. Das steht fest."

Der Staatsanwalt: „Nie kam das Ehepaar mit dem damals in der DDR gültigen Paragraphen zur Beeinträchtigung von Ordnung und Sicherheit durch asozialen Lebenswandel in Konflikt. Im Gegenteil. Herr F. war ein pünktlicher, zuverlässiger Arbeiter. Hilfsbereit und gutmütig. Und daß die Frau bei fünf Kindern nicht arbeiten ging, wer will ihr das verdenken? Alkoholiker? Nein. In wie vielen Familien wird täglich abends Alkohol getrunken!"

„Gesoffen hamse. Und gehurt. Warum die fünf Babys sterben mußten? Weil die von andern Männern waren. Das letzte stammte vom eigenen Sohn Mirko, dem ältesten."

Die Nachbarn wissen immer alles. Die Nachbarn wissen alles besser. Nachbarn sind immer überall dabei.
Das Wort Inzest und der Name einer Nachbarin geistern durch den Blätterwald. Die Frau, nennen wir sie Frau H., hat Mirko nach der Verhaftung seiner Eltern (und mit einem Exklusivvertrag von Springer, hieß es in der Presse) zu folgendem Geständnis gebracht: Er sei der Vater des letzten Kindes gewesen, hätte der Mutter bei der Geburt geholfen, weil der Vater zur Schicht war, und dann selbst, gemäß Anweisung der Mutter, das Kind getötet. Vor Gericht widerruft der Sohn alles. Ein psychiatrisches Gutachten weist den Achtzehnjährigen als wenig glaubwürdig aus und gesteht ihm den Entwicklungsstand eines Vierzehnjährigen zu, obwohl er eine „normale" Schule besuchte und eine „normale" Lehrlingsausbildung absolvierte. Margitta F. leugnet nicht, zwei außereheliche Beziehungen gehabt und Mirko zum letzten Verbrechen, zur Tötung des letzten Neugeborenen, angestiftet zu haben, weil ihr Mann nicht da war. Vehement aber bestreitet sie Schwangerschaften aus Fremd- oder gar Inzestverbindungen als Motiv für die Kindestötungen. Angst vor Ärzten nennt sie als Motiv.

Die Kinder sind aus dem Gröbsten. Margitta will nun auch noch ein bißchen zum Unterhalt dazuverdienen. Hochschwanger nimmt sie 1988 eine Arbeit als Raumpflegerin an. Sie macht sich keine Sorgen. Nachbarn hatten sich auch mit irgendwelchen Antworten zufriedengegeben. Die Kolleginnen sagen: „Du mußt doch bald dran sein", aber Margitta bestreitet eine baldige Niederkunft. Es geht auf das Ende des Jahres 1988 zu. Sie entbindet tatsächlich bald. Es ist ihre letzte Schwangerschaft, ihre letzte Entbindung.

... Die fünf Söhne werden ins Wohnzimmer vor den Fernseher geschickt. Margitta F. liegt mit Wehen im Schlafzimmer. Manfred F. muß eine Decke bereitlegen. Und er wird nächstes Jahr wieder eine Decke holen und das Jahr darauf noch einmal ...
Nur das letzte Mal wird der große Sohn helfen müssen ...
Margitta preßt. Das Baby will raus. Das Baby ist geboren. Es zappelt und schreit. Manfred F. verschließt ihm den Mund mit Zellstoff, damit die Schreie nicht gehört werden. Ein andermal wird er einen Nuckel benutzen und den mit Heftpflaster am

winzigen Gesicht festkleben ... Nun kommt die Nachgeburt. Kind samt Nachgeburt werden eingewickelt in die Decke und in einen Wäschekorb gelegt. Darauf kommen weitere Decken ...
Das Paar schläft im selben Raum, in dem das Neugeborene langsam stirbt. Zwei Tage, drei Tage vergehen ... Dann verstaut Manfred F. das leblose Bündel in einer Papiertüte. Er ist Heizer. Das ist günstig. Er muß mit der Tüte durch die ganze Stadt, das erste Mal ins Metallgußwerk, ab dem nächsten Jahr in ein Sanatorium, weil er nun dort arbeitet.
Das Sanatorium ist ein Kurheim für Herz-und Kreislaufgeschädigte. In dem Kurheim verbrennt Manfred F. die letzten vier Babys in jener Heizungsanlage, die das Wasser für die physiotherapeutischen Wannenbäder erwärmt ...

Der Bauch ist weg und das Baby auch. Natürlich fragen sich die Kolleginnen, wo Margitta ihren Bauch gelassen hat. Margitta erzählt von einer Fehlgeburt. Fehlgeburt? Ins Klo gefallen.
Tatsächlich ist irgend etwas nicht in Ordnung mit Margittas Unterleib. Margitta hat Schmerzen. Wenn sie nicht solche Schmerzen gehabt hätte, wäre sie nie zum Arzt gegangen. Und wäre sie nicht zum Arzt gegangen ...
Sie sucht eine Allgemeinärztin auf. Die schreibt sie für einen Tag krank und stellt eine Überweisung zum Frauenarzt aus. Margitta geht tatsächlich hin. Obwohl Margitta all die Jahre nie mehr bei einem Arzt war, jetzt geht sie das Risiko ein. Vielleicht kann sie auch nicht mehr anders? Vielleicht ist die Last, die sie trägt, zu schwer? Der Arzt stellt fest, daß die Frau geboren haben muß. Und Margitta gesteht die Tötung. Erst nur eine!

Im krassen Widerspruch zu den Taten des Ehepaares F., zu dem schlechten Leumund des Ehepaares bei den Mitbewohnern dieser Kleinstadt steht, daß das gleiche gesellschaftliche Umfeld meint, die fünf Kinder des Paares seien höflich und hilfsbereit, also gut erzogen gewesen. Man bestätigt der Familie Zusammenhalt. Man bestätigt, daß sie gemeinsam einkaufen gingen. Sie fuhren gemeinsam in den Urlaub. Und welche Männer und Frauen können schon ihre Kinder gemeinsam aus dem Kindergarten abholen?

Das Ehepaar F. konnte, hat es getan, Margitta und Manfred gemeinsam. Gemeinsamkeit auch bei den schrecklichen Taten. Wie zynisch. Obwohl Herr F. vorgeschlagen hatte, den ersten ungewollten Nachwuchs zur Adoption freizugeben, war er zu schwach gewesen, dies durchzusetzen. Was sollen die Leute denken! Sie haben doch schon so viele Kinder.

Margitta selbst hat nicht getötet. Aber sie sagte, was getan werden sollte. Wegen der besonderen Umstände „in oder gleich nach der Geburt", wird sie nicht wegen mehrfacher Anstiftung zum Mord, sondern zum Totschlag, werden ihr Mann wegen mehrfachen und der achtzehnjährige Sohn wegen eines Mordes angeklagt.

Es gibt keine objektiven Beweise, weder für fünf lebend geborene Kinder noch für die Tötungsart der Babys oder deren makabre Einäscherungen. Keine Opfer also, die man hätte obduzieren können.
Eine mühsame Ermittlungsarbeit der Kriminalisten setzt ein mit von vornherein vergeblichen Spurensicherungsversuchen, aber ergebnisreichen Vernehmungen. Die sich selbst beschuldigt Habenden legen weitere Geständnisse ab. Gutachter werden einbezogen, die später mit geharnischter Kritik belegt werden. Die Presse nimmt auch die Ermittlungsarbeit auseinander, die prozessualen Vorgänge werden gerügt, die Ankläger verteufelt, die Verteidiger beschimpft. Der Prozeß findet in der Noch-DDR, aber schon nach der Wende statt. Es wird nach Ost-Recht verhandelt, aber mit West-Kriterien bewertet. Zum Beispiel fragen Journalisten die Öffentlichkeit, warum beschuldigte sich das Ehepaar F. selbst? Warum machten sie nicht von der Verweigerung der Aussage Gebrauch? Waren sie eigentlich rechtlich belehrt worden?
Der Prozeß wird begleitet durch einen in der DDR nie dagewesenen Medienrummel. Nach der Wende ist eben alles ganz anders.
Solide Recherchen werden vermißt. Der Staatsanwalt beklagt juristisch falsche Darstellungen und Vorverurteilungen in der Presse. Einer der Verteidiger beabsichtigt sogar, einen Journalisten wegen Verleumdung belangen zu lassen. Und empört gibt sich die für die Familie zuständige Jugendhilfe und fordert eine

Gegendarstellung: „Ihr habt fünf Kinder umgebracht“, hieß es in einem Artikel. – „Wir? Die Jugendhilfe? – So geht das doch nicht!“

Der Volkszorn jedoch ist am größten. Lebenslänglich fordern die einen, die anderen fünfmal 15 Jahre. Welche wollen, daß wieder die Todesstrafe eingeführt wird. Ist es denn vorstellbar? Mann und Frau, voll zurechnungsfähig, beschließen, keine Kinder mehr zu machen, aber sie kriechen zusammen, ohne die Möglichkeit einer Sterilisation zu bedenken oder Antikonzeptiva zu verwenden. Kannten sie beides nicht?

Von der Pille wurde Margitta F. schlecht. Den Termin für das Einsetzen einer Spirale versäumte sie. Die Frau bleibt dabei: Sie hatte Angst vor Ärzten. Also wurden sie Routiniers, Gebär- und Mordmaschine.

Fünf Jahre hintereinander wächst einer Frau der Leib aus den Kleidern. Hausbewohner vermuten Schwangerschaften und glauben die Mär vom Blutstau? Und das kurz vor dem 21. Jahrhundert?

Die Jugendhilfe teilte der Schwangerenberatungsstelle 1984 zwar den neuerlich kommenden Zuwachs bei der Familie F. mit, aber:

„Die Jugendhilfe ist zuständig für lebende Kinder und Jugendliche. Wir hatten keine weitere Handhabe“, so der damalige Leiter.

Mit der Antwort der Schwangerenberatungsstelle zurück an die Jugendhilfe schlossen alle den Vorgang ab: *Frau Margitta F. Vorgeladen. Nicht erschienen. Bei Hausbesuch kein Einlaß. Unterschrift. Freundliche Grüße.*

Das Urteil: Je 15 Jahre Haft für Margitta und Manfred F. Sohn Mirko bekam Schuldunfähigkeit zugebilligt. Die eingelegte Berufung wurde abgelehnt, das Urteil rechtskräftig.

Mittlerweile sind Margitta und Manfred F. geschiedene Leute.

Wenn eine Frau streitsüchtig ist oder böse Gewohnheiten hat, soll der Mann sie in dreierlei Weise angemessen strafen. Zum ersten mit freundlichen Worten und Ermahnungen. Hilft das nichts, so schlage er, besonders morgens im Bett, mit einer Gerte. Will die Gerte nichts helfen, so besorge er sich einen Prügel vom Mispelbaum. Damit gerb er ihr die Lende.

5 Von Frauen, die versuchten, ihren Partner zu töten, ihn getötet haben oder Beihilfe zu dessen Ermordung leisteten

Der Fall Hella B.

Hella kommt aus der Frauenhaftanstalt Hoheneck und nennt sich selbst „Füllsel“. Die Politischen sind 1990 entlassen, die DDR-Gefängnisse fast leer. Deshalb karrte man aus allen Himmelsrichtungen Langstrafler nach Berlin, in der Hoffnung, Arbeitsplätze zu erhalten. Wenigstens die der Beamten.
10 Jahre hat Hella bekommen und dank der Wende das erste Mal eine Zelle für sich ganz allein. „Mal sehen, wie lange wir noch die Erdbeeren von oben angucken“, hätte der Arzt gesagt, sagt Hella. Die Frau hat Wasser im Bauch, und aus der Brust kommt manchmal eine „so komische, schwarze Flüssigkeit...“ Hella lacht sich die Angst weg, dann knallt sie den Satz auf den Tisch: „Und wenn der Arsch voll Tränen hängt, lächeln mußt du können!“
Hella lächelt. In Deutschland ist die Freiheit wieder mal nur für die andern ausgebrochen. Hella war immer die Blöde gewesen. Und jetzt wird Hella sitzen, bis sie nicht mehr stehen kann. Diesmal sprach die höchste Instanz das Urteil: Leberzirrhose heißt die Diagnose.
Was ist Freiheit, Hella?

„Freisein ist vielleicht Totsein“, sagt Hella. Für sie gebe es Schlimmeres als Sterben: zum Beispiel das Leben. Immer die Angst. Jedes Jahr im Dezember befällt sie die Angst. Da kommen die Erinnerungen. Da wachsen die Bilder. Im Dezember hat sie ihn umgebracht. Ob sie noch einen Dezember in Angst erlebt?
Hella kennt noch mehr Ängste. Die hilflose Angst vor Fliegeralarm. Die beißende vor Hunger. Oder die am ganzen Körper Zittern machende Angst, beim Klauen erwischt zu werden. Mehl vom Markt, Kartoffeln vom Güterzug für die „Rotzsuppe“. Wenn sie frei wäre, würde sie sich als erstes eine Rotzsuppe kochen: drei geriebene Erdäpfel auf fünf Liter Wasser.

Rotzsuppe gab's, als eines Tages ein fremder Mann mit Augenbinde und Soldatenmantel ins Wohnzimmer trat. Das sollte der Vater sein?
Plötzlich war er da, plötzlich war alles anders. Er hatte das Konzentrationslager überlebt. Das hieß: Der große Krieg war aus. Aber ein anderer begann – der zwischen den Eltern. Nie reichte das Geld. Der Vater, Kraftfahrer und anerkannt als Opfer des Faschismus, trank sich die Erinnerungen weg. Dann schlug er die Mutter. Die Mutter schlug die drei Kinder. Das meiste kriegte Hella mit dem Siebenriemer ab. Kam der Vater nicht nach Hause, suchte ihn Hella. Und wenn sie ihn fand, süffelte sie ihm das Bier aus, weil sie in ihrem Kinderglauben darauf hoffte, ihn damit zu retten.
Eine Sechsjährige im Vollrausch. Ein achtjähriges Schulkind, das betrunken nach Hause wankt. Eine zwölfjährige Pionierin, die säuft und die Schule schwänzt, wenn sie einen Hund findet. Hella findet viele Hunde, weil sie die angeleinten einfach ableint und mitnimmt. „Hunde sind die besseren Menschen. Hunde sind anhänglich. Hunde können kuscheln …"

Der Weg, gerade Pkw-breit, führt zu einem Stift, das ein kirchliches Altersheim ist. Hella wird es lange nicht fassen können. Von 10 Jahren hat sie nur 5 Jahre absitzen müssen. Man hat ihren Fall überprüft. In dem Beschluß zur Abänderung ihrer Haftstrafe in Bewährung steht als Delikt nicht mehr Mord, sondern Körperverletzung mit tödlichem Ausgang. Hella heißt nicht mehr Mörderin. Und in Deutschland ist die Freiheit nun auch für Hella ausgebrochen.
Die Sonne verdrückt sich gerade hinter die Berge des Erzgebirges. In einer Talsenke satte Wiesen mit Margeriten. Dazwischen ein plätschernder Bach. Am Ufer lümmelt eine Ziege – Butterblumen im Maul. Amseln tirilieren. Und zu guter Letzt fängt auch noch eine Glocke zu läuten an. Perfekte Idylle. Idylle für Hella?

Unter den betagten Damen des Altersheimes finde ich Hella nicht. Sie wohnt in einer Baracke nebenan. Je näher ich dem Flachbau komme, desto lauter singt mir Peter Alexander entgegen. Pop-Musik ist untypisch für ein Altersheim wie auch eine Haftentlassene im Alter von dreiundfünfzig Jahren. Doch

solange sie lebe, werde sie dankbar sein, daß man sie hier aufgenommen habe. Nur – an Gott glauben, das wird Hella nicht mehr können. Wo war denn Gott vorher?
Die sichtbaren Narben Hellas stammen von männlichen Brutalitäten. Mit einer zerbrochenen Bierflasche malträtiert ... Ohren abgerissen bis zur Ohrmuschel ... Niedergeschlagen und so lange getreten, bis Därme und Blase aus dem Unterleib quollen ... Heiße Brühe mit Rippchen abgekriegt. Lippen gespalten. Nase gebrochen ...

Hella sitzt unter einem Sonnenschirm, auf dem Diakonie steht, liest in einer bunten Zeitschrift, raucht Cabinet. Gartenstühle und Bänke sind frisch gestrichen. Hat sie gemacht. „Nicht mal für'n Appel und'n Ei, sondern für'ne Tasse Kaffee."
Sie will sich auch noch die Fassade der Baracke vornehmen. Schließlich ist das jetzt ihr Reich, ihre Hütte. Schließlich sind das ihre zwei Zimmer. Das zum Schlafen ist in einen zarten Rosaton getaucht. Luftige Vorhänge, seidene Bettdecken. Hella ist stolz auf ihre erste Anschaffung. Wann in ihrem Leben hatte sie je einen solchen Luxus?
Im Wohnzimmer steht das große Geschenk – ein gebrauchter Farbfernseher, spendiert vom Heimleiter. Wer fragt, darf sich mit davorsetzen und das Programm gucken, das sie guckt. Schließlich ist das ihr Apparat.
„Riech mal", sagt Hella, „frischgemähtes Gras." So hätte sie immer leben wollen, aber der Schlamassel fing an, als sie das Wort *Leben* noch nicht einmal richtig schreiben konnte.

Hella wird mit vierzehn aus der sechsten Klasse entlassen und arbeitet als Putzerin in einer Kammgarnspinnerei. Ihre erste Prämie vertrinkt sie mit zwei Freundinnen in einer Kneipe. In dieser Kneipe sitzt auch ein Mann. Hella weiß später nur noch, daß alles sehr weh getan hat. Der Mann bekam vier Jahre und sechs Monate Zuchthaus und Hella mit fünfzehn ein Kind.
Was ist Freiheit, Hella?
„Den Gasschlauch in den Mund stecken? Vielleicht."

Ihre Eltern müssen das Baby nehmen. Hella soll zur Besserung in einen Jugendwerkhof. Das versteht Hella nicht. Sie wurde doch vergewaltigt!

Trotzdem. Der Aufbau des Sozialismus ist jung, seine moralischen Gebote streng. Ein anständiges Mädchen geht nicht mit Männern mit. Trinkt nicht. Ist pünktlich und grüßt ordentlich. Da legt sich Hella auf die Küchenfliesen. Da dreht Hella das Gas auf und nimmt den Schlauch in den Mund. Da kann ihr die Welt nichts mehr nachreden ...
Doch Hella wird gerettet. Für den Jugendwerkhof.
Hella reißt aus, wird eingefangen. Hella holt den Grundschulabschluß nach, reißt wieder aus, wird eingefangen und fügt sich endlich arbeitend in einer Gärtnerei, bis sie mit achtzehn Jahren in die Freiheit entlassen wird. Dieser Freiheit gibt sie jetzt ihren Namen: Hamburg.

1959 heißt Hella Zonenflüchtling, sitzt mit einer Freundin im Durchgangslager Marienfelde, reißt aus. Sie ist ein schönes Kind, hält die Nase hoch. Die Männer laufen ihr hinterher, aber Freiheit hat sie sich so nicht vorgestellt.
Die Westmark, die Konrad Adenauer auch ihr in die Hand drückt, als er Volkes Hand schüttelt, reicht für ein Stück Brot. Gott sei Dank wird sie ohne Papiere aufgegriffen. Das heißt: für ein paar Tage Versorgung wieder in einem Lager. Diesmal Hildesheim. Lange hält sie es auch da nicht aus. Sie fährt per Anhalter durch den Westen. Schläft auf Bahnhöfen. Wäscht sich im Fluß. Hat Heimweh.
Als Hella einen Zug in Richtung Ost-Zone auf irgendwelchen Gleisen stehen sieht, steigt sie ein. Die Heimreise endet erneut in einem Lager, nun für Flüchtlinge aus der BRD. Die hat es also doch gegeben!
Nach drei Wochen darf Hella nach Hause. In einem Taxi, ganz Grande Dame, fährt sie vor – in Westlederjacke und mit Geschenken aus dem Westen. Doch die Familie freut sich nicht. Niemand redet mit ihr. Der Vater bekam wegen ihrer Flucht ein Parteiverfahren.
Hella, was ist Freiheit?

Eine Frau, die gegenüber des Altersheimes an der Straße wohnt und jetzt ihre Ziege von der Wiese holen will, winkt Hella, trägt eine Kittelschürze wie sie, nur Hella hat dazu die Nägel rot lackiert und auf den Lippen Lippenstift.
Über die Hecke hinweg unterhält man sich schnell mal über die

Vorteile von Kittelschürzen, dann will Hella, daß mir die Nachbarin ihre Meinung über Hella sagt. „Hella ist eine sehr nette Frau, wirklich“, sagt die Frau.
Hella serviert beruhigt Kaffee in Sammeltassen. Hella wäscht anschließend gleich ab. Oder sie kocht. Oder hantiert mit Draht und Perlen, bastelt Glücksbäumchen, die sie zu verkaufen gedenkt. „Wir haben doch jetzt die freie Marktwirtschaft!“ Doch diese scheint für Glücksbäumchen keine Marktlücke bereitzuhalten. Heutzutage kauft man lieber Glücks-Horoskope von Mutter Stallone. Deshalb muß Hella rechnen. Deshalb führt sie Buch über ihre Ausgaben. Letztes Jahr verdiente sie nur 92 Pfennige die Stunde in der Knastwäscherei. Und das Jahr davor auch. Und davor auch. Jetzt aber ist sie arbeitslos mit kaum einer Aussicht auf Anstellung. Dafür kann sie aber Grün nicht nur sehen, sondern auch anfassen. Sie kann die Bienen beobachten, wie sie an den Blüten baumeln. Spürt Regen, Wind und Sonne. Ist das Freiheit, Hella?
Freiheit ist, plötzlich nicht mehr einschlafen zu können, weil das Schlüsselklappern, Türenknallen, die Schritte auf den Gefängnisgängen fehlen. Knast ist nicht immer das Gegenteil von Freiheit. Ist manchmal Rettung vor dem Untergang. Wird Gewöhnung.
Hella lächelt und schiebt mir ihren ersten Ehemann rüber. Hochzeitsfoto. Schönes Paar. Hella und Hans im Glück. Die Kinder kommen kurz hintereinander: zwei Mädchen, dann Zwillinge. Hans baut im Norden mit festen Trinkern irgendwelche Türme, und bald muß Hella ihm nachfahren, um sich das Geld für die Familie abzuholen, um den Mann daran zu erinnern, daß er Frau und Kinder hat.
Hans kommt zurück, doch er fängt an, die Arbeit zu bummeln. Und er fängt an, Hella im Suff zu prügeln. Wenn zwei Erwachsene und mehrere Kinder in eineinhalb Zimmern wohnen, muß ab und zu die Sau rausgelassen werden. Manchmal trinkt Hella mit, weil sie glaubt, daß Hans dadurch weniger trinkt und sie die Prügel nicht so merkt. Oder sie glaubt gar nichts mehr.

Hella sagt über diese Zeit: „Da bin ich schnippisch geworden.“ Ihr Mann kommt wegen Asozialität ins Gefängnis. Als er entlassen wird, läßt sie sich scheiden, und: „Nun fing Hella zu strolchen an“, sagt Hella.

Nur einmal begegnet Hella einem „feinen“ Mann, einem, der zu ihr zärtlich ist. Ein Künstler. Hella glaubt, ihr Leben noch einmal mit diesem Mann zu packen. Sie wird von ihm schwanger, entbindet einen Jungen. Wie sich herausstellt, ist der Mann aber bereits verheiratet, will es bleiben und von ihr und einem Kind nichts wissen.
Wie viele Tode kann man sterben und trotzdem überleben?
Hella geht von nun an regelmäßig in Kneipen. Immer wieder sind es die gleichen Leute, die sich finden: Gestrauchelte. Desillusionierte. Sie trinken, spielen Karten, knobeln. Nur eines ist anders geworden: Prügeln läßt sich Hella nicht mehr. Hella hat nun immer ein Klappmesser dabei. Zum Beispiel behauptet einer, sie hätte beim Knobeln betrogen. Hella betrügt nicht! Hella will die Polizei holen. Da sackt der Mann sie von hinten. Und sie zerschneidet sein Gesicht.
Verurteilung wegen schwerer Körperverletzung. Die Kinder kommen ins Heim, dann zu Pflegeeltern. Hella muß das erste Mal hinter Gitter. Für wie lange?

Im Altersheim sind die Lichter ausgegangen. Langsam wird es kühl auf den Gartenstühlen. Zu hören ist nur das Rauschen der Bäume und ab und zu in der Ferne ein Auto.
Hella ist es peinlich, daß sie sich nicht erinnert. Sie kriegt ihren hellblauen Blick, denkt angestrengt nach, lacht ihre Verlegenheit weg. Sie weiß nicht, wie lange sie in Haft war. Danach kam sie noch einmal weg. Weshalb?
Der Alkohol hat auch am Gedächtnis genagt. Aber das Dorf, in das sie nach der Haft entlassen wurde, hat sie noch sehr gut vor Augen.
„Vorbestrafte wurden meistens auf Nester verbannt. Das war schlimm. Man kannte doch da erst recht keinen, war noch einsamer. Alle haben einen so angesehn. Na ja, und die Unterkunft … Rechts der Speicher. Links der Kuhstall. Im ersten Stock eine Wohnung. Unterm Dach Hella …“
Und die Ratten spielen Fußball.
Und im Dorf denken alle alles über die Fremde.
Hella putzt am Tage Kartoffeln, und nachts klopfen die Männer an, verwechseln sie mit Freiwild. Auch der Nachbar aus der Wohnung unter ihr klopft. Weil sie ihn nicht reinläßt, jagt er ihre Katze durch den Häcksler und klopft wieder. Hella droht

ihm, wenn er sich noch einmal blicken ließe, schmisse sie ihn die Treppe runter. Der Mann klopft wieder. Da schmeißt sie ihn die Treppe runter, und er bricht sich ein Bein.
Die von der Abteilung Inneres schlagen Hella vor, sich in eine Heilstätte zwecks Entziehungskur einweisen zu lassen, damit sie nicht wieder ins Gefängnis muß. Irgendwie läuft alles falsch. Immer ist Hella am Ende die Blöde.

„Hella war keine Alkoholikerin", schwört Hella. „Hella hat getrunken, immer, aber nur Bier, keine harten Drogen. Hella hat immer durchgesehen." Und: „Knast wäre besser gewesen, als in diese Heilanstalt zu gehen." Der Chefarzt spielte Gott, und an den Türen waren keine Klinken. Die Pflichtübung hieß: Zusehen, wie einer im Delirium wütet. Ihn begucken, wie er kämpft. Glotzen, wie er stirbt. Da wollte Hella auch sterben. Da kriegte Hella die Zwangsjacke. Da wurde Hella mit Spritzen beruhigt ...
Nach Wochen wird die Patientin als geheilt entlassen, muß zurück in ihren Verbannungsort. Nichts hat sich geändert. Man tuschelt weiter über Hella. Im Kartoffellager gibt es zur Zeit wenig Arbeit, also werden die Arbeitskräfte ausgeliehen und in eine Brauerei gefahren. Auch Hella bekommt Deputat nach Art des Hauses: Flaschenbier. Im Dorf heißt es, sie trinke schon wieder. Im Dorf heißt es auch, sie sei eine Russenhure! Nachts schlichen sich Uniformen zu ihr.
Tatsächlich klingelt einmal der Bürgermeister, um zu kontrollieren, ob sie eine Russenhure ist.
Was ist Freiheit, Hella?

Hella ist siebenunddreißig Jahre alt. Hella glaubt mit siebenunddreißig immer noch an die große Liebe. Endlich hat sie die gefunden. Der Mann ist zehn Jahre jünger als sie und der Bürgermeister neugierig. Ein ordentlicher Bürgermeister muß alles wissen. Im Namen der ordentlichen Dorfgemeinschaft hat Aufklärung zu erfolgen. Über dem Stuhl hängt eine Uniform der Nationalen Volksarmee. In Hellas Bett liegt Horst, der Sohn einer ehrbaren Familie, die sich über Hella am meisten das Maul zerfetzt hat.
Nun brauchen sie keine Heimlichkeiten mehr. Nun können sie heiraten. Nun erst recht ...

Ab jetzt gehen Hella und Horst stolz und am hellerlichten Tage durch den Ort. Ab jetzt zeigen sie es allen. Gemeinsamkeit macht stark. Die Schwiegereltern kommen nicht zur Hochzeitsfeier.
Ist das Freiheit, Hella?

Ans Schwarze Meer reisen muß Freiheit sein. Hella war noch nie am Meer, nur einmal in ihrem ganzen Leben im Urlaub in der Sächsischen Schweiz. Wasser mag sie, vielleicht wegen der Wohnung, die das Paar in einer Kleinstadt im Südosten der ehemaligen sozialistischen Republik bekam – in einem feuchten Parterre mit feuchten Wänden und Außenklo. Besseres hatte man nicht für sie. Wenigstens sind sie in einer anderen Umgebung. Und sie haben ja sich. Gemeinsam gegen alle.
Hella fängt als Serviererin an. Horst arbeitet bei der Bau-Union im Lager. Dort liegen viele schöne rare Sätze Videa-Bohrer herum. Jeder, vom Meister bis zum Direktor des Betriebes, braucht Videa-Bohrer. Zu kaufen gibt es keine, und im Lager verschimmeln sie. Also eröffnet Horst einen Bohrer-Handel. Also hat Horst plötzlich immer mehr Geld, bis das jemandem auffällt.
Horst kommt nach Brandenburg in Haft, aber bald wegen einer Amnestie wieder nach Hause. Seine Strafe wird zur Bewährung ausgesetzt.
Als Hella jedoch bemerkt, daß Horst wieder rare Ware verschiebt, geht sie selbst zur Kriminalpolizei. Sie hat Angst, daß ihr Mann, würde er wieder erwischt werden, eine noch höhere Strafe bekommt. Sie will Horst nicht verlieren. Ihr besseres Leben hat doch gerade erst begonnen.
Hella trifft eine Abmachung mit der Kripo: Ihr Mann erfährt nie, daß sie ihn angezeigt hat. Doch heute ist sie sich nicht mehr so sicher, ob sich die Behörden an diese Abmachung gehalten haben. Eines Tages nämlich will Horst, daß Hella ihre kranke Mutter besucht. Hella soll verreisen, will aber gar nicht. Horst besteht darauf. Also fährt Hella, ohne auch nur im geringsten zu ahnen, daß ihr Mann plötzlich seine zur Bewährung ausgesetzte Strafe anzutreten hat.

Sieben Tage hängt Horst in der Stube am Türpfosten. Sieben Tage hat niemand etwas bemerkt. Als Hella zurückkommt, ist

die Wohnung versiegelt. Die Polizei gibt ihr keine Auskunft, weshalb. Also geht sie erst einmal in ihr Café. Im Café erfährt man alles. Im Café hört Hella vom Selbstmord ihres Mannes. Ein anderer Mann, Lutz, mit dem sie vorher kein Wort gewechselt hätte, bietet ihr seine Hilfe an.
Der stadtbekannte Trinker besorgt einen Schlosser. Er nimmt den Strick vom Türpfosten. Er zieht die Nägel heraus. Geht mit Hella die Wege, die sie gehen muß. Ist ein Kumpel. Und Hella ist dankbar. Und Hella ist schon dreiundvierzig Jahre alt. Und Lutz braucht Hilfe. Und Hella braucht Hilfe. Alles ist wieder mal über ihr zusammengestürzt.
Nach einem Jahr heiraten Hella und Lutz. Der Marktplatz der Kleinstadt ist voll von Schaulustigen. Das ist ein Gaudi! Der stadtbekannte Trinker hat doch noch eine abgekriegt ...
Hella und Lutz vereinbaren gegenseitige Hilfe. Keine Geschlechtsgemeinschaft, sondern ein Notverband. Doch nach drei Monaten Ehe fangen die Mißhandlungen an, weil Lutz doch mit Hella schlafen will, sie ihn aber an die Abmachung erinnert; manchmal holt er ohne Motiv aus, einfach deshalb, weil Promille eben aggressiv machen. Mit einer zerbrochenen Bierflasche malträtiert. Unerwartet von hinten an den Ohren gegriffen und sie abgerissen bis zur Ohrmuschel. Niedergeschlagen und so lange getreten, bis Därme und Blase aus dem Unterleib quellen. Heiße Brühe mit Rippchen über den Körper gegossen. Lippen gespalten. Nase gebrochen ...

X-Mal läuft Hella zur Polizei. In Ehezwistigkeiten mische man sich nicht ein, heißt es. Sie soll sich scheiden lassen.
Hella läßt sich scheiden, doch das nützt nichts, die Behörden stellen sich taub. Noch weitere sieben Jahre muß sie mit einem Mann unter einem Dach wohnen, der exzessiv trinkt, bald nicht mehr arbeitet, bald unter sich macht, die Wände vollkotzt, die Möbel zerhackt, Axt und Mittagessen nach ihr wirft. Ist doch selbst schuld. Soll sie sehen, wie sie klarkommt ...
Hella verdient 300 Mark nun als Reinigungskraft. Hella bezahlt die Trinkschulden ihres Ex-Mannes. Hella macht seinen Dreck weg. Irgendwie muß man sich arrangieren. Aber sie läuft auch zum Wohnungsamt. Versucht über ihren Betrieb selbst in einem Wohnheim unterzukommen. Wendet sich sogar an den Pfarrer ...

In letzter Not läßt Hella die Polizei wissen, daß sie Hakenkreuze an öffentliche Wände male, damit sie in den Knast kommt. Damit wenigstens der sie vor dem Mann schützt. Doch sie bekommt keine Hilfe. Und wenn es nichts mehr gibt als Finger, die auf einen zeigen, wenn es nichts mehr gibt als eine triste Wohnung zu ebener Erde mit Salpeterwänden, Außenklo und einem aggressiven Alkoholiker als Untermieter, wenn es nichts mehr gibt als kleinbürgerliche Schadenfreude, dann hilft nur Alkohol, damit das beschissene Leben nicht so beschissen ist ...

„Die Beschuldigte Hella B. wurde mit Beschluß des Rates der Stadt 1986 als kriminell gefährdete Bürgerin erfaßt. Ihre als Auflage erteilte monatliche Meldepflicht hielt sie im wesentlichen ein. Im Jahr 1987 blieb sie infolge übermäßigen Alkoholgenusses 37 Tage unentschuldigt der Arbeit fern. Bei Anwesenheit waren ihre Arbeitsleistungen nicht zu beanstanden. Sie erfüllte ihre Aufgaben zur vollsten Zufriedenheit.“

An einem schneelosen Dezembertag 1987 bereitet Hella Rouladen und Gulasch für die nächsten Tage vor. Sie und ihr ebenfalls als kriminell gefährdet eingestufter Ex-Mann hatten seit dem Morgen mit Unterbrechungen Bier und Schnaps getrunken.
Später wird man bei Hella 2,4 Promille, bei dem Opfer 3 Promille feststellen.
Hella brät das Fleisch an, dann legt sie sich auf die Couch und schläft ein. Munter wird sie wegen der Prügel. Ehe sie begreift, daß der Mann ihr im Schlaf Lippe und Nase aufgeschlagen hat, sitzt er schon wieder stumpfsinnig im Sessel. Es scheint, als hätte er sich abreagiert, als wäre er jetzt ruhig. Plötzlich aber schießt er aus dem Sessel hoch, greift eine auf dem Tisch stehende Flasche. Hella denkt, daß sie die jetzt auf den Kopf kriegt. Hella faßt zum Messer, mit dem sie noch vor kurzem Zwiebeln schnitt. Hella sticht zu ...
Aber – umbringen wollte sie ihn doch nicht.
Aber – sie ist doch noch zu einem Betriebspförtner gelaufen, um nach dem Arzt zu telefonieren. Der Pförtner ließ sie nur nicht anrufen.
Aber – sie hat doch auch Nachbarn um Hilfe gebeten, doch die halfen ihr nicht ... Ließen die Türen verschlossen ... Lauerten nur hinter den Gardinen ...

Am Himmel stehen klar die Sterne. Zu hören ist nun nicht einmal mehr ein Auto. Im Altersheim aber werden bald die ersten Fenster geöffnet werden. Wer alt ist, schläft weniger. Vielleicht, weil man wach sein will, wenn man abtreten muß? Wir stellen die Gartenstühle zusammen und gehen ins Haus. Hella sagt: „Morgen werden wir dorthin fahren."
Mit „dorthin" meint sie den Friedhof. Hella will zum Grab von Lutz. Das erste Mal.
Der Leiter des Stifts wird ihr erlauben, eine der Topfpflanzen mitzunehmen. Es wird ein schwerer Gang werden. Einige Leute aus dem kleinen Städtchen, in dem alles passierte, werden Hella erkennen und tuscheln. Ihr einstiger Vermieter wird sagen, daß Hella ein Assi war, viele Männerbekanntschaften hatte und eine Mörderin ist. Und Hella wird anfangs unsicher sein, hektische rote Flecke am Hals bekommen, dann aber über sich hinauswachsen.
„Hella hat gemacht, was sie gemacht hat, doch ein Assi, eine Hure war sie nicht. Schon gar keine Mörderin." Und das hat sie nun sogar schwarz auf weiß.
Hella wird lossausen, ihren damaligen Chef, eine ehemalige Kollegin und Nachbarn einfach auf der Straße ansprechen. Die sollen sagen, wer Hella war. Die kannten Hella wirklich. Und von Mal zu Mal werden sie die Anworten ein bißchen aufrechter gehen lassen. Am Ende des Tages wird sich Hella sogar fragen: „Vielleicht gibt es doch einen Gott?"

Der Fall Gisela E. und Robert F.

In einer Septembernacht 1985 wird ein Soldat der Nationalen Volksarmee im Eingang einer Großstadtmietskaserne von der Angestellten einer Nachtdiskothek gefunden. Die Barfrau hatte Dienstschluß und war auf dem Heimweg.
Die Morduntersuchungskommission wird verständigt. Der Leiter der MUK trifft zufällig mit einer verzweifelten Ehefrau vor der Tür des zuständigen Polizeireviers zusammen. Die Frau vermißt ihren Mann. Der Vermißte ist der tote Soldat Gerd E. Die MUK fragt: „Wann haben Sie Ihren Mann zum letzten Mal lebend gesehen?"
Die Ehefrau antwortet: „Gerd sollte die Oma begleiten, nachts

ein Stück die Straße runter bis zur Haltestelle ... dann hat ihn wahrscheinlich jemand überfallen ..."
Frage: „Wer?"
Antwort: „Um diese Zeit schlafen auch am Wochenende die meisten. Außerdem – bei der Straßenbeleuchtung erkennt doch sowieso niemand was. Welche Laterne brennt denn? Jede vierte oder gar keine."
Die Kripo wird die Ehefrau weiter fragen: „Kennen Sie Robert?"
Die Ehefrau wird antworten: „Kenn ich nicht."
Die Polizei wird sagen: „Aber Robert ist doch gestern nachmittag aus Ihrer Wohnung gekommen!"
„Robert? Ach, der Robert."
Bei Gisela, der Ehefrau des Soldaten, wird langsam der Groschen fallen. „Doch, doch, Robert kenn ich. Flüchtig."

Gisela hat mit Robert über Heirat gesprochen. Genauer gesagt, Robert hat knastbrieflich angefragt, ob sie nicht heiraten wollten. Heute ist das auch für Inhaftierte möglich. Vorher war nichts möglich. Vorher hätte sich Gisela nicht mal mit 'ner Frau erwischen lassen dürfen, schon gar nicht im Staatssicherheitsknast, wo sie bis zur Wende Hausarbeiterin gewesen war. Doch für eine Frau hätte sie sich sowieso nur entschieden, wenn sie die auf Anhieb gemocht hätte. Gab aber keine. Keine hat gepaßt. Wie kein Mann gepaßt hat. Obwohl nach der Urteilsverkündung 1986 in der Zeitung gestanden hätte – oder hieß die Zeitschrift? –, jedenfalls lautete die Überschrift eines Gerichtsberichtes: „Dreiecksliebe."
Ob das Liebe war?

Gisela ist Witwe. Nein, ein drittes Mal heiraten würde Gisela nicht. Hat sich ja auch nicht scheiden lassen wollen von Gerd. Einmal Scheidung hat ihr gereicht. Das weiß Robert. Sie hat ihm mitgeteilt, daß sie seinen Heiratsantrag ablehnt. Er sei ja nun wirklich neun Jahre jünger als sie. Heute wäre ... ja ... vielleicht nur noch Mitleid da.

Nein, Gisela will absolut nicht, daß Robert auf der Strecke bleibt, das hätte er nicht verdient. Soweit es in ihrer Macht stehe, helfe sie ihm. Obwohl er nie in seinen Briefen klage.

Immer nur sorge er sich um sie, habe heute noch Gewissensbisse. Aber irgendwann ist etwas zu Ende, wie irgendwann etwas anfängt. Auch, wenn man schon mittendrin ist, weiß man, wann es angefangen hat und daß es höchste Eisenbahn ist …

Als die Welt noch in den Fugen, das Fundament nicht schlecht, die Aussicht befriedigend war, da hat alles angefangen. 1983. Gisela, achtundzwanzig Jahre alt, seit drei Jahren geschieden, lebt mit ihrem Sohn aus erster Ehe allein. Der Junge kommt bald in die Schule. Mit seinem Vater, dem Ex-Mann, versteht sie sich mittlerweile auch ganz gut. Und ihre Zwei-Zimmer-Wohnung ist eingerichtet. Sie kann Radio und Fernseher selbst reparieren, weil sie eine ausgebildete Elektronikfacharbeiterin ist, aber die Arbeit an Leiterplatten hat ihr nie richtig Spaß gemacht. Deshalb ist sie irgendwann zu SERO – Aufkauf von Sekundärrohstoffen – eben zum Altstoffhandel gegangen, wegen der Erotik des Geldes. Aber das war auch nichts. Nun arbeitet sie in einem Wohnungsbaukombinat als Sekretärin. Da gefällt's ihr. Dafür hat sie extra in der Abendschule einen Schreibmaschinenkurs belegt …
Gisela lebt gut allein, weil sie sich nicht einsam fühlt. Abends näht oder strickt sie für den Jungen Sachen, fährt am Wochenende mit Nachbarn, die auch kleine Kinder haben, weg. Ab und zu schläft sie mit einem Mann, aber an Heiraten denkt sie nicht mehr. Sie hatte das erste Mal auch nur, weil sie schwanger war, geheiratet. Danach kam der Mann gleich zur Armee. Sie mußte sowieso immer die Entscheidungen treffen, das Leben organisieren. Die Wohnung wurde zu der Zeit gerade rekonstruiert. Sie hatte also mit Handwerkern umzugehen, den Dreck wegzumachen. Tapezierte und malerte auch die Zimmer allein. Sie ist ein Tat- und Entscheidungsmensch. Als der Ex-Mann wieder zu Hause war, kam er damit nicht klar. Viele kommen damit nicht klar. Also bleibt sie alleine. Kann das. Will das. Bleibt dabei, bis eine Bekannte zur Geburtstagsfeier ihres Sohnes Gerd mitbringt.
Gerd kümmert sich besonders. Besonders um den Jungen. Das gefällt Gisela. Und Gisela gefällt Gerd. Sie verabreden sich nicht. Gerd steht einfach immer wieder vor der Tür. Und Gisela läßt ihn rein. Nur zu gerne. Wenn sie etwas zu erledigen hat, betreut er den Jungen. Er holt ihn auch vom Kindergarten ab,

und beide holen Gisela von der Arbeit ab. So haben sie mehr Zeit füreinander. Und weil diese Zeit so gut ist, fragt Gerd eines Tages, ob sie nicht heiraten wollen. Gisela fängt an, sich ernsthaft mit dem Gedanken zu beschäftigen. Warum eigentlich nicht?
Gerd betreut Giselas Sohn auch, als sie plötzlich ins Krankenhaus eingewiesen wird. Eine Unterleibsoperation steht an. Gerd besucht sie täglich, fragt immer wieder, wann sie denn nun endlich entlassen werde. Sie weiß es nicht genau. Aber eines Tages braucht man ihr Bett. Sie kann nach Hause.
Gisela kommt nach Hause, und Gerd hat keine Ahnung. Gisela schließt die Tür auf, und Gerd liegt mit einer anderen Frau im Bett.
Gisela schmeißt beide raus. Gerd soll sich nicht mehr blicken lassen. Vierzehn Tage halten sie das beide durch. Dann steht Gerd wieder vor der Tür, und Gisela ist froh darüber.

Oktober 1984 heiraten sie. Gisela lernt die Mutter Gerds kennen, eine lebenshungrige Frau, die manchmal auch mit ihrem Sohn ausging. Und die steckt Gisela, daß Gerd Alkoholprobleme habe. Gisela glaubt das nicht. Bei ihr ist er doch immer nüchtern. Bei ihr hat er noch nie ... na ja, mal bei 'ner Feier ...
Kurze Zeit nach der Eheschließung kommt Gerd das erste Mal esrt gegen Morgen nach Hause. Er ist stark angetrunken. Gisela soll ihm Frühstück machen, doch sie denkt nicht dran, will wissen, wo er war. So lange hat doch keine Gaststätte auf ...! Da kriegt sie das erste Mal Prügel.

Frauen müssen Diplomaten sein. Gisela hat den Satz ihrer Mutter verinnerlicht: Laß den Mann ruhig in dem Glauben, daß er der Boß ist, und du wirst sehen, letztendlich wird gemacht, was du willst.
Gisela glaubt an die Kraft dieses Satzes. Und Gerd arbeitet beim Tiefbau. Wie er sagt, trinken dort alle ab und zu. Er kann sich nicht raushalten. Wenn schlechtes Wetter ist, sitzt man halt im Bauwagen und vertreibt sich trinkend die Zeit. Er ist doch kein Pantoffelheld!
Gerds Arbeitskollegen werden später bestätigen, daß Gerd vor der Eheschließung kaum oder wenig getrunken hat, weil er

immer Giselas Jungen vom Kindergarten abholen wollte. Jetzt aber ist das Kind in der Schule. Und Gerd ist kein Pantoffelheld. Gerd trinkt, wenn er Lust hat. Und er hat immer öfter Lust. Gisela bekommt von seinen 1000 Mark Verdienst 200 Mark Kostgeld. Mit ihren 600 Mark dazu kann sie neben Miete, Essen, Sachen für sich, Mann und Jungen, neben Strom und Gas nicht auch noch Zigaretten und Alkohol bezahlen.

Na gut, dann geht er eben und kommt mit einer Flasche und einem Matrosen zurück, der kein Hotelzimmer gefunden hat. Oder er gabelt einen auf, der den letzten Zug verpaßte. Oder er schleppt Gleichgesinnte, ebenso durstige Seelen, an, die in der Mitropa nichts mehr bekamen, weil sie schon genug hatten ... Gisela will ein Schild an die Wohnungstür nageln: „Übernachtung und Frühstück kostenlos." Oft muß sie mitten in der Nacht irgendwas auf den Tisch zaubern und dann die Lager bereiten.

Anfangs hockt Gisela sauer daneben. Was soll sie machen? Haben ja nur das Kinderzimmer, in dem schläft der Junge. Und das Wohnzimmer ist zugleich Schlafzimmer. Immer wieder gibt es Krach. Aber immer Krach ist auch peinlich vor den Leuten. Also trinkt Gisela mal einen mit. Sie kennt ihre Grenzen. Muß zur Arbeit. Muß den Jungen versorgen. Muß Gerd wecken ... Eines Tages aber weckt sie ihn nicht mehr vier- oder fünfmal. Kontrolliert auch nicht, ob er aus den Federn fand. Ist sie denn sein Wachmann?

Abends bekommt sie dafür, daß Gerd verschlafen hat, Prügel ... Manchmal tut ihm alles leid. In solchen Momenten kann sie reden mit ihm, will, daß er aufhört zu trinken, möchte keine fremden Menschen mehr in ihrer Wohnung haben. Und Gerd schwört und schwört und schwört ...

Nicht einmal zwei Monate sind sie verheiratet, da denkt Gisela schon an Scheidung. Aber bald ist Weihnachten. Vielleicht kriegt sie Gerd noch hin? Nicht so schnell aufgeben. Frauen sind doch Diplomaten!

Gerd lädt einen Kollegen, weil der keine Familie hat, für den zweiten Weihnachtsfeiertag nach Hause ein und stellt Gisela vor die vollendete Tatsache. Wieder Säuernis, wieder Krach. Widerrede zwecklos. Sie soll mehr einkaufen.

Der Kollege steht aber bereits Heiligabend mittags vor der Tür. Er und Gerd schleppen Bier und Schnaps an. Gisela ist wütend, da helfen auch keine Geschenke.
Der Fremde ist mehrere Tage da, ißt mit, trinkt mit, schläft auf der Matratze. Später stellt sich heraus, daß Gerd für seinen Samariterdienst 300 Mark verlangt und auch bekommen hatte. Gisela sah nichts von diesem Geld. Aber Frauen sind doch Diplomaten!
Langsam hat sie den Bogen raus. Manchmal schafft sie es, Gerd, wenn er betrunken, aber alleine nach Hause kommt, gleich ins Bett zu verfrachten, ohne daß er aggressiv wird. Oder sie versucht, der Geldknappheit einen Riegel vorzuschieben, indem sie allen, die schon einmal „zu Gast" waren, sagt, daß sie, wenn sie die Absicht hegten, wiederzukommen, Essen und Trinken selbst mitzubringen hätten. Ihrem Mann strich man nämlich auch die Jahresendprämie. Nur gegen Gerds fleischliche Begierden hilft keine Diplomatie mehr. Der Mann wird nachts wach. Wenn sein Alkoholspiegel gesunken ist, wird er wach, und dann will er was von ihr. Aber sie kann nicht mehr. Da wird er rabiat. Aber sie kann das wirklich nicht mehr. Da will er erst recht. Seine Fahne widert sie an, aber sich schlafend stellen oder Kopfschmerzen vortäuschen half nur anfangs. Jetzt nimmt sich Gerd, was er braucht.

Gisela weiß, daß auch sie bereits mehr trinkt, als gut ist. Erst hat sie Brause mit einem Weinbrand getrunken. Jetzt trinkt sie Schnäpse mit einer Brause. Merkt sie schon. Beunruhigt sie auch. Aber sie sieht immer noch durch am Ende. Einer muß durchsehen. Sie braucht den Alkohol noch nicht, aber vieles ist leichter mit ihm. Da ist ihr alles so egal. Da macht sie sich keine Gedanken mehr. Da feiert sie mit. Jeder Anlaß, den er erfindet, wird begossen. Doch einmal gibt es einen wirklichen Anlaß. Einmal liegt eine Karte im Briefkasten: Einberufungsbefehl. Gerd muß zur Armee!
Gisela nimmt die Woche vor der Einberufung Urlaub. Gerd will seinen Abschied groß feiern. Gisela will seinen Abschied auch groß feiern. Beide sind einmal einer Meinung, aber aus verschiedenen Gründen.
Einen Tag vor der großen Fete wird Gisela ein Zahn gezogen. Eine Gesichtshälfte schwillt an, sie ist völlig entstellt, doch sie

schluckt Schmerztabletten, weil sie noch mit ihrem Mann einkaufen gehen muß. Als sie jedoch vom Arzt nach Hause kommt, liegt ein Zettel für sie da. Gerd ist zu seiner Mutter gefahren. Gerd hat die Absicht, erst mal von seiner Mutter Abschied zu nehmen und abends in einem Tanzhaus zu feiern, mit seiner Frau. Die Frau soll dort erscheinen. Macht die Frau aber nicht. Die Frau hat Schmerzen. Sie ißt mit ihrem Jungen Abendbrot und legt sich mit ihm schlafen.
Nachts kommt Gerd nach Hause.
Nachts kommt Gerd und prügelt Gisela aus dem Bett. Danach torkelt er außer sich in die Küche, nimmt das Zwergkaninchen aus dem Kasten und schlägt es mehrmals gegen die Wand.
Danach holt er auch noch die Hausratte aus dem Käfig und schleudert sie in die Ecke. Alles ist voller Blut. Die Tiere sind tot.
Ob sich Gisela auch so wiederfinden will?
Ob sie endlich einmal das tue, was angesagt sei?
Gerd tobt. Gisela flüchtet aus der Wohnung zu einer Nachbarfamilie. Nach Stunden geht erst einmal die Nachbarin nach oben gucken. Gerd hat sich beruhigt. Gisela kann kommen.
Gerd und Gisela wischen das Blut von den Wänden, räumen die Tierkadaver weg. Es ist Gerds letzter Tag zu Hause. Am Abend soll die große Fete steigen. Doch schon am Nachmittag kommen Arbeitskollegen, die ehemalige Freundin von Gerd und andere Fremde, die Gisela nie in ihrem Leben gesehen hat.
Und nachts fallen in der Küche die Kacheln von der Wand. Nachts zerbrechen Gläser und Teller, weil Männer Kräfte messen müssen. Weil Männer eben so sind. Und weil Männer eben so sind, hält Gisela aus, was sie aushalten muß. Nur noch bis morgen. Morgen fährt er endlich weg. Morgen ...
Gisela wird Gerd noch zum Sammelplatz bringen. Wird ihm auch sagen, daß sie schreibt. Und Gerd wird sagen, daß er, sobald er kommen kann, kommen wird. Und Gisela wird beruhigt nach Hause fahren. Endlich. Endlich ist Ruhe in der Wohnung. Endlich kann sie wieder ein bißchen normal leben. Dabei ist sie erst ein halbes Jahr verheiratet ...

Gerd ist zwei Tage weg, da steht Robert vor Giselas Tür. Robert hat nicht vergessen, daß am Abend der Abschiedsparty die Kacheln von der Wand gefallen sind. Robert, der einund-

zwanzigjährige Blondkopf, arbeitet bei der Kommunalen Wohnungsverwaltung im Lager und kann Kacheln ersetzen. Ob sie seine Hilfe annehmen würde?
Robert baut auch neue Wasserhähne ein. Robert ersetzt alte Mischbatterien gegen neue. Robert avanciert vom Handwerker zum Liebhaber.

Als Gisela und Robert nach der Urteilsverkündung auf den Abtransport warteten, sei sein einziger Gedanke gewesen, daß sie die Haftzeit überstehe. Gisela dachte da, nun ist er gänzlich verrückt geworden. Er hatte lebenslänglich vor sich, sie nur 15 Jahre.
Das war schon das neue Urteil. Das erste hatte gelautet: Robert 15 Jahre, sie 13 Jahre Haft. Die Rechtsanwälte waren dagegen in Berufung gegangen, aber der Staatsanwalt hatte auch Protest eingelegt. Gott sei Dank war dann vier Wochen später eine Amnestie gekommen. Da sind sie beide auf 15 Jahre gesetzt worden. Und nun sitzen sie seit September 1985. Lange Zeit. Zeit des Schweigens. Zeit des Denkens. Gisela kann jeder Frau nur raten, nicht mitzutrinken, wenn der Mann trinkt. Auf jeden Fall, und wenn es noch so peinlich ist, Hilfe holen von Leuten, die was von Alkoholikern verstehen. Damals habe sie nicht gewußt, wohin man sich wenden könne ... Trotzdem, sie hätte einiges anders regeln müssen. Aber was bedeute jetzt wenn und aber, hätte und könnte ...

Ihrem Mann hätte Gisela nichts von dem Verhältnis zu Robert erzählen können. Also berichtete sie nur von seiner Hilfsbereitschaft. Also zählt sie nur auf, was sich alles in der Wohnung verändert hat. Schließlich wird er es sehen.
Gerd bestellt während eines Wochenendurlaubes Robert in die Wohnung. Er will sich bedanken. Robert soll was zu trinken mitbringen. Das findet Gisela unerhört. Wieder gibt's Krach. Robert kommt und wird nach einer Stunde vor die Tür gesetzt. Nur der Stoff darf bleiben. Ahnt Gerd etwas?
Gerd weiß nichts, verbietet seiner Frau aber den Umgang mit Robert. Wird immer eifersüchtiger auf alles, was Gisela macht, egal, was sie macht. Weil sie draußen und er bei der Armee ist, ist er eben stinksauer. In jedem Paket mit dreckiger Wäsche, das er alle vierzehn Tage schickt, liegt auch sein Wunschzettel: daß

er nicht wünsche, daß sie Arbeitskolleginnen, Nachbarn oder Freundinnen trifft, daß sie zu Hause bleiben soll, daß sie ...

Robert erfährt alles über Giselas Ehe. Sie läßt ihn auch die Briefe ihres Mannes lesen. Und Gisela erfährt alles über Robert, auch, daß er zweimal im Gefängnis war. Ein paar Monate nur. Das erste Mal, weil er nicht zur Arbeit ging, ein andermal hatte er sozialistisches Eigentum geklaut.
Aber nun, aber jetzt ... Robert ist zärtlich und lieb. Nie in seinem bisherigen Leben hat er mit jemanden so reden können wie mit ihr. Sie ist doch schon eine reife Frau, dreißig Jahre alt, aber sie nimmt ihn ernst. Hört zu. Hat Vertrauen. Deshalb will er ihr helfen und sie immer beschützen. Kommt sie von Gerd zurück, ist seine erste Frage, ob der ihr wieder etwas getan habe.
Nein, noch nicht wieder. Aber was wird, wenn er seine Armeezeit beendet hat? Er säuft weiter. Bei der Fahne saufen alle. Schon dreimal hat er angekündigt, er komme nach Hause, aber immer ist er irgendwo hängengeblieben. Immer hatte sie alles vorbereitet, mehr Essen eingekauft, gekocht und gewartet ...
Gisela und Robert sprechen über einen Denkzettel. Ja, Gerd soll auch mal sehen, wie das ist, wenn man Prügel bekommt. Gerd muß verprügelt werden. Von Robert. Gisela würde so lange in der Wohnung warten, bis es geschehen wäre, dann ginge sie los, Gerd zu suchen. Sie fände ihn zufällig, sammelte ihn auf, schleppte ihn nach Hause und pflegte ihn gesund. Da würde er mal sehen, wie nötig und wozu er sie noch alles brauche. Da würde er endlich zu spüren bekommen, wie tief er gesunken sei ... Vielleicht würde ihm dann auch klar werden, was eine richtige Familie ist ...

Gisela wird Gerd schon so weit bringen, dazu überredet sie ihn ganz bestimmt. Frauen sind doch Diplomaten. Gerd muß die Oma bis zur Haltestelle schaffen, soll sie begleiten. Gerd muß nur irgendwie dazu veranlaßt werden, daß er rausgeht, auf die Straße, nachts ...

Über den Tod sprechen Gisela und Robert auch. Für Robert ist eine Frau etwas Heiliges, eine, die man beschützt, der man Geborgenheit gibt. Er hatte zu Hause erlebt, wie sein betrunke-

ner Vater prügelte. Besonders, wenn die Mutter geschlagen wurde, wurmte ihn das. Er konnte so was nicht aushalten. „Den bring ich um!“
Robert ist das ganze Gegenteil von Gerd. Und noch so jung. Deshalb nimmt Gisela Robert nicht ernst mit dem, was er sagt. Anfangs jedenfalls. Robert doch nicht! Umbringen doch nicht! Anfangs haben Gisela und Robert alles nur mal so durchgespielt ... Anfangs war nur die Idee mit dem Denkzettel ...

Im September 1985 bekommt Gerd für ein Wochenende Urlaub, doch gerade hat er Gisela im Wohnungsbaukombinat angerufen, gerade sagte er, vielleicht bleibe er auch im Objekt. Trotzdem informiert Gisela die Oma. Oma soll auch dabeisein, wenn Gerd kommt. Falls Gerd kommen sollte, darf er die alte Frau nachts nicht alleine aus dem Haus gehen lassen. Er muß sie zur Bahn bringen ... Frauen sind doch Diplomaten.

Es ist Freitag. Die Oma sitzt schon in der Wohnstube, hat eine kleine Flasche Brandy mitgebracht. Robert klingelt und gibt schnell noch die geborgten Schallplatten zurück. Sind alle aus'm Intershop. Müssen sichtbar vorhanden sein, sonst spielt Gerd gleich verrückt. Noch ist der nicht da. Noch wird er mit dem Zug, der 17 Uhr 10 eintrifft, erwartet.
Gerd kommt aber nicht. Nicht 18 Uhr. Nicht 19 Uhr. Gisela macht Abendbrot. Die Oma, der Junge und sie essen. Dann geht das Kind zu Bett. Oma tröstet: Nicht ärgern, da bleibe sie halt 'ne Weile länger als sonst.
Gegen 21 Uhr klingelt es Sturm. Gegen 21 Uhr fällt Gerd durch die Tür und Gisela entgegen.
Der Soldat packt volltrunken seine Tasche aus: „Das ist drekkig, und das ist dreckig.“ Gisela will wissen, woher er jetzt erst kommt. Aber das geht sie einen Scheißdreck an. Und weil das so ist, kriegt sie auch noch eine Tüte an den Kopf geworfen.
Die Oma geht dazwischen. Gerd soll sich zusammenreißen, sonst wäre sie gleich weg.
Ein Pullover ist in der Tüte, nachträglich zum Geburtstag Giselas. Sie soll sich freuen. Freut sich aber nicht.
Na gut, dann will Gerd jetzt essen. Gisela macht ihm aber nichts. Auch sie hat getrunken, und da ist ihr alles egal ... Da kann er rumbrüllen, Sachen nach ihr schmeißen, juckt sie nicht ...

Der Oma reicht es. So eine Atmosphäre hält sie nicht aus. Das ist doch kein Zustand ...
Sie geht. Aber Gerd will sie nicht bis zur Haltestelle bringen. Da kann sich Gisela den Mund fußlig reden. Die Oma will auch gar nicht gebracht werden. Heute nicht. Sonst ist sie nie nachts alleine auf die Straße gegangen, heute ist sie bockig, hat die Nase voll von diesem Theater.
Also schließt Gisela die Haustür auf und verabschiedet die alte Frau. Auf der anderen Straßenseite wartet Robert ... Nein, die Oma geht alleine. Sieht er doch! Der Plan ist völlig durcheinandergeraten und sie auch. Sie wird Gerd Schlaftabletten verabreichen ...

In den ersten Wochen der Untersuchungshaft glaubte Gisela noch, daß sie bald wieder draußen sein wird. Sie hatte doch nichts getan.
Heute weiß die Frau, die bald vierzig ist, daß sie Beihilfe zum Mord leistete und daß Robert gemordet hat. Sie hat die Tat erst ermöglicht. Sie hätte alles verhindern können.
Nein, diese Einsicht ist nicht entstanden, weil sie einen positiven Ausgang ihres Gnadengesuches forcieren wollte. Ihr Urteil wurde von bundesdeutschen Behörden überprüft und für Recht befunden. Aber ein Gnadengesuch ist dazu da, daß man es stellen kann. Wer will nicht aus dem Knast raus?

Mittlerweile ist auch ein zweites Gnadengesuch vom Bundespräsidenten abschlägig beschieden worden. Es wird also doch erst zur Jahrtausendwende was. Vielleicht auch etwas früher. Jedenfalls hat sie eine Kochausbildung angefangen. Ein Nobel-Hotel wird sie später sicher nicht nehmen, aber Arbeit bekommt sie. Als Köchin braucht sie keine Klinken zu putzen. Und wenn sie genug Geld verdient hat, fährt sie nach Paris. Paris ist schon immer ihr Traum gewesen ...

Wenn man Schlaftabletten genommen hat, träumt man nicht, sondern schläft schnell ein und fest durch.
Wo sind die Pillen ...? Gisela sucht nach den Faustan, löst die kleinen weißen Scheiben in Sekt auf, zieht die Schlafcouch aus, öffnet das Fenster. Hinter der Dachbodenluke hockt Robert. Sie verständigen sich.

Gerd und Gisela trinken Sekt. Noch ist Gerd nicht müde. Aber dann sinkt Gerd endlich um und schläft ein ...
Gisela läßt Robert in die Wohnung. Sie setzen sich in die Küche und trinken Rotwein. Alles ist durcheinandergeraten. Was nun? Immer wieder guckt Gisela nach Gerd. Der darf nicht aufwachen. Wenn der aufwacht, ist der Teufel los. Aber er schläft. Doch nicht für lange. Sie haben keine Kenntnis, wie Schlaftabletten und Alkohol zusammenspielen. Sie wissen nicht, daß Alkohol und Schlaftabletten, gemeinsam eingenommen, aufputschend wirken.
Plötzlich steht Gerd hinter ihnen. Es ist 1 Uhr morgens.

Gisela wird sich nicht erinnern können oder wollen, wer angefangen hat, wer wem den ersten Hieb versetzte, aber die späteren Untersuchungen werden ergeben, daß Robert keine Verletzungen hatte, nur vom Zuschlagen geschwollene Fäuste. Gisela wird rausrennen. Und Robert drischt drauflos. Sie hört es nur noch klirren, hört dumpfe Schläge, bekommt die Küchentür nicht mehr auf. Als Robert öffnet, liegt Gerd bewußtlos im eigenen Blut, lebt noch.
„Ich bring ihn um ...", soll Robert gesagt haben. „Aber nicht in meiner Küche!" soll Gisela geantwortet haben, sagte Robert. Gisela wird sich auch daran nicht erinnern können oder wollen. Jedenfalls hindert sie Robert an nichts, rennt aus der Wohnung, aus dem Haus, läuft die Straße hinunter, geht auf und ab, dann kehrt sie um. Robert kommt ihr schon entgegen, Messer in der Hand ... Sie müssen zurück, Spuren beseitigen. Müssen an Gerd vorbei, der in einem fremden Hauseingang liegt. Robert trug ihn noch lebend bis dorthin, damit die Wohnung nicht der Tatort ist. Damit der Täter unbekannt entkommt. Damit Gisela nicht reingezogen wird.

Robert und Gisela gehen in die Wohnung, kehren die Scherben zusammen, wischen das Blut auf. Robert muß nach Hause, sich umziehen. Auf der Arbeit wird er in der Heizung seine blutverschmierten Sachen verbrennen.
Gisela wäscht einen Blutfleck aus ihrem Pullover, obwohl sie sich bis heute nicht erklären kann, wie der dahin gekommen sein soll. Die Kriminaltechniker aber entdecken ihn trotzdem, werden auch Blut an ihrem Rock finden, Blut ihres Mannes.

Immer mehr Indizien und Zeugenaussagen werden einen Verdacht untermauern, aber noch wird Gisela nichts gestehen.
Frage: „Sie kennen Robert wirklich nur flüchtig?"
Antwort: „Er hatte Schallplatten geborgt. Ja, er hat sie an diesem Nachmittag zurückgegeben."
Robert wird ein paar Stunden später als Gisela festgenommen werden. Und ihm wird man sagen, daß Gisela gestanden hätte. Und dann wird Gisela gesagt werden, daß Robert gestanden hat.

Eigentlich sollte Gisela in der Wohnung auf die Polizei warten. So war es ausgemacht. So war es abgesprochen. Gerd hätte man irgendwann gefunden. Irgendwann hätte irgend jemand den gewaltsamen Tod des Soldaten der Polizei gemeldet. Und Gisela hätte die betroffene Witwe gespielt.
Gisela konnte aber nicht warten. Hielt das Warten nicht aus. Mußte raus. Fand die Idee besser. Ging schnurstracks zum nächsten Polizeirevier. Dort mußte man ihr sagen, daß sie keine Vermißtenanzeige aufgeben könne. Sie hätte leider ihren Mann verloren ...
Gisela verlor auch noch ihren Sohn. Der Junge kam aber nicht in ein Heim. Der heute Sechzehnjährige wächst bei seinem Vater auf.

Der Fall Brigitte C.

Endlich Dienstschluß, endlich Wochenende! Brigitte C. legt den Abrechnungsblock beiseite, überschlägt das Trinkgeld und bindet die Servierschürze ab.
Nicht, daß sie ungern arbeitet. Sie versteht sich mit allen sehr gut. Der Gaststättenleiter schätzt sie, weil sie da ist, wenn man sie braucht. Überall ist sie einsetzbar, als Köchin, am Buffet, als Bedienung. Oft hat sie, weil plötzlich eine Kollegin ausfiel, Wochenenddienste übernommen oder einfach noch eine Schicht rangehängt.
Auch die Stammgäste schätzen sie. Brigitte ist ein Wohlgefallen auslösender Anblick, doch Übergriffe darf sich keiner leisten, das weiß man. Die einunddreißigjährige Frau mit den blonden Locken und den schöngeschwungenen Lippen ist zwar freund-

lich, achtet aber auf Distanz. Plumpe Anmache kann sie nicht leiden, findet aber den dipomatischen Ton, nähert sich ihr immer wieder mal einer, der denkt, ein Kellnerinnenhintern gehöre zum Bier wie Senf zur Bockwurst. Zum Gaudi jener, die bereits Brigittes schlagfertige Abfuhr kennen, mußte bisher jeder hinter die Linie.
Sie hätte viel eher Grund, verletzt zu sein. Nur weil ein Mann ein Mann und eine Frau eine Frau ist, hat doch der Mann keine Vorrechte. Aber Brigitte ist eben nicht der Typ, der beleidigte Leberwurst spielt. Sie sagt pointiert, was sie denkt. Damit kam sie bislang weiter. Jedenfalls in ihrem Arbeitsumfeld klappte das. Bei Bernd überhaupt nicht. Hoffentlich kommt der heute nicht. Sie hält das nicht mehr aus. Braucht ihre Kraft für wichtigere Dinge, muß noch einkaufen, weil die Schwester ihren Besuch ansagte, muß noch saubermachen, das Kind abholen ...

Brigitte hat zwei Kinder. Der Nachzügler ist ein knappes Jahr alt und Bernd sein Vater. Die Große kam, als sie zwanzig war. Stefanie wird bald zwölf und ist schon ein sehr verständiges Mädchen. Ihr wollte Brigitte alles das geben, was sie von der eigenen Mutter nicht bekam.
Obwohl die Meinung hinlänglich umgehe, Heimkindern wäre das Schicksal vorgegeben, ihr gesellschaftlicher Abstieg programmiert, das Leben am Rande unabwendbar, glaubt sich Brigitte als bester Beweis, daß Heimerziehung besser ist als eine nicht funktionierende Familie. Sie jedenfalls hat sich in der staatlichen Einrichtung bestens aufgehoben gefühlt. Ein halbes Jahr alt war sie, als die Mutter sie dort abgab. Drei Geschwister waren schon vor ihr geboren worden, der Vater angeblich tot, die Mutter nun überfordert.
Als Brigitte so alt war wie ihre Tochter jetzt, glaubte der Erzieher sie mit der Nachricht glücklich zu machen, endlich hole die Mutter sie nach Hause, und es gebe auch einen neuen Vater für sie. Da hat sie sich versteckt, verkrochen, eingeschlossen. Sie wollte das Heim nicht verlassen. Jedesmal, wenn sie zu Festlichkeiten nach Hause geholt worden war, hatte sie die Tage gezählt. Die Mutter verstand ihre Anlage zum Aschenputtel reiflich auszunutzen. Brigitte mußte nach der Schule den Haushalt machen. Gingen die andern spielen, bü-

gelte sie Wäsche oder stopfte Strümpfe ... Das alles hatten sie im Heim ja gelernt, aber auch, daß die Aufgaben verteilt wurden, so daß noch genügend Zeit für Schulaufgaben und richtige Freizeit für jeden blieb.
Zu Hause ging alles ungerecht zu. Zu Hause war sie die Jüngste. Deshalb hatte sie wohl den geringsten Widerstand geleistet. Wenn sie die Mutter wenigstens einmal gelobt oder in den Arm genommen hätte. Aber die war kalt, abweisend und ihr fremd geblieben wie der neue Vater.
Mit sechzehn hatte sie die Nase voll gehabt und verschwand mit einer Freundin. Deren Eltern hatten eine Laube. Dorthin zogen die Mädchen, waren aber bald von der Polizei aufgestöbert. In die elterliche Wohnung zurückzukehren, war Brigitte nicht zu bewegen. Lieber wieder ins Heim, dort war ihr Zuhause. Ihr kurzes Leben lang war sie in einer Gemeinschaft aufgewachsen, die sie auch beschützte, war beliebt und geachtet gewesen ...
Ein Heim kam aber nicht mehr in Frage. Also Jugendwerkhof? Brigitte entschied sich für Jugendwerkhof. Dort lernte sie Dauerbackwarenherstellerin, schloß den Facharbeiterbrief mit „Gut" ab, sollte in ihrem Ausbildungsbetrieb bleiben. Der Direktor persönlich, der Herr über Knäckebrot und Zwieback, bemühte sich sogar darum, Brigitte am Ort zu behalten, denn mit achtzehn mußte man den Werkhof verlassen und brauchte eine Wohnung. Die gab's aber nicht. Also zurück zur Mutter.
Brigitte fing bei einem Bäcker an zu arbeiten. Als sie mit neunzehn schwanger wurde, stellte die Mutter sie vor die Alternative: entweder Abtreibung oder raus!
Brigitte entschied sich gegen die Mutter. Sie hatte sich vorher auch schon gegen den Vater des Kindes entschieden. Während ihrer Schwangerschaft erwischte sie den Freund mit einer anderen und schickte ihn sofort in die Wüste, da kannte sie nichts, da war sie rigoros. Auch wenn sie litt, wenn sie trauerte und es kaum aushielt, was durchgezogen werden mußte, mußte halt durchgezogen werden. Eine Partnerschaft mit einer Lüge beginnen wollte sie nicht, dann lieber ledige, alleinerziehende Mutter sein. Aber wohin?
Brigitte fand einen Betrieb, der ihr eine Wohnung versprach. Sie begann als Küchenhilfe in einer Gaststätte und nebenher eine Kellnerausbildung. Die Unterbringung in einem betrieblichen Wohnheim sollte nur Übergangslösung sein, dann aber hat sie

mit dem Kind noch sechs Jahre in einem Zimmer leben müssen. Hätte sie nicht Lungentuberkulose bekommen, wäre sie wahrscheinlich immer noch dort. Nach der Heilung und einer halbjährigen Kur, nach etlichen ärztlichen Dringlichkeitsbescheinigungen und Eingaben wies man ihr endlich in einem Neubauviertel eine Zwei-Raum-Wohnung zu.

Brigitte sieht auf die Uhr, muß sich beeilen, darf nicht den Bus in die Satellitenstadt verpassen. Schnell liefert sie die Einnahmen der Vormittagsschicht ab, zieht noch die Konturen ihrer Lippen nach und verabschiedet sich von den Kollegen.
Ein windiger Oktobertag 1988.
Sie schlägt den Mantelkragen hoch, aber da kommt schon der Bus. Sie wird gleich bis zur Kaufhalle fahren. Die Tochter muß auch schon aus der Schule zurück sein. Sicherlich hockt sie wieder bei der Freundin. Den Kleinen wird sie nach dem Einkauf abholen. Mal sehen, wieviel sie schleppen muß, vielleicht kann sie ihn auch gleich mitnehmen. Sein Vater kümmert sich ja sowieso nicht. Will sie nun auch nicht mehr. Hoffentlich bleibt Bernd heute, wo der Pfeffer wächst, und läßt sie wenigstens das Wochenende in Ruhe.

Brigitte kennt Bernd von früher. Sie hatten einige Nächte verbracht, sind damals aber über den Status der Flüchtigkeit nicht hinausgekommen. Sie hätte schon gewollt, aber irgendwann war er weggeblieben, und so hatten sie sich aus den Augen verloren.
Vor reichlich drei Jahren trafen sie sich zufällig wieder. Bernd war noch immer gutaussehend. Sie gefiel ihm wohl auch noch. Sie hatten über alte Zeiten gequatscht, und plötzlich faßte sie einfach den Mut, ihn für einen Freitag zum Essen einzuladen. Und weil sie sich so auf Freitag freute, weil dieser Freitag ein ganz besonderer Tag werden sollte, hatte sie Steaks besorgt und Chamgignons, bereitete sie die Tochter auf den männlichen Besuch vor, um jeder Mißstimmung vorzubeugen.
Bernd war dann nicht nur Freitag, sondern das ganze Wochenende geblieben. Sie waren ausgegangen, hatten mit der Tochter einen Spaziergang gemacht. Und als Bernd Montag früh zur Arbeit ging, hatte sich Brigitte wieder ein Herz gefaßt und gefragt: „Kommst du wieder?“

Bernd kam wieder. Bernd zog bei Brigitte und ihrer Tochter ein. Da ahnte die frischverliebte Frau nicht im geringsten, daß sie nur ein Jahr später diesen Entschluß sehr bedauern, daß sie die Frage nach seinem Wiederkommen als die verhängnisvollste ihres Lebens einstufen würde.

Wieder ist Freitag. Brigitte kauft ein und schafft es auch noch, nebst Beuteln und Netzen gleichzeitig den Jungen nach Hause zu tragen. Sie verstaut den Einkauf im Kühlschrank. Der Einjährige robbt durch die Wohnung. Die Tochter läßt sich nur kurz blicken, um Bescheid zu sagen, wo sie ist, dann schwirrt sie wieder ab zur Freundin. Ist Brigitte ganz recht, sie braucht erst einmal einen Kaffee, setzt den Wasserkessel auf und beginnt, die Wohnung sauberzumachen. Immer wieder denkt sie, sie könnte zum Kaffee doch auch einen Weinbrand trinken. Noch aber tut sie es nicht.
Später wird Brigitte sagen, hätte man sie nicht in Haft genommen, sie wäre bestimmt eines Tages Alkoholikerin geworden.

Als Brigitte und Bernd zusammenzogen, war der gelernte Kfz-Schlosser bereits Fahrer in einer Brauerei gewesen. Die Männer brauchten dort bloß eine Flasche zu öffnen und zu trinken. Auch Brigitte bemerkte nicht gleich, daß zu ihrer Zweierbeziehung ein Dritter gehörte: Alkohol.
Das erste gemeinsame Jahr war ein gutes Jahr gewesen, im zweiten kam Bernd schon von fünf Arbeitstagen drei „ölig" oder gar nicht nach Hause. Er nörgelte an Brigittes Tochter herum, sie sei verzogen, würde zuviel Freiheiten haben und alles bekommen.
Und als Bernd im Streit das erste Mal zuschlug, sagte Brigitte ihm, er solle seine Sachen packen, könne ja wieder zu seiner Mutter zurück, dort war er auch noch gemeldet. Diese Wohnung sei ganz allein ihre Wohnung und er nur geduldeter Gast. Und kein Gast durfte sich ihr gegenüber irgendwelche Übergriffe leisten.
Bernd blieb. Vierzehn Tage redete sie nicht mit ihm, dachte, er würde von alleine draufkommen, daß es aus ist. Aber der Mann gab sich vorübergehend Mühe, und Brigitte ließ ihn wissen, daß sie sich das nicht noch einmal gefallenlassen, sie sich das nächste Mal wehren und zurückschlagen würde.

Bernd lachte. Bernd bekam in der Brauerei Bier und Limonade umsonst, und Brigitte trank abends nun mal ein Bier mit, aufregender wurden dadurch die Fernsehabende nicht. Sie redeten nicht miteinander. Im Bett klappte es auch nur noch manchmal. Bernd hatte bereits Potenzschwierigkeiten und päppelte jedesmal seine gekränkte Mannesehre durch aggressive Abreaktionen auf. Sie sei schuld. Oder sie solle mit ihren Gästen bumsen, wären doch sowieso alle hinter ihr her. Er beschimpfte sie in unflätigster Weise, und wenn es ihr reichte, wenn sie ihm sagte, wie widerlich er sei, war das Anlaß genug, wieder auszuholen.
Und eines Tages konnte sie nicht mehr. Eines Tages sah sie nicht mehr ein, Beleidigungen hinzunehmen und Schläge einzustekken. Eines Tages schlug sie zurück, prügelte sich das erste Mal mit einem Mann, nahm ein Küchenmesser, um den noch wütender gewordenen Mann von Weiterem abzuhalten, und verletzte Bernd an der Hand. Als er sein Blut sah, hörte er auf. Fiel er in sich zusammen und gab Ruhe.
Brigitte schwor ihm, würde er sich noch einmal vergessen, vergäße sie sich auch.
Ein paar Tage später kam Bernd betrunken in die Gaststätte, in der Brigitte arbeitete. Sie brachte ihm nicht, was er bestellte. In ihrem Revier bekam kein Angetrunkener auch nur noch einen Schluck Alkohol, auch bei Bernd machte sie keine Ausnahme. Da schlug er zu, schlug sie vor all den Gästen ...
Ein Stammgast, der Polizist war, beförderte den Mann hinaus und riet Brigitte, eine Anzeige zu erstatten. Sie wollte das nicht. Sie war schwanger. Das Kind würde ihn vielleicht zwingen. Ein Kind braucht Vater und Mutter. Das Kind würde ihm vielleicht einen Lebenssinn geben und sein Alkoholproblem lösen ...
Bernd trank weiter und schlug auch während der Schwangerschaft zu. Und wieder schlug Brigitte zurück. Sie hatte zwar am nächsten Tag ein blaues Auge, er nur einen schweren Kopf, aber das war ihr egal. Sie hatte ihn gewarnt, und nun war das Maß übergelaufen.
Wieder forderte sie ihn auf, ihre Wohnung zu verlassen, er ging nicht. Sie nahm seinen Schlüssel vom Haken, er holte sich den gewaltsam zurück, da floh Brigitte mit ihrer Tochter zu einer Arbeitskollegin. Keiner konnte sich zu DDR-Zeiten in der Heimatstadt ein Hotelzimmer nehmen. Es gab auch keine

Frauenhäuser. Und auch Bekannte halten nicht lange durch, wenn jeden Tag ein betrunkener Mann seine Frau zurückfordert und Krach schlägt.

Nach einer Woche mußte Brigitte zurück in ihre Wohnung, nahm sich aber vor, Bernd nicht mehr reinzulassen, ihren Schlüssel von innen steckenzulassen, die Tür zu verriegeln, irgend etwas zu tun, egal was, es mußte etwas geschehen ...

Bernd schlug nun in ihrem Hausflur Krach. Brigitte war hochschwanger und alles so peinlich. Also schloß sie auf. Also ließ sie ihn rein. Wegen der Ruhe. Wegen der Nachbarn ...

Sie gebar einen Sohn. Bernd sah ihn sich an, Brigitte aber ließ keine Annäherung mehr zu. Als Bernd endlich begriff, daß sie es ernst meinte mit der Trennung, versprach er, nicht mehr zu trinken, beteuerte, sich über das Kind zu freuen. Ein schönes Familienleben, ja, das sei auch sein Wunsch ...

Brigitte besprach alles mit der Tochter. Stefanie hatte gesagt, Mama, laß ihn doch nicht mehr rein! Aber das Kind hatte gut reden. Kam er wieder angetorkelt und hatte sie ihren Schlüssel von innen in der Wohnungstür steckenlassen, trat er dagegen, pochte und schrie. Er hatte kapiert, daß sie jedes Aufsehen vermeiden wollte, daß sie unentschlossen wurde, je lauter er krakeelte, daß sie ihm letztendlich doch öffnete.

Brigitte entschied sich gemeinsam mit der Tochter, so schrecklich sie es auch fand, nun doch die Polizei einzuschalten.

Als Bernd wieder gewaltsam Einlaß forderte, gab sie der Tochter ein Zwanzigpfennigstück. Ein Telefon befand sich an der Straßenecke. Als Stefanie aus der Wohnung huschte, trat Bernd wie befürchtet die Tür auf und schlug auf Brigitte ein. Die Tochter kam zurück. Aufgelöst wie die Mutter schrie sie, daß die Polizei gleich hier wäre. Da machte sich Bernd davon und war weg, als die Polizei erschien.

Er blieb auch weg, einige Tage nur. Wieder rief Tochter Stefanie die Polizei an. Jetzt kam sie rechtzeitig.

Bernd wurde aufgefordert, sämtliche Schlüssel zum Haus und zur Wohnung an Brigitte zu übergeben und sich nicht mehr blickenzulassen. Dann wurde er mit Blaulicht abtransportiert. Nach ein paar Stunden stand er wieder vor Brigittes Tür ...

Brigitte schaltet den Staubsauger ab, trinkt eine Tasse Kaffee und gießt sich nun doch einen Weinbrand ein, stellt sich vor den

Spiegel, prostet sich zu: Wie tief bist du eigentlich gesunken? fragt sie sich. Wieso kann ich nicht mehr denken in solchen Situationen? Es gibt noch ein Unglück. Irgendwann geh ich an die Decke oder laß mich vom Balkon fallen, hatte sie erst neulich zu ihrer Tochter gesagt.

Bernd war nicht wegzukriegen aus ihrem Leben. Wieder war er an den Wohnungsschlüssel gelangt.

Als eine Freundin zu Besuch war und er durch die Sprechfunkanlage Liebesgeflüster säuselte, sagte die Freundin: Mensch, laß ihn doch rein. Der ist doch nüchtern.

Brigitte war hart geblieben. Sie hatte nein gesagt. Sie öffnete nicht die Tür, aber die Freundin hatte geöffnet. Diese blöde Kuh! Wem hatte sie damit geholfen?

Bernd war an das Schlüsselbrett gegangen, hatte sich sein Bund genommen, und da saß er wieder. Da grinste er, wackelte mit dem Schlüsselbund und fühlte sich stark. Was soll sie bloß machen?

Müde ist sie. Sie kann nicht mehr, gießt sich noch einen Weinbrand ein. Und noch einen. Ihre Schlagfertigkeit nützt ihr gar nichts mehr. Sie ist auf sein Niveau gesunken, beschimpft ihn mit seinen Ausdrücken. Ein zu lange andauernder Zustand. Sie hat nicht mehr die Kontrolle über sich. Wenn er sie beleidigt, schaltet sich bei ihr etwas aus. Sie geht auf ihn los ... Immer öfter wiederholt sich das. Er belegt sie, schupst sie oder gibt ihr eine Ohrfeige, weil sie immer etwas zu erwidern hat, und da spürt sie die große Wut im Bauch, die Haßgefühle. Entweder sie springt vom Balkon oder ...

Es klingelt. Brigitte schreckt zusammen. Aber nein, das ist er nicht, kann er nicht sein. Der hat ja wieder Schlüssel.

Es ist Freitag. Eine Nachbarin kommt mit Freund zu Besuch. Brigitte ist nicht böse über die Ablenkung. Ihre Gedanken drehen sich sowieso nur noch im Kreise. Sie versorgt den Kleinen, bringt ihn ins Bett, macht ein paar Stullen. Sie essen und trinken Bier dazu.

Gegen 20 Uhr schließt Bernd an der Tür: „Ich hab's schon gesehen, an seinen Augen ... Ach Gott, gleich brennt wieder die Luft ..."

Bernd nimmt im Sessel Platz und beginnt, Brigitte vor den andern zu belegen. Wo die Tochter sei, die Tochter gehöre um diese Zeit neben den Jungen, also ins Bett. Das Mädchen sei

jetzt schon eine Schlampe, ein Miststück. Vielleicht habe sie das von der Mutter. Er würde dafür sorgen, daß sie ins Heim komme und die Mutter gleich mit. Wo denn sein Essen sei, auch er habe Hunger ...
Brigitte wirft eine volle Flasche Bier in seine Richtung, die Flasche trifft ihn nicht, zerbricht nicht, aber der Abend zerbricht. Brigitte geht trotzdem in die Küche und schneidet Stullen ab, will noch ein paar Brote belegen. Bernd will keine Brote mehr, will nur hinterher, torkelt in die Neubauküche. Eine schmale Küche, eine enge Zeit. Brigitte hat noch das Stullenmesser in der Hand ... Brigitte verschmiert noch die Butter ... dann dreht sie sich schlagartig um und sticht zu.

Bernd bekommt einen erstaunten Blick, weicht zurück, hält sich die linke Brusthälfte. Brigitte ist fassungslos, entschuldigt sich gleich: „Das hab ich nicht gewollt." Gleichzeitig aber weiß sie, sie hat mit einem Unglück gerechnet. Und nun ist das Unglück geschehen ...
Sie legen Bernd auf die Couch. Der Freund der Nachbarin wickelt seine Binde vom Handgelenk und verbindet Bernd, die Tochter der Nachbarin ruft einen Krankenwagen. Der Krankenwagen trifft ein. Brigitte will mitfahren. Bernd sagt: „Hau bloß ab!"

Brigitte muß raus, muß weg aus der Wohnung, kann hier nicht still rumsitzen, wird sonst verrückt, dreht durch, muß unter Menschen. Sie und ihre Freunde sagen den Töchtern Bescheid und gehen in den Neubauclub. Nach zwanzig Minuten kommt die Tochter von Brigittes Nachbarin und holt sie alle nach Hause. Die Polizei ist da.
Brigitte muß mit auf's Revier. Sie sitzt auch noch am nächsten Tag dort. Es ist Sonnabend mittag, und Brigitte möchte wissen, wie es Bernd geht.
„Das kann ich Ihnen sagen," antwortet der Kriminalist, „der ist tot."
Brigitte ist verzweifelt. Das hat sie nicht gewollt. Bernd sollte aus der Wohnung ... Aber weder ist er gegangen, noch hat ihn die Polizei rausgekriegt ...
Die Kripo versucht, Brigitte Mordabsichten nachzuweisen. Immer wieder wollen die Polizisten hören, wie sie das Messer

gehalten habe. Klinge nach oben? Klinge nach unten? Sie kann sich nicht erinnern. „Stellen Sie sich vor, ich hätte zu jemandem mal gesagt, den bringe ich um, oder ich hätte mich wirklich daran erinnert, wie der Klingenverlauf war ... Ich wäre wegen Mordes verurteilt worden."

Bernd ist in der Tatnacht gegen 1 Uhr verstorben. Das Messer hatte sein Herz getroffen und die Hauptader zur Lunge zerstochen.
Brigitte wurde im Februar 1989 wegen Körperverletzung mit Todesfolge zu 6 Jahren Freiheitsentzug verurteilt. Die Kinder kamen in Heime. Tochter Stefanie brachte man dorthin, wo schon ihre Mutter aufgewachsen war.
1992 erhielt Brigitte 2 Jahre Straferlaß. Sie ist in Freiheit und hat das letzte Wort:
„Frauen – das schwache Geschlecht? Wir haben nur nicht die körperliche Kraft wie Männer. Und wenn Männer sich das Recht nehmen, Frauen zu erniedrigen, zu beleidigen, zu demütigen, wenn Frauen mit Prügel schwach und nachgiebig gemacht werden sollen, müssen sie sich doch wehren ... Auch Klingeldrähte schlagen Funken."

Der Fall Conny F.

Conny F. war zur Tatzeit einundzwanzig Jahre und sechs Monate alt. Wirkt auch heute nicht älter. Würde gern weg sein. Wie weg? Entlassen oder ausgelöscht?
Im Februar 1987, noch am Tattag, stellte sie sich selbst den Behörden, wurde in Untersuchungshaft genommen und ein paar Monate später wegen versuchten Mordes an ihrem Lebensgefährten zu 10 Jahren Haft verurteilt. Da hätte sie auch am liebsten weg sein wollen ...
Gestorben sein wollen?
Untergetaucht sein wollen?
Ausgereist sein wollen?

Schon, als ich noch in den Kindergarten ging, sagt Conny, wollte ich weg sein. Wenigstens weg sein von zu Hause. Mein Vater hat getrunken, sich dann mit der Mutter in die Wolle

gekriegt. Wegen Lapalien hat er sie geschlagen. Und einmal, fünf Jahre war ich wohl, nahm ich mein Steckerspiel unter'n Arm, kletterte aus'm Fenster, weg war ich ... hmm?
War eben schwer erziehbar. Wollte meinen Kopf durchsetzen. Die zwei jüngeren Schwestern haben keine Dresche gekriegt, bei mir setzte es gleich was. Und mein Vater hatte eine feste Hand. In der zweiten Klasse schickte mich mal 'n Lehrer zum Arzt. Auge blau, Lippe dick und aufgeplatzt. Die Narbe sieht man heute noch ... hmm?
Meine Eltern mußten zur Aussprache: Elternbeiratssitzung. Die Jugendhilfe war auch da und hat dann immer mal nachgesehen bei uns.
Mit zwölf bin ich bei so was die Treppe runtergejuchtelt und mit dem Kopf auf den Steinstufen gelandet.
Da war ich auch weg. Leider nur bewußtlos. Die ganze Nacht hatte ich Kopfschmerzen. Meine Mutter gab mir Tabletten und ist am nächsten Tag mit mir weg, zur Oma nach Leipzig. Als ich früh aufgestanden bin und zum Waschen gehen wollte, kippte ich um ... Bums, weg war ich ... hmm?
Fängt immer so an. Ich steh geistesabwesend da, man kann brüllen, wie man will ... ich fall um, zittre am ganzen Körper, hab Schaum vorm Mund ... Soll ich allen erzählen. Auch wenn's noch so peinlich ist, ich muß das sagen. Darf mich nicht aufregen.
Meine Mutter brachte mich ins Krankenhaus, blieb auch die vierzehn Tage bei der Oma. Das war meinem Vater zuviel. Alleine mit den beiden Schwestern. Niemand kümmerte sich um ihn, Kinder, Haushalt und Essen, da ist er zur Sau geworden. Ist nach Leipzig ins Krankenhaus gekommen, hat mich aus'm Bett gezerrt ... Die hatten noch gar keine Ergebnisse, noch nichts gefunden. Wir mußten trotzdem mit nach Hause ... Irgendwann kam ich dann dort ins Krankenhaus ... Wo so komische Kinder waren ... Eine sah aus wie fünf, war aber schon sechsundzwanzig Jahre alt. Sie haben mir Gehirnwasser gezogen und festgestellt, daß ich epileptisch bin.
Seitdem krieg ich Tabletten. Auch im Knast. Man hatte aber zuviel Vertrauen. Hätten mir keine so große Ration überlassen sollen. Einmal hab ich alle geschluckt, fünfzig oder sechzig Tabletten waren das. Ich wollte weg ... hmm? Besoffen war ich. Nur zwei Tage wie besoffen ...

Die andern Frauen haben sich um mich gekümmert, aber keiner hat mich verraten ... Jetzt, im Westknast, kann man ja krank sein, da sagt man Bescheid, daß man sich nicht fühlt, kriegt nur kein Geld. Im Osten kam immer gleich das Roll-Kommando. Haben das als Arbeitsverweigerung ausgelegt ... Manchmal war's ja auch eine. Manchmal stinkt's einen eben ... Da will man nicht mehr, da geht man auf so 'ne Frau Leutnant los. Eine hat das mal gemacht, die ist sofort in Ketten gekommen ...
Bald hätte ich einer auch mal eine gedrückt. Die sackte mich so am Arm an: He, du hast deine Arbeitsleistung nicht gebracht! Hab inner Schneiderei gearbeitet. Ärmel einnähen und so ... Nun sollte ich zur Strafe Stoffreste einsammeln. Ich sage: Du, faß mich nicht an. Die faßt mich aber an. Ich mach mich frei, krieg meinen fiesen Blick ... Da hat eine gerufen: Conny, paß auf, laß das ...! Hätte die mich nicht zurückgehalten, hätte ich der eine verpaßt.
Jeder, der einen Posten hatte, fühlte sich als was Besseres. Und auch welche von uns hatten Posten! Eine mußte das Kommando zum Essen geben. Dann war da eine Tischleiterin, die aufpassen mußte, daß beim Essen nicht gesprochen wurde ...
Ich war mal Verwahrungsälteste und Hygieneverantwortliche, bin aber nie mit meinen Frauen so umgesprungen. Mußte nachgucken, ob die Badetasche in Ordnung und das Haar sauber war oder ob sie dreckige Schlüpfer im Schrank hatten. Das eine Fach für dunkle, das andere für weiße Wäsche. Mußte alles auf Kante liegen. Hier nicht, aber trotzdem liegt alles auf Kante. Legen Sie mal jahrelang Schlüpfer auf Kante ...

In der siebten oder achten Klasse, weiß nicht mehr genau, hab ich mich immer dazwischengeschmissen, wenn mein Vater meine Mutter schlug. Die war krank. Grauer Star. Ein Auge rausoperiert, dafür ein Glasauge drinne. Und er immer mitten ins Gesicht. Wumm. Und wumm. Sie konnte sich nicht wehren. Und ich konnte das nicht mit ansehen ... Klar, kam's für mich dann auch dicke. Aber meine Mutter hatte Ruhe, war wichtiger.
Ich wollte auch meine Ruhe, deshalb wollte ich ja weg. Auch raus aus der Schule. War nämlich Scheiße. Interessiert hat mich nur Chemie, weil da was knallte. Wo passierte denn was in

unserem Nest? In Russisch hab ich geschlafen, in fast allen Fächern nur schlechte Zensuren gehabt. Ich mußte die achte Klasse zweimal machen und bin mit fünfzehn abgegangen. Den Zehnklassenabschluß hätte ich nicht gepackt. Also Lehre in der Textilindustrie. Stinklangweilig. Auch nichts los. Bin ich rumgezogen mit Freundinnen. Mal dahin getrampt, mal dorthin. Mal gezeltet. Nur weg. Immer das nicht tun, was die andern von einem wollten. Was erleben, was sehen ... Abends zur Disko und danach irgendwohin weiterfeiern. Wir hatten unsern Spaß, haben Flaschendrehn gespielt. Ausziehn mit Jungens ist das. Aber nur bis zu einem bestimmten Grad. Schlüpfer und BH blieben an. Na ja, und wer spät ins Bett geht, kommt früh halt nicht aus'm Nest. Schwänzte ich eben ... hmm?
Mein Vater sagte Lotterleben dazu, hmm? Flittchen! Viele Bekanntschaften und so, hmm? War aber nicht. Meine Schwester ist mal mit zur Disko. Die hat den Freund behalten, den sie dort kennengelernt hat. Ich hatte kein Glück mit Männern. Hab immer 'ne feste Beziehung gesucht. Aber Pustekuchen. Wenn ich gedacht hab, es könnte was werden, was Festes, hatte der Typ nächste Woche schon 'ne andre.

Meine Eltern beschlossen gemeinsam mit der Jugendhilfe, daß ich in so'n Heim soll, Jugendwohnheim. Na gut, bin ich eben in so'n Heim.
Hauptsache weg ... hmm? War wie'n Internat und nur für minderjährige Mädchen. Früh zur Arbeit, spätestens 18 Uhr auf Bude. Und Ruhe. Und Tür zu.
Die ungelernte Küchenhilfe ist aber oft nur ins Heim gekommen, wenn sie frische Wäsche brauchte. Abends zur Disko, neuer Freund, Feten ... Da beschloß die Jugendhilfe: Jugendwerkhof, viele, viele Kilometer weit weg.
Okay, dann eben Jugendwerkhof. Dort hab ich saubergemacht und mich gut geführt, weil – mein Bauch wurde immer dicker, hmm?
Der Freund war auch sechzehneinhalb. Als wir miteinander geschlafen hatten, hab ich mir immer gesagt: Los, werde schwanger, Conny, krieg ein Kind! Aber dann ... Früh war mir schlecht. Kotzübel war mir. Die Erzieher brachten mich zum Arzt: fünfter Monat.
Durfte nur noch drei Zigaretten am Tag rauchen. Die haben

sich sehr um mich gekümmert, hmm? Umstandskleider besorgt, zur Schwangerenberatung mitgegangen ... Kurz vor der Entbindung wurde ich entlassen, hmm? Einfach so.
Da stand ich da ... Wohin denn? Ich war noch nicht volljährig. Also Brief an die Eltern, ob sie mich wieder aufnehmen und abholen mit dem dicken Bauch. Brief zurück vom Vater: Was bildest du dir ein, mit einem Kind heimkommen zu wollen ... hmm?
Sie haben mich nicht abgeholt, konnten sich die Reise nicht leisten, aber sie wollten mich wieder aufnehmen. Hatten ja auch ein großes Haus. Ein eigenes. Was mein Vater nicht versoffen hat, steckt da drinne. Neues Dach, neuer Putz ...
Irgendwann saß ich im Zug, kugelrund, und fuhr eben wieder nach Hause. Mein Freund stritt die Vaterschaft ab. Seine Eltern gingen vor Gericht und mußten alles bezahlen. Das war reinste Freude ... hmm? Ich muß es doch wissen! Ihr Sohn war der Vater meiner Tochter ... Hab sie ihm mal aufgedrängt, sollte sie angucken, hmm? Dachte, vielleicht überlegt er sich's noch mal ... Er hat sich nie wieder gemeldet ...
Nach dem Babyjahr fing ich im Krankenhaus an, wieder Küche, wieder Küchenhilfe. Wenn ich Wochenenddienst hatte, versorgte meine Mutter das Kind. Ging 'ne Weile gut, hab mich zusammengerissen, dann lernte ich einen kennen ... hmm? Wollte ja immer schon weg ... hmm?
Hab bei dem übernachtet, mich nicht ums Kind gekümmert. Gab nur Streß mit meinem Vater: Soll abhaun, soll mir 'ne eigne Bude suchen ... Und als ich volljährig wurde, bin ich dann eben abgehaun. Mit dem Typen. War mir alles zuviel. Auch das Kind. War doch bei meiner Mutter gut aufgehoben ... Hab ich aber mal nachgedacht, kippte ich einen, da waren die Gedanken weg ... Weiß nicht, es gab eben keine richtige Beziehung zum Kind ... hmm?

Ich wollte die Hauptstadt sehen. Berlin! Dort sollte es alles geben, sollte viel los sein. Im Januar 1984 sind wir in den Zug gestiegen ... Geld brauchten wir keins, früher konnte man doch in jedem Zug schwarzfahren ...
Wir hatten eine Adresse. War'n Bekannter der Mutter meines Freundes, so'n Oller mit Holzbein, schon vierzig Jahre, hatte aber zwei Zimmer Neubau ... Bei dem wollten wir übernach-

ten. Könn' wir, könn' wir, sagte der, aber nur, wenn wir ihm dafür Schnaps besorgen …
Also haben wir angefangen, für Holzbein zu arbeiten. Der hat gesoffen. Mein Freund hat gesoffen. Und ich hab mitgesoffen. Am Tag geklaut, abends versackt. Mir war alles so scheißegal, hmm?
Aus dieser Zeit stammen auch die Tätowierungen … hier 'ne Rose … Das is 'ne Ami-Fahne mit Dollarzeichen.
Die Rose war erst'n Kerl und 'n Weib, die miteinander … na, eben ficken … hmm? War so besoffen, hab nix gemerkt und nix gesehen. Aber am nächsten Tag gab's Stunk. Da hat mein Freund dann die Rose draus gemacht. Mit 'ner Stopfnadel wird gehackt … die Nadel ganz dicht über der Spitze mit Zwirnsfaden umwickeln, daß so'n Knuppel entsteht, daß nur noch die Spitze rausguckt. Filzer heiß machen und draufstecken. Nun die Nadelspitze erhitzen. Und jetzt kann man hacken, tigern, tätowieren …
Die Träne am Auge hab ich schon wieder weggetigert. Den Lidstrich kann ich nicht, das geht schief. Da mußte wieder mit 'ner Nadel die Haut aushacken … kannst auch ausheben dazu sagen … und dann Spee oder Imi drauf, jedenfalls 'n scharfes Waschpulver … Bildet sich so 'ne schöne Kruste, hmm? Die mußte abziehen, immer wieder, aber aufpassen, daß kein Loch entsteht, dann kriegste nämlich 'ne tiefe Narbe …

In der Friedrichstraße haben uns die Bullen dann geschnappt, einfach angehalten und Ausweise kontrolliert. Sechs Wochen war alles gutgegangen, jetzt hatten sie uns. Ich wurde ja gesucht, hmm? Mit 'ner Verhaftung hab ich gerechnet, vielleicht sogar drauf gewartet. Dieses Leben war sowieso nix. Im Sommer wäre es vielleicht besser gewesen, aber im Winter …

Ein Erzieher hatte mal gesagt, das läuft bei dir wie bei allen: erst Jugendheim, dann Werkhof, dann Knast … Der hatte recht. Hab mich zu schnell von Männern beeinflussen lassen, hab immer nur gedacht, das isser … Noch tiefer hätt's gar nicht gehen könn' …

8 Monate Haft wegen asozialen Verhaltens und Diebstahl sozialistischen Eigentums. Mein Kind war schon ins Heim

gekommen. Die Mutter hatte nicht mehr gekonnt, hat's nicht mehr geschafft.
Nach der Haft Arbeitsplatzbindung ... hmm? Wieder in 'ner Küche, 'n halbes Jahr später hab ich die Tochter zurückgekriegt. Die geben mir das Kind, einen Wochenkrippenplatz, aber keine Wohnung! War nämlich wieder bei meinen Eltern gelandet. Wollte aber weg, weg ...
Einmal ham se mir ja was angeboten, da reichten aber die Fenster bis zum Fußboden. Na, ich kann doch mit einem Kleinkind nicht in so 'ne Wohnung ziehn! Hätte doch kein Fenster aufmachen könn'. Das Kind wär mir doch rausgefallen ...
Also blieb die Tochter in der Wochenkrippe. Hab sie nur am Wochenende geholt. So hatte ich auch Zeit für mich ... Aber die Arbeit hat mich angekotzt. Immer fettige Haare, für jeden bloß der Pampel ... hmm? Arbeitsplatzbindung hat mich da nicht interessiert. Wenn mir die Arbeit kein' Spaß macht, mach ich die nich ... hmm?
Hab ich in 'ner Parfümfabrik angefangen. Dort war's prima, abwechslungsreich, sauber ... Russenparfüm ham wir hergestellt und MERCI, auch das gute BAC. Mein BAC, dein BAC ... Ham doch nur wenige gesehen in der DDR. Wir hatten aber einen Betriebsladen und sollten verbilligt Ausschußware kaufen. Wer hat das denn gemacht?
Mechaniker, Anlagenfahrer, Arbeiterinnen, alle ham mitgenommen, was sie brauchten. Wann kontrolliert wurde, wußten wir ... Das Parfüm CASINO kostete doch damals 32 Mark und die Nachfüllflasche 18 Mark ...
Oder wir schmuggelten guten Rasierschaum raus ... hmm? Mein Vater hat sich auch damit rassiert. Oder Schaumbad ... Ich hab das Zeug verkauft für'n Zehner. Die Leute war'n froh. Und ich war auch froh ... hmm?
Zwei Jahre lief das, dann hab ich im Herbst 1986 Reiner kennengelernt. Meine Freundin und ich sind mit'm Bus in die Stadt gefahren, bummeln und so. Was trinken wollten wir auch ... hmm? Und in der Mitropa kam dann 'n Besoffener an unsern Tisch. Das war Reiner. Grade aus'm Knast gekomm'. Nach 'ner Weile reicht er mir seine Brieftasche. Soll drauf aufpassen, wäre viel Geld drin!
Stimmte. 1000 Mark hatte er. Meine Freundin knöppte ihm

noch 50 Mark ab, da war se Fuchs. Jedenfalls hab ich ihm die Brieftasche zurückgegeben und gesagt, ich will nicht aufpassen. Da sagt er, ich gefalle ihm aber und soll aufpassen. Ob wir uns nicht kennenlernen wollen? Heute isser zwar besoffen, aber er hätte auch bessere Tage. Soll ihn doch mal besuchen kommen. Ich fragte, wo denn ...? Na, der hatte 'ne eigene Wohnung, eigene vier Wände ... hmm? Als ich das hörte, war's schon aus. Ich wollte ja weg. Immer schon. Doch – er sah auch gut aus, wie fünfunddreißig, hat mir gefallen ... hmm? War'n Hammer, als ich später hörte, der is schon fünfundvierzig. Aber Knast hält jung. Besonders bei den Frauen kann man das sehen. Frauen haben hier endlich ihre Ruhe.

Weil ich weg wollte, bin ich eben mal vorbeigegangen. Mein Gott, mein Gott! Die Wohnung sah aus! Katastrophal. In Tassen uralter Kaffeesatz, auf Tellern verschimmelte Essenreste, in Beuteln leere Bierpullen. Zwei große Reisetaschen waren vollgepackt mit Bierdeckeln. Dagegen war'n Saustall 'ne gute Stube.

Ich hab gesagt: Nee, hier rein komm ich nich. Er hat gesagt, dann hilf mir. Du kannst mir helfen. Willst du mir helfen?

Okay, hab ich gesagt, dann aber alles raus.

Ich wollte weg, weg von zu Hause ... hmm?

Vier Wochen haben wir die alte Tapete runtergeholt, neue geklebt, gemalert, Gerümpel weggehaun. War eine schöne Zeit, haben uns nie gestritten. Im Bett hat alles geklappt. Hab ihm erzählt, daß auch ich im Knast war. Reiner war überhaupt der erste, der mich was gefragt hat ... Nur die Tochter hab ich verschwiegen. Hatte Angst, daß er mich wieder sausen läßt. Er wollte doch auch mit mir ein Kind ... Später hätte ich bestimmt davon erzählt, wenn die Beziehung fester gewesen wäre. Aber er hat es dann von jemand anderem erfahren, auch daß ich seit Tagen die Arbeit schwänze. Da gab es den ersten Knatsch. Ich soll mein Kind holen und das mit der Arbeit klären.

Die von der Jugendhilfe hätten mir doch'n Vogel gezeigt! Wollte mein Kind auch nicht. Meine Mutter sagte, daß mir das Erziehungsrecht entzogen und meine Tochter zur Adoption freigegeben werden wird. Soll mich melden ... hmm?

Hab mich aber nicht gemeldet. Sie konnten mich auch nicht

finden. Keiner wußte ja, wo ich nun wohnte, auch der Betrieb nicht. Eingetragen war ich ja noch bei den Eltern ...
Hatte auch einfach Angst. Am ersten Tag denkt man noch, morgen gehst du aber arbeiten. Dann kommt man wieder nicht hoch, denkt aber immer noch, halb so schlimm, morgen dann ... Doch der Bammel wird größer. Schlechtes Gewissen, Horror vor der kollektiven Aussprache! Wir hatten ein gutes Verhältnis gehabt in der Brigade. Wenn ich Vorschuß brauchte, gab mir der Chef welchen. Und nun hatte ich alle in'n Arsch getreten ...
Is eben so, früh komm ich nich aus'm Knick. Manche hatten ja ihren Arzt. Da sind se hin, wenn se mal verschlafen hatten. Ich kannte kein' Doktor ... Auch hier im Knast ist das öfter so gewesen. Lag nicht nur am Alkohol. Bin einfach kein Frühaufsteher ... hmm? Jetzt müssen wir, Gott sei Dank, erst 6 Uhr 30 raus. Im Ostknast mußten wir schon 4 Uhr von den Pritschen hoch. Und vierzehn Frauen uff der Hütte! Ein Naßteil mit vier Waschbecken für vierzehn Weiber! Klos gab's auch nur zwei. Keine Wand dazwischen. Rechts ham die sich splitternackt geschrubbt, links sollte man sein Geschäft machen ... Ich konnte anfangs nicht. Ging gar nix. Fast zwei Wochen Verstopfung. Da wollten se mir'n Einlauf machen, iihh... hab ich mich gewehrt! Kriegte dann Abführpillen, hmm? Die haben sich aber nicht mit meinen andern Tabletten vertragen. Schlecht war mir, gebrochen hab ich. Gut, kam's eben woanders raus ... Irgendwann konnte ich aber, nicht früh. Um fünf war doch schon Antreten angesagt, und die Verwahrungsälteste prüfte Bettenbau und Schrankordnung. War was nicht tipptopp, mußte das noch erledigt werden. Ging alles vom ersten Frühstück ab, aber da gab's sowieso nur Brot und Marmelade. Nach der Meldung ging's ab zur Arbeit, halb neun dann zweites Frühstück, nun auch mit Wurst und Käse ... Käse war immer da ... Leberkäse, Harzer Käse, Käsequark ... Bis 15 Uhr 30 arbeiten, dann geschlossen zum Einkauf. Einschluß war 19 Uhr 30. Bis dahin konnten wir auch ins Freizeitzentrum ... Kunststricken, Seidenmalerei ... 'n Kinosaal hatten wir auch. *Dirty dancing* gesehen ...? So voll wie bei diesem Film war das Kino noch nie gewesen. Liebesfilm. Toller Film ... hmm?
Ach, das Mittagessen hab ich vergessen. Vielleicht, weil man manchmal gar nicht dazu kam. Abwechselnd durfte jedes

Kommando einmal erstes beim Einkauf sein. War'n wir die letzten, ham wir dumm aus der Wäsche geguckt, kamen nämlich gar nicht mehr dran. Manche konnten sich nicht entscheiden, mährten und mährten ... Also mußten wir in der Mittagspause einkaufen gehen. Entweder essen oder Einkauf. Hab mir vorher immer aufgeschrieben, was ich brauche ... Das Einkaufsgeld gab's nämlich lohnstufenabhängig. Meistens hatte ich 37 Mark im Monat, einmal auch bloß 5 Mark, weil ich nicht artig war, früh nicht rauskam, weiß der Teufel ...

... Jedenfalls, auch die Parfümfabrik hatte die Nase voll. Nach drei Fehlwochen kündigte mir der Betrieb fristlos. Das erfuhr ich wieder von meiner Mutter. Und nun hatten alle die Faxen dicke. Auch sie. Aber 's war gut so. Reiner wollte sowieso nicht, daß ich arbeite. Also hab ich den Haushalt geschmissen, eingekauft, saubergemacht ... Und abends hockten wir gemütlich zusammen. In die Disko wollte Reiner nicht mehr mit, wäre er zu alt für, also haben wir ferngesehen, mit zwei Freunden Karten gespielt – die Freunde waren dufte Kumpels. Und getrunken wurde auch, in Maßen, nicht in Massen. Zwei, drei Biere abends, das war's. Das macht doch jeder ... hmm?

Hab wirklich an Reiner gehangen. Hab ihn geliebt, fast vergöttert, da bringt er doch einmal seine Ex-Olle mit nach Hause. Neununddreißig Jahre war die und so was von Schlampe! Hab ich nicht verstanden. Reiner war ein sauberer, feiner Mann, wie der sich mit der überhaupt noch abgeben konnte. Ich war tück'sch! Hab meine Sachen gekrallt, bin weg.

Wollte nur weg. Bei'n Kumpel hab ich dann geschlafen. Der durfte Reiner nix stecken. War so wütend ... hmm? Die Olle war nach paar Tagen immer noch da ... hmm? Aber nach 'ner Woche ging sie ihm schon auf'n Sack, da hat Reiner angefangen, nach mir zu suchen, hat rumgefragt. Ich hab mich nicht gemeldet ... hmm? Wollte mal sehen, wer der Stärkere ist ... hmm?

Der Kumpel hat dann doch gesagt, wo ich stecke. Und Reiner ist gekommen. Geheult hat er und um Verzeihung gebettelt ... hmm? Na ja, na gut, da hab ich kein Palaver gemacht. Okay, hab ich gesagt, ich komm zurück, aber noch so'n Ding, dann ist Ruhe.

Nach'n paar Tagen kribbelt's so bei ihm. Ich hab noch nix

gemerkt, aber er ist zum Arzt. Diese olle Sau. Daß er auch noch mit der ... Die hätte ich nicht mit Handschuhen angefaßt ... hmm?
Ich mußte auch hin, logisch. Wir hatten Tripper. Peinlich, peinlich, aber nu ging's los. Ich könnte doch auch was gemacht haben ... Immerhin wär ich 'ne Woche bei dem Kumpel gewesen ...
Ich sagte: Guck dir den Kumpel doch mal an! Glaubst du, ich gehe mit so was ins Bett?
Der hatte ganz schlechte Zähne, war so abstoßend. Mit dem hätte ich nie ... hmm? Wenn ich einen Mann lieb habe, wechsle ich den nicht. Hab doch mit Reiner zusammengelebt. Wollten uns doch was aufbaun... hmm? Trotzdem gab's nun wegen dieser Sache immer wieder mal Krach. Guckte mich einer an, wurde er eifersüchtig. Ich hatte nich rumpalavert, aber er machte Theater, knallte mir auch eine, hatte am nächsten Tag 'n blaues Auge ... hmm?
Am liebsten wär ich weg. Wollte auch weg, ganz woanders hin, aber wohin denn? Wieder zu den Eltern?

Reiner hatte im Sägewerk eine Arbeit gefunden und kriegte seinen ersten Lohn. Am Zahltag wurde immer gesoffen, war Fakt. Jeder mußte da einen ausgeben, auch er. Und an dem Tag kam er lange nach Arbeitsschluß und sternhagelvoll nach Hause. Ich spielte mit den Kumpels Karten, aber Reiner wollte noch weg: Los, ich lade euch ein, wir gehn noch irgendwohin, was trinken.
So kriegste in keiner Kneipe was, sagten wir. Keiner gibt dir auch nur noch ein Bier. Wir blieben sitzen, er wollte partout gehen. Gut, hat er da gesagt, dann holen wir eben noch was. Los, Conny, anziehn und mitkommen ...
Ich hatte Geld und Schlüssel. In der Kneipe setzten wir uns an 'nen runden Tisch. Saßen auch noch andere. Der Wirt hat jeden einen halben Liter hingestellt und den Beutel mit Flaschenbier gefüllt, plötzlich rastete Reiner aus. Ich hätte jemanden schöne Augen gemacht ... hmm?
Er wußte genau, daß ich keinen andern haben wollte, aber er blieb dabei, ich hätte einen angemacht ... hmm?
Man muß doch irgendwohin gucken! Hab ich auch, aber nicht geflirtet. Wir stritten uns, und plötzlich kippte er mir sein Bier über'n Kopf ... hmm?

Da hab ich mein Bier genommen ... hmm? Nein, es war nur ein halbes und das erste an diesem Tag ... und das schüttete ich nun ihm ins Gesicht und rannte raus. Und hab geheult. Und lief zurück in die Wohnung. Und erzählte alles. Und heulte immer noch. Und hatte Angst ...

Der konnte ja nun auch nicht bezahlen. Wenn der zurückkommt, dachte ich, macht der dich kalt. Hatte ihn doch in der Kneipe lächerlich gemacht. Mir kann man ja'n Bier übern Kopf gießen, aber wenn eine Frau das bei Männern macht, ist das unverschämt, ist das was ganz anderes. Die denken doch, wir müssen uns alles gefallen lassen, glauben, Frauen wehren sich sowieso nicht ... War so aufgeregt... Ich bring ihn um, hab ich gesagt... Ich bring ihn um! Bin in die Küche, hab ein Messer geholt und auf den Tisch geknallt ... hmm?

Die beiden Kumpels wollten mich beruhigen: Nun rauch erst mal eine, und leg das Messer weg! Aber ich wußte, wenn der kommt, krieg ich mein Fett ... Hab eine geraucht ... hmm? Hab das Messer unter ein Kissen gelegt ... hmm?

Da ich den Schlüssel hatte, mußte er klingeln. Hat er auch gemacht. Reiner kam ins Zimmer, ließ Bier und Mantel fallen, das war eins ... hmm? Kam auf mich zu, zog mich an den Haaren von der Couch hoch ... Damals hatte ich noch lange Haare ... Waren nur Sekunden, da hatte er das Messer im Bauch ... da hatte ich zugestochen. Er hat's gar nicht gemerkt, zerrte mich weiter durchs Zimmer, ging alles so schnell. Die andern haben auch nichts mitgekriegt. Büschelweise lagen meine Haare rum, hatte ganz kahle Stellen auf'm Kopf ... heulte wieder, schrie ... da ließ er mich los. Weg. Nur weg ... hmm? Bin raus und weg. Wollte weg sein. Weg ... hmm?

Reiner soll noch am Fernseher rumgebastelt haben, dann ist er zusammengebrochen. Die Kumpels haben einen Krankenwagen gerufen. War nur ein kleiner roter Einstich in der Gegend vom Blinddarm, aber wär er was später ins Krankenhaus gekommen, er hätte nicht überlebt, haben sie gesagt.

Ich wußte, was ich gemacht hatte, wußte auch, daß ich gefaßt werde. Also hab ich die Polizei angerufen und gesagt: Ich hab meinen Freund angestochen ... hmm?

Wissen Sie, was die mir geantwortet haben: Gehen Sie nach Hause, und beruhigen Sie sich ... Da hab ich mich erst mal um

mich gekümmert und ein Auto angehalten. Der Mann fragte: Wie sehen Sie denn aus?
Mein Freund hat mich verdroschen, hab ich gesagt, ich muß zum Notdienst in die Poliklinik. Der Mann hat mich bis dahin gefahren, die Klinik war nämlich in der Kreisstadt. Ich hab 'ne Salbe gekriegt, eine gegen Hämatome, und dann hab ich das Buch gesehen ... hmm? Da stand schon Reiners Name ... hmm? So'n Einsatzbuch für Notdienst. Bin ich zurückgefahren – vor dem Haus war noch die Polizei –, und hab mich selber gestellt ...

Reiner hat nicht meinen Namen genannt. Aber die Kumpels haben alles erzählt. Auch, daß ich gesagt hätte, den bring ich um. Wollte ihn gar nicht umbringen, nur von mir fernhalten, ich bin doch nur so kalt geworden, weil er so fies war.
Die Polizei hat versucht, den Polizisten ausfindig zu machen, der gesagt hatte, daß ich nach Hause gehen und mich beruhigen soll. Sie haben ihn nicht gefunden. Da wurde mir untergeschoben, ich hätt'n nur erfunden, damit ich besser dastehe ... hmm? Hab ich aber nicht. Hab mich doch auch selber gestellt, bin doch gekommen. Und Reiner hat mir doch auch was getan ... hmm?

Wenn ich draußen bin, such ich mir endlich 'ne eigene Wohnung, dann Arbeit, ein gutes Kollektiv ... hmm? Und einmal richtig in Urlaub fahren will ich. Bin ja nur bis Leipzig und Berlin gewesen.
Reiner fragt heute noch nach mir. Aber jetzt hab ich Frauen gern. Kann nicht'n Leben lang falsche Männer sammeln ... hmm?
Meine Mutter hat erzählt, daß er immer wieder versucht, sie auszuquetschen. Der will wissen, wo ich bin. Aber sie darf nix sagen. Alleine will ich zwar nicht leben, weil ich nicht alleine sein kann. Aber noch mal mit'n Mann – nee! Irgendwann klappt's wieder, daß ich mich vergesse. Reiner soll mich in Ruhe lassen, auch, wenn er sich bloß entschuldigen will ... hmm? Ob er sich entschuldigen will?

Conny wird vielleicht schon wissen, was Reiner wirklich wollte. Sie ist weg, wurde vorzeitig aus der Haft entlassen. Weg zu ihren Eltern, hmm.

Das Gruppenbild: Die eine Frau lacht sich halbtot im Weinrausch. Die andere ist magersüchtig. Die dritte kotzt mit zornigem Gesicht weibliches Wollen aus, in der Hoffnung, auch das sei relevant. Da schnellt eine Hand vor, geballt zur Faust. Das erste Mal heult sie vielleicht heimlich, das zweite Mal noch. Das dritte Mal sagt sie: Was bist du nur für eine Flasche!
Danach ist sie eine andere. Danach setzt sie eine Sonnenbrille auf. Sie will nicht, daß die Leute sehen, ihr Mann ist ein Schläger.
Noch will sie den Anschein wahren.
Sie schämt sich. Sie.
Noch.

Schlagenden Männern scheint es egal, was Leute denken.

Berliner Zeitung/1992: Nach zwei Jahren Ehe fing Frank P. an zu trinken. Manchmal schlug auch er seine Frau, weil sie ihm sagte, er trinke zuviel. Sie wollte sich scheiden lassen, da fesselte er sie, schnitt ihr mit der Rasierklinge die Anfangsbuchstaben ihrer Namen in die Brust, sperrte sie nackt bei Minusgraden auf den Balkon, erhängte vor ihren Augen an der Lampe eine Katze und drohte, so werde es auch ihr ergehen, wenn sie sich scheiden ließe. In der folgenden Zeit legte er noch ein Stromkabel an ihren Körper und verabreichte ihr zwanzig Minuten lang Stromstöße; er schlug ihr noch Zähne aus, er zwang sie noch, ein brennendes Streichholz festzuhalten und holte eine Literflasche Brennspiritus. Sie pustete das Streichholz aus. Er zündete ein neues an.
20 Prozent der Frauenhaut verbrannte. Der Frauenkörper ist für immer entstellt.
Nur weil Frank P. sofort den Notarzt rief, wurde er nicht wegen versuchten Mordes angeklagt, sondern wegen vorsätzlichen Vollrausches in zwei Fällen und wegen schwerer Körperverletzung. Urteil nach BRD-Recht: 3 Jahre und 3 Monate Haft.

Einmal blieb auf der Autobahn mein Auto stehen. Ein schwerer Laster hielt an, ein freundlicher Mann stieg aus und reparierte

den Trabant. Dafür sollte ich ihm ein Essen spendieren. Ich war einverstanden, gab ihm meine Telefonnummer. Irgendwann rief er an. Wir verabredeten uns. Wir aßen gut. Ich bezahlte. Er fuhr mich nach Hause. Ich wollte mich verabschieden. Er aber war noch nicht satt, wollte mit nach oben gehen, weil es nach dem Essen doch immer noch einen Nachtisch gibt.
Ich wollte ihn nicht als Dessert. Ich sagte nein. Unmißverständlich. Daraufhin nannte er mich eine blöde Sau und stieß mich mit Fußtritten aus seinem Wagen.
Etwa eine Stunde später klingelte der Mann an der Wohnungstür der blöden Sau, streckte mir freundlich die Hand entgegen und fragte, ob ich eine Entschuldigung für sein Verhalten annähme. Ich war bereit, reichte ihm die Hand. Da riß er mich an sich, schob mich in den Korridor, trat mit dem Fuß die Tür zu, schmiß mich zu Boden, zerriß mein Kleid, meine Unterwäsche ...
Ich wehrte mich. Mit Händen und Füßen. Nein, der Mann schlug mich nicht bewußtlos. Er versuchte, meine Hände in den Griff und meine Beine breit zu bekommen. Das gelang ihm nicht. Und da ließ er ab von mir, stand auf, verschloß seine Hose und ging.
Warum war ich nicht fähig gewesen, zu schreien, um Hilfe zu rufen? Ich zeigte ihn auch nicht an. Ich fragte mich tatsächlich, was ich falsch gemacht haben könnte. Und ich schämte mich diffus.

ADN/1992: Während eines Streites hatte ein neununddreißigjähriger Mann seine Ehefrau durch Faustschläge umgebracht. Die Strafe nach BRD-Recht: 13 Monate Gefängnis, ausgesetzt auf Bewährung, weil der Angeklagte zur Tatzeit betrunken war.

Mini/1992: Eine Sekretärin kam von einer Geburtstagsfeier nach Hause. Plötzlich hörte sie Schritte hinter sich. Ein Mann drückte sie gegen die Hauswand und wollte ihr unter den Rock. Sie mußte Zeit gewinnen. In ihrer Handtasche hatte sie ein Abwehrspray, an das sie so nicht rankam. Sie sagte, auf der Straße wäre kein guter Platz für Sex.
Frauen müssen Diplomaten sein!

Der Mann war gern bereit, ihr in die Wohnung zu folgen. Im Hausflur konnte die Frau unbemerkt das Reizgas aus der Handtasche holen, und sie sprühte es dem Fremden ins Gesicht. Der Täter verklagte das Opfer wegen Körperverletzung. Sein linkes Auge war erblindet. Die Frau mußte – auch nach eingelegter Berufung – Behandlungskosten und ein hohes Schmerzensgeld zahlen.
Es gab keine Beweise für die versuchte Vergewaltigung des Täters, es gab keine Zeugen.

Ein klarer Fall: Wenn Männer versuchen, Frauen in Hausfluren zu vergewaltigen, klingeln sie vorher an allen Türen, damit sie später identifiziert werden können. Warum hat man diese gemeingefährliche Frau, die grundlos freundliche männliche Passanten mit Reizgas besprüht, nicht auch noch in eine geschlossene Anstalt gesperrt?

Einmal folgte mir nachts ein Mann von der Straßenbahnhaltestelle, an der ich ausgestiegen war, in Richtung meiner Straße. Das war noch in der DDR-Zeit, als es kein Abwehrspray, keine Schreckschußpistolen und verschließbare Haustüren nur in Neubauten gab.
Erst dachte ich an Zufall, wurde aber trotzdem schneller, weil ich mittlerweile wußte, daß ich nicht dazu in der Lage sein würde, wozu mir mein Vater einst riet ... ruckartig das Knie nach oben, wenn ...
Im Hausflur hatte er mich eingeholt: Was trinken?
Er mit mir!
Ich lehnte ab und schaffte drei Stufen. Er griff mich, schob mich gegen die Wand, noch leutselig seinen Körper an meinen. Was trinken und vielleicht ... rieb seinen Schwanz an meinen Schenkeln ...
Ich wußte noch immer nicht: Laut schreien? Unter den Armen durch. Los, mach dich frei!
Da sah ich die Landschaft seines Gesichtes ... und schon schlug er zu, der X-Beliebige, und drückte noch einmal den Mund auf mich.
Ja, ich war naß. Aus Nase, aus Mund kam Blut ...
Nun gibt es Männer, die sind sensibel. Der ganz sensible kann Blut nicht sehn.

Angewidert hat er gewischt. Er wischte mein Blut von seinem Mund. Die Haustür fiel hart in den Rahmen. Jetzt durfte ich gehn. Jetzt erst in die Knie. Setzte mich auf die kalten Stufen. Soll er nur kommen. Oder einer. Es war stockdunkel. Es war der Geruch. Ich roch es. Mein Blut ... Und sah mich als Mädchen Steinstufen wischen ...

Immer mußte ich die Kellertreppe saubermachen, jeden Sonnabend, und je tiefer es ging, je dunkler es wurde, desto lauter pfiff ich. Warum fiel mir das gerade jetzt ein?
Stockdunkel. Steinstufen. Lauschte noch einmal. Ich pfiff gar nicht mehr ...

Mini/1993: Achtzehnmal zerstach Herrmann S. die Autoreifen seiner Ex-Frau. Sechsmal warf er die Fensterscheiben ihrer Wohnung ein, terrorisierte Tag und Nacht mit Telefonanrufen. Achtzehnmal zeigte die Ex-Frau den Mann wegen Sachbeschädigung, Körperverletzung, Nötigung ... an, aber die Staatsanwaltschaft sah sich nicht in der Lage einzugreifen. Bisher lagen nur Sachbeschädigungen vor.
Immer wieder erstattete Eleonore S. Anzeigen bei der Revierwache, bat, daß man ihr helfe, den Mann einsperre. „Es gibt keine formalen Haftgründe", sagte man ihr.
Ein paar Wochen später wurde Eleonore S. von Hermann S. ermordet.

Und es ist noch nicht lange her, da terrorisierte auch mich zwei Jahre lang ein Mann – ebenfalls wieder nur, weil ich ihn abgelehnt hatte.
Er wählte meinen Anschluß in zehnminütigem Abstand, auch nachts. Er observierte, lauerte mir Tag und Nacht im Hausflur auf, verfolgte und terrorisierte auch Freunde und Bekannte. Ich öffnete nicht mehr die Tür, wenn es klingelte, ging nicht mehr ans Telefon, ließ Türspion und Türkette einbauen, kaufte Reizgas.
Fortan benutzte der Mann Nachbarkinder, die vorgaben, dringend auf meine Toilette zu müssen; er überredete fremde Männer von der Straße, die sich als Vertreter der Wohnungsbaugesellschaft und ... und ... ausgaben, während er in der Hocke darauf lauerte, wieder in meine Wohnung eindringen zu können.

Zwei Jahre lang verließ ich ängstlich das Haus und kehrte mit Angst zurück, wurde der Freiheit beraubt, sexuell genötigt ... Der Mann zerstach Autoreifen, beschädigte Sachen. Dieses Mal aber kämpfte ich mit allen zur Verfügung stehenden rechtlichen Mitteln gegen willkürliche männliche Anmaßung. Ich erstattete Anzeigen wegen Hausfriedensbruch, Körperverletzung, Nötigung, Freiheitsberaubung ... Alles verlief im Sande.

Weil man bei der Kriminalpolizei immer ein Motiv für seine Handlungen nennen muß, nannte der Täter eine zwischen uns gescheiterte „Beziehungskiste“. Ich hätte mit meinem geschiedenen Mann wieder ein Verhältnis angefangen und ihn deshalb in die Wüste geschickt.

Ich kannte den Täter zwar, aber nicht jeder, der jemanden einmal kennengelernt hat, hat mit jedem, den er kennt, eine „Beziehungskiste“.

Und: Seit 1982 bin ich von meinem zweiten Ehemann geschieden, doch er gehört weiterhin zu meinem Freundeskreis. Das aber konnte der Täter nicht wissen. Er hatte, weil er ständig mein Haus und meine Bekannten observierte, lediglich herausgefunden, daß mich auch mein Ex-Mann besuchte. Und wenn Ex-Männer Ex-Frauen besuchen, muß es entweder Mord und Totschlag geben oder eben ein neues Verhältnis.

Seine falsche Schlußfolgerung, das angebliche Motiv des angeblich verprellten, abgelegten Liebhabers, wurde somit zum besten Beweis dafür, daß er log.

Ich gab das zwar alles zu Protokoll, trotzdem stellte die Staatsanwaltschaft kein öffentliches Interesse für die Verfolgung der Straftaten des Mannes fest. Der Täter hatte eine „Beziehungskiste“ behauptet. Und die Staatsanwaltschaft ging von einer „Beziehungskiste“ aus. „Streitigkeiten zwischen Bekannten“ ...

„Nur wenn der Rechtsfrieden über den Lebenskreis des Verletzten hinaus gestört und die Strafverfolgung ein Anliegen der Allgemeinheit ist ...“, schrieb man mir.

Ich versuchte, der Staatsanwaltschaft mit mehreren Schreiben weiterhin und nachdrücklicher klarzumachen, daß es sich, weil es sich gerade um keine beendete „Beziehungskiste“ (und selbst, wenn) drehte, es sich also um einen besonders gefährli-

chen Mann handeln mußte, der durchaus den Rechtsfrieden der Allgemeinheit gefährdete, mehr als die Hälfte der Bevölkerung sind nämlich Frauen und damit wohl die Allgemeinheit. Ich erhielt keine Antwort.
Mein Anwalt führte Dienstaufsichtsbeschwerden. Daß es sich um keine „Beziehungskiste“ handelte, ging, wenn man mir schon nicht glaubte, aus Beweisstücken wie Briefen und Zetteln, geschrieben vom Täter, ging aus den Anrufbeantworteraufzeichnungen oder Tonbandmitschnitten seiner Anrufe hervor, die zum Teil Selbstbezichtigungen waren. Dies alles kannte die ermittelnde Behörde.
Und nunmehr hatte ich mich auch nicht mehr geschämt, aus dem Fenster um Hilfe zu rufen. Alle Mieter des Hauses waren Zeugen, daß mir der Mann ständig auflauerte, sich in meiner Straße, im Haus, auf den Dachboden herumtrieb. Einige waren auch Zeugen für Sachbeschädigungen an meinem Auto. X-mal hatte ich, x-mal hatten meine Nachbarn die Polizei gerufen. Ich hatte nur keine Zeugen für die Vorgänge in meiner Wohnung.
Ich wohne allein, ich arbeite zu Hause, aber ich lebe nicht allein. Doch wann nur ich in der Wohnung war, wußte der Mann genau, denn er beobachtete nachweislich mich und alle, die zu mir kamen. Er fand über Verfolgungen und Autokennzeichen heraus, wer wo wohnte, er befragte die Umgebung nach Lebensverhältnissen, er gab sich als Journalist aus und bekam unkompliziert von Leuten – auch späteren Zeugen –, er bekam sogar vom Schriftstellerverband Auskünfte über mich. Er war meine Stasi, auch wenn er aus dem Westteil Berlins stammte.
Der Kripo gegenüber bestritt er alles, brachte Gegenzeugen, die bestätigten, daß er an diesem oder jenem Tag gar nicht in Berlin gewesen sein konnte. Oder er behauptete, ich hätte ihn angerufen und es wäre eben wieder zum Streit gekommen.
Der Mann hatte weder privat ein Telefon noch eine Arbeitsstelle, wo er hätte angerufen werden können. Er war arbeitslos. Ich machte die Kripo auf alle diese Widersprüche aufmerksam, aber nichts geschah, außer daß der Mann weiterterrorisierte.
Mein Anwalt stellte einen Antrag auf Einstweilige Verfügung. Bei Zuwiderhandlung unter Androhung eines Ordnungsgeldes, ersatzweise Ordnungshaft, wurde verfügt, daß der Mann seine Belästigungen durch Worte, Handlungen oder Anstiftung Dritter zu unterlassen habe.

Der Mann verstieß gegen die Verfügung, nicht mehr täglich, nun nur noch wöchentlich. Also Antrag auf Ausspruch eines Ordnungsgeldes. Er brachte „Zeugen“, die bestätigten, daß er nicht in Berlin war.
Der Tag seiner vorletzten Tat: Ein Freund hatte gerade meine Wohnung verlassen. Kurz darauf klingelte es. Ich dachte, der Freund hätte etwas vergessen, und öffnete.
Es war nicht der Freund. „Jetzt bring ich dich um!“ Der Mann schlug die Tür hinter sich zu. Ich wollte zum Telefon. Er stieß mich weg und vor sich her ins Zimmer. Ich lief zum Fenster und schrie um Hilfe, da nahm er mich in den Schwitzkasten, zwang mich auf die Knie, kniete sich auf meinen Rücken und drückte mir die Luft ab. Eine Nachbarin hatte meine Schreie gehört, klingelte und klopfte gegen meine Tür. Da ließ er von mir ab ...

Ich war u.a. vier Wochen arbeitsunfähig, doch die Staatsanwaltschaft stellte auch hier das Verfahren ein, „weil objektive Beweismittel fehlten und die gegensätzlichen Schilderungen mangels unbeteiligter Zeugen nicht geklärt werden könnten.“
Man verwies mich auf den Weg der Privatklage. Der Anwalt reichte Privatklage ein. Der Täter wurde „begutachtet“ und für die angezeigte Straftat schuldunfähig „geschrieben“. Auch der „Gutachter“ folgte den Aussagen des Täters, daß es sich um eine „Beziehungskiste“ gehandelt , ich den Mann „betrogen“ und diese „brüske Ablehnung“ zu seiner „psychischen Destabilisierung“ geführt habe.
Während der Täter bisher behauptet hatte, ich hätte mich von ihm „getrennt, weil ich wieder mit meinem Ex-Mann ein Verhältnis angefangen hatte“, stand nun im Gutachten ein neuer vom Täter angegebener Trennungsgrund: Jetzt hatte ich mir „einen jungen Liebhaber genommen“.
Niemandem wollte irgend etwas auffallen, obwohl der Gutachter den Täter andererseits als „verwirrt“, „konfus“, „neurotisch gehemmt“ und „psychopathologisch“ auffällig einschätzte.
Hätten sich Ermittler oder Gutachter die Mühe gemacht, wirklich zu ermitteln, hätten sie die raffinierte Vorgehensweise des Täters feststellen müssen. Man kann psychopathologisch auffällig sein und trotzdem wissen, daß man etwas Unrechtes tut.

Das Täter-„Gutachten“ bekam ich „freundlicherweise“ vor der Verhandlung zugesandt, wohl, damit ich noch rechtzeitig die Aussichtlosigkeit in der Durchsetzung meiner Rechte und Ansprüche einsehe.
Bei einer Privatklage muß der Kläger die Kosten tragen, wenn er verliert. Da der Erfolg der Klage wegen des Gutachtens nun aussichtslos war – ich hätte neben den bereits gezahlten Anwalts- und Gerichtskosten auch noch die Kosten für Verhandlungstermine tragen müssen – zog ich die Klage zurück.
Das Honorar für den Anwalt des Täters mußte ich trotzdem zahlen. Die Kosten für das Täter-Gutachten sollte ich auch tragen. Die wurden dann aber von der Staatskasse übernommen.
Ich wandte mich an den Petitionsausschuß. Der teilte mir nach Monaten mit, daß die Staatsanwaltschaft fehlerlos gearbeitet habe.

Männliche Täter haben Verbündete: Männer.
Ich hatte auch Verbündete: *selbstverständliche* Männer. Aber in so einem Fall können auch diese nichts ausrichten, es sei denn, sie wären ebenfalls gewaltbereit.
Ob einem Staatsanwalt schon einmal von einer Frau im Hausflur aufgelauert wurde und er sich sexuell motivierter Übergriffe erwehren mußte?
Ob schon einmal eine Frau in die Wohnung eines Richters eingedrungen ist, um Zweisamkeit zu erzwingen?
Ob schon einmal auf einem Gutachter eine Frau kniete, die ihm die Luft abdrückte?

Berliner Zeitung/1994: Ein betrunkener Bürger „nervte“ an einem schönen Sonnabend abend Beamte des Cottbusser Polizeipräsidiums. Innerhalb von zwei Stunden rief er unter Angabe seines Namens und seiner Adresse vierzigmal den Notruf an. Die Beamten fühlten sich *terrorisiert.* Der Bürger wurde in *Gewahrsam* genommen.

Das Gruppenbild liegt vor mir auf meinem Schreibtisch. Mittendrin ich. Ich gebe zu Protokoll, ich hätte meinen bisher letzten Täter auch gern in Gewahrsam, mindestens in ärztlicher, wenigstens therapeutischer Obhut gesehen.

Ich gebe weiter zu Protokoll, nach meiner Klagerücknahme hat der Täter weitergemacht. Noch zwei Anzeigen meinerseits für beweisbare Taten seinerseits folgten. Die Ermittlungen wurden eingestellt.

Ich gebe zu Protokoll, auch ich hätte den Mann umbringen, mindestens schwer verletzen können ...
Einmal, als er wieder gegen meinen Willen in meine Wohnung eingedrungen war, konnte ich ein Messer greifen. Ich hatte vorher gerade gegessen. Die Utensilien lagen noch auf meinem Küchenbuffet. Ich hielt ihm das Messer entgegen. Und siehe da, so bekam ich ihn aus dem Korridor und aus der Wohnung. Er rannte weg. Er hatte Angst, nicht vor mir, vor dem Messer, denn er kam ja wieder, nur ein bißchen „schlauer".
Beim nächsten Mal hielt er mich sofort umklammert. Er wolle doch wirklich nur ein bißchen mit mir ... und nur reden und ... Nun wurde auch ich Diplomatin! Ich fragte ihn, wenn ich schon mit ihm zusammensein müsse, ob wir es uns dann nicht wenigstens gemütlich machen und einen Tee trinken wollen.
Er wollte, blieb allerdings immer an meiner Seite, damit ich weder zum Fenster laufen konnte, um nach Hilfe zu rufen, damit ich weder aus der Tür noch erneut an ein Messer gelangen konnte.
Ich setzte Wasser auf. Ich gab Teebeutel in zwei Tassen. Ich stellte Zucker bereit und holte Kaffeesahne aus dem Kühlschrank. Der Mann fühlte sich sicher und glaubte mich in seiner Hand.
Als das Wasser kochte, hielt ich ihm den Kessel entgegen. Das Wasser würde ich über ihn schütten, wenn er nicht augenblicklich verschwände ... Wieder ergriff der Mann die Flucht ...
Ich hätte ihn mit dem Messer niederstechen und mit dem Wasser verbrühen können.
Er ist davongekommen. Er hat Glück gehabt.

Das Gruppenbild liegt vor mir. Mütter, die ihre eigenen Kinder töteten, hatten etwas gemeinsam.
Frauen, die ihre Neugeborenen umbrachten, hatten etwas gemeinsam.
Und auch jene Frauen, die ihren Partner töteten oder mit der Tötung zu tun hatten, verbindet etwas:

Diese Frauen töteten nicht wahllos Männer, wie Männer wahllos und doch gezielt Frauen töten, vergewaltigen oder terrorisieren.
Diese Frauen töteten wirklich ihre „Beziehungskisten". Sie hatten mit den Männern gelebt, erlebten oft über lange Zeit männliche Gewalt, und an ihrer Tat beteiligt war Alkohol.
Berliner Pils ist wieder der Renner!
Alkoholkranke kosten jährlich 4,5 Milliarden Mark.
Der echte Gorbatschow ist eisgekühlt der beste!
Die Zahl alkoholabhängiger Bundesbürger wird von Experten auf 2,5 Millionen geschätzt, davon sind 70 Prozent Männer. Weitere 5 bis 6 Millionen Angehörige von Alkoholkranken sind direkt von dieser Problematik betroffen.
Das ist doch einen Asbach Uralt wert ...!

Gewalt und Alkohol – eine männliche Domäne. Aber irgendwann hatte es angefangen, da tranken die Frauen mal einen mit, damit er nicht zuviel trinkt; damit seine Fahne besser zu ertragen ist; damit nicht alles so weh tut, sie besser schlafen oder fliegen können ... Irgendwann vertragen auch Frauen einen Stiefel wie Marilyn Monroe und Elizabeth Taylor. Wie Hella B. Gisela E. ...
Irgendwann verwachsen Tag und Nacht, Gut und Böse. Irgendwann werden die blonden Zöpfe abgeschnitten, die hellblauen Kleidchen mit den Rüschen verbrannt. Rien ne va plus. Zahn um Zahn. Auge um Auge. Alkoholisiert fühlen sich auch einige Frauen „mannhaft" und schlagen zurück.
Aber kann es das sein?

Verwaltet oder besorgt die Frau ihr Haus nicht gut, sagt Salomon, behebt sie nicht ordentlich alle Mängel, ist die Frau also durch den Mann nicht in sittlichen Gehorsam zu bringen, wird sie leichtfertig Böswilliges und Hinterlistiges tun, und der Herr wird das schwer an ihr rächen.

7 Von Frauen, die Fremde töteten

Nur in 5 Prozent der gesamten weiblichen schweren Gewaltdelikte gingen Frauen gegen Fremde vor. Das war in der DDR wie in der BRD der Fall. Doch auch die Statistik des Bundeskriminalamtes unterscheidet nicht zwischen männlichen und weiblichen Tätern. Nur Kindestötungen nach § 217 und Abbrüche der Schwangerschaft nach § 218 werden gesondert ausgewiesen. Aus anderer Fachliteratur aber habe ich Zahlenmaterial entnehmen können, so daß ausgehend von den Gesamtjahresstatistiken errechnet werden konnte, wie die weibliche Beteiligung an Mord- und Totschlagsdelikten (ausgenommen Sexualmorde und Schwangerschaftsabbrüche) war: 1987 – 339 Täterinnen, 1988 –323, 1989 – 307, 1990 – 309, 1991 – 304.

Bei 5 Prozent weiblicher Gewalt gegen Unbekannt töteten Frauen in der BRD (bei ca. 62 Millionen Einwohnern) von 1987 bis 1991 pro Jahr statistisch vorsätzlich 15,8 Fremde.

In der DDR gab es durchschnittlich pro Jahr 132 Tötungsdelikte gemäß der §§ 112 und 113 (Mord und Totschlag), davon weibliche Täter:
1985 – 51, 1986 – 27, 1987 – 46, 1988 – 18, 1989 – 19.
In diesen Zahlen ist die Tötung Neugeborener (leider nicht extra ausgewiesen) ebenfalls enthalten.
Statistisch töteten DDR-Frauen von 1985 bis 1989 (bei ca. 16,5 Millionen Einwohnern) pro Jahr vorsätzlich 1,6 fremde Menschen.

Der Fall Manu F.

In Besonderheit das Gruppenbild.
Besondere Mädchen. Besondere Behandlung. Besondere Aufmerksamkeit. Besondere Bewachung.
In der Bildmitte besondere Frau. Oder noch Kind?
Besonders aggressiv. Besonders besonders gewalttätig.
Besonders durchsichtig, schmächtig, zart das kleine Mädchen. Eigenwillig steht es da. Blasses Gesicht umrahmt von rotem

Wuschelhaar. Trägt ein Nachthemd mit blaßrosa Blüten. Spitze an den Ärmeln. Tränen auf der Wange. Wuttränen.
Mittagsruhe ist, aber das Kind will nicht ruhig werden. Aufgedreht packt es seine Sachen und läuft in Richtung Bildrand. Es kann oder will nicht tun, was die anderen fordern. Und ist erst fünf Jahre alt. Und schlägt um sich. Und will immer weg. Immer wollen alle weg. Müssen sich ausrennen. Halten nicht inne.

Besondere Zeit. Besondere Zustände. Besonders aggressives Mädchen Manu.
Eine besondere Situation das ganze Leben von Manu. Die außergewöhnliche Situation in der besonderen ist immer die Gefängniszeit.
1990. Verunsicherte Beamte, deshalb besonders freundlich. Ängstliche Beamte, deshalb besonders großzügig. Fürchten plötzlich die Zukunft, die Inhaftierten hoffen auf sie.
Nicht alle, aber die meisten glauben an Generalamnestie. Klettern auf Gefängnisdächer. Fordern Urteilsüberprüfungen. Legen die Arbeit nieder, nach der sie sich bald sehnen werden. Kohl heißt der neue Prophet. Manu baut auf ihn, obwohl sie genau weiß, daß man auf nichts bauen soll.

Manu baute auf nichts und niemanden. Noch nie. Doch jetzt sieht auch sie ein Licht am Ende des Tunnels. Nein, bis zum Jahre 2001 wird sie nicht sitzen müssen. Jetzt gibt es endlich Gerechtigkeit. Sie wird ein Wiederaufnahmeverfahren bekommen. Hat ja nur in Notwehr gehandelt. Sitzt schon lange genug dafür, seit Oktober 1986. Aber das war politisch. Das werden die sehen ...

Was hat sie getan, angestellt, verbrochen?

Wäre sie damals nach'n Westen rübergemacht, hätte sie viel Geld abkassiert für die Story und für die Informationen. Aber sie sind nicht rübergemacht ... Sind umgekehrt. Saßen schon in Lobenstein in Thüringen. Grüne Grenze. Kneipe. Sperrgebiet. Sind aber wieder zurück, ab nach Leipzig. Ab in die Großstadt. Auf dem Bahnhof hat die Transportpolizei dann Markus geschnappt, nicht sie, nur ihn. Sie hätte durchaus noch abhauen

können. Weg. Sich verpissen. Untertauchen. Aber die Fahndungsfotos waren schon in allen Zeitungen. Hätte sich in Luft auflösen müssen ...
Einer verpfeift immer. Einer hätte sowieso verpfiffen. Hat sie halt gewartet, daß Markus sie verpfeift. Ist sie stehengeblieben auf dem Bahnhof und hat auf die Transportpolizei gewartet.
Sind Sie Manu?
Weiß nicht.
Sind Sie Manu?
Vielleicht? Vielleicht auch nicht.
Sind Sie nun Manu?

Manu weiß nicht, ob sie Manu ist. Manu weiß nicht, wer sie ist. Das jedenfalls zeigen ihre über Jahre in die Strafvollzugsakten gehefteten Bittstellungen oder Anträge auf Verlegung, eine andere Arbeit, Zigaretten ...
Sie war „frech", aber entschuldigte sich für ihr freches Verhalten. Sie war „aggressiv", aber bittet um Vergebung für ihre Aggressivität gegenüber Bediensteten. Sie hatte wohl keine Zigaretten mehr, aber entschuldigt sich für ihre Sucht nach Zigaretten.
Manu sagt, daß sie diese Schriebse nie ernst gemeint hat. Jetzt kann sie das sagen. Heute darf man fast alles sagen, besonders das, was man gestern nur gedacht hat. Früher hätte sie für so was, wäre ein Anscheißer in der Nähe gewesen, wieder eine Strafe bekommen. Manu hat zeitig begriffen, wie man sich verhalten muß, um zu erzwingen, was man braucht.
Was braucht ein Mensch? – „Liebe und Zigaretten."

Die Bediensteten schätzten wiederholt ein, daß ein Mensch ein Verhalten braucht. Manu verhielt sich nicht. Manu nahm Kontakt durch Toilettenbecken zu anderen Inhaftierten auf. Manu blieb trotz Weckruf liegen. Manu gab dumme Antworten ... Sieben Tage Arrest. Und noch mal Arrest. Und keine Zusatzverpflegung. Und Überlegungen zu härteren Maßnahmen. Mitinhaftierte hatten mitgehört und Bericht erstattet, daß Manu auf Staat und Regierung geschimpft hat.

Manu sagt über Manu: „Ich bin verdammt gewöhnlich und ordinär, aber das muß man sein, sonst erreicht man nichts. Sieh mal Ivonne. Die hatte seit Tagen Schmerzen im Bauch. Denkste, die wurde zum Arzt gelassen ...! Wenn was ist, wird man ihr schon helfen, haben die im MED-Punkt gesagt. Da bin ich hin. Da hab ich Anlauf genommen und gebrüllt: Du alte Ratte, wenn das nichts wird, ich schlitz dir 'n Ranzen auf, du blöde Sau! Komisch, da ging's. Plötzlich ging alles."

Was hat Manu angestellt, verbrochen, getan?

Manu sagt über Manu: „Ich kenne meine Eltern nur flüchtig. Die haben mich ins Heim gegeben, weil sie mit mir nicht klargekommen sind. Keine normale Familie! Nee, stinknormal! Arbeiter. Noch eine kleinere Schwester. Die war aller Liebling. Ich nicht. Ich sollte nur gute Leistungen bringen, nicht aufmüpfig sein, brav und ruhig. War ich aber nicht. Hab um mich geschlagen oder bin abgehaun. Vier, fünf Jahre war ich, und ab ging's durch die Mitte in den Wald, Pilze sammeln oder auf'n Friedhof, auch nachts ... im geblühmten Nachthemd."

Mit sechs Jahren schon wurde Manu in ein Spezialkinderheim für schwererziehbare Kinder gegeben und mit Tabletten und Schlaftrünken lahmgelegt. Manchmal „mußte" sie auf Urlaub nach Hause, riß aus, flüchtete, wurde gesucht, eingefangen, abgeliefert. Nach dem Kinderheim Jugendwerkhof. Dort lernte sie Textilreinigungsfacharbeiterin. Dort schlug sie mit sechzehn das erste Mal zu.
Manu schlägt einen Erzieher zusammen!
Manu schlägt einen Mann, weil er „ungerecht" war.
Manu erinnert sich nicht mehr an die Ungerechtigkeit.
Sechs Monate geschlossener Jugendwerkhof folgten. Danach, mit achtzehn, wurde sie in die „Freiheit" entlassen. Zu den Eltern. Nach Hause mußte sie. Das war die größte Strafe.
Die Mutter besorgte Manu schnell eine Wohnung. Es ging nicht zusammen unter einem Dach. Aber was nutzt eine Wohnung, wenn man keinen Bock auf Arbeit hat. Manu heiratet einen zehn Jahre älteren Mann „aus'm Milljö".
„War'n prima Kerl. Hat nicht geschlagen, hat Zeug rangeschafft. War wirklich ganz lieb. Wir wollten ein neues Leben anfangen, haben einen Antrag auf Ausreise gestellt, haben getrunken, uns 'ne schöne Zeit gemacht, nur - war ich draußen, war er drinne."

Was hat sie getan, angestellt, verbrochen?

Bis Manu zwanzig ist, „fährt“ sie immer mal wieder für ein paar Monate „ein“ wegen asozialen Lebenswandels, Hehlerei, Diebstahl. Das Mädchen kennt einige DDR-Haftanstalten, viele Spritsorten und jede Menge Tabletten, die betäuben. Textilien reinigen lag ihr nicht, also reinigte sie keine. „Bin ich ganz ehrlich. Wenn ich kein Geld hatte, hab ich geklaut ... Das war eben so ...“
Nach zwei Jahren Ehe trennten sich Manu und ihr Mann als Freunde. Manu wurde aus der Haft in die Hauptstadt entlassen und „wiedereingegliedert“. Das bedeutete: ein Hinterhofzimmer mit Ausguß, Außenklo und eine Arbeit in der Textilreinigung. Doch was Manu nicht liegt, tut sie nicht.

Was hat sie getan? - „Hab'n Alten kaltgemacht!“

Manu sieht aus wie Schneeweißchen, nur ihr Haar ist nicht ebenholzgleich, sondern ein roter Wuschel. Sie hat lange, schmale Hände, gefeilte Fingernägel, große klare Augen, hohe Wangenknochen. Knapp fünfundzwanzig Jahre alt ist sie, und ihr Körper wirkt sehr zerbrechlich.
Als sie wegen Mordverdachtes und der Gamma-Alkoholiker Markus wegen des Verdachtes auf Beihilfe zum Mord 1986 verhaftet wurden, war sie ein „leichtes“ Mädchen, wog nur sechsundvierzig Kilogramm.
Ihr Opfer war schwerer, ein vierundfünfzigjähriger, ausgewachsener, starker Mann mit starken Händen ...
„Wahrscheinlich Minister“, sagt Manu. „Das werd ich noch rauskriegen. Das wird sich jetzt aufklären. Die haben ja so ein Geheimnis drum gemacht. In der Verhandlung wurde zur Person des Opfers nichts gesagt. Die Öffentlichkeit wurde ausgeschlossen. Zeugen mußten einen Schriebs unterschreiben. Schweigepflicht.“

Manu glaubte an nichts und niemanden. Noch nie. Doch jetzt sieht auch sie ein Licht am Ende des Tunnels: Ivonne.
Ivonne und Manu bewohnen im Knast eine gemeinsame „Hütte“. Besondere Behandlung. Besondere Aufmerksamkeit jetzt. Besondere Situation. Ein wenig menschlicher. Zwei Frauen dür-

fen eine Zelle teilen, gemeinsam essen, zusammen schlafen ... Besondere Mädchen?
Besonders gewalttätig besonders Manu. Ivonne nicht. „Ivonne ist der Anlaufpunkt für viele inhaftierte Frauen, weil sie so besonnen, weil sie so ruhig ist."
Manu liebt deshalb Ivonne. Und Ivonne sagt, sie liebe Manu. Nur - wie das alles weitergehen wird, wissen die beiden nicht. Ivonne sitzt nicht mehr lange ein, noch ein paar Monate, dann ist sie in Freiheit, dann hat sie ihre Scheckbetrügereien gesühnt. Was dann aus Manu wird ...?
„Nein, bis zum Jahre 2001 wird Manu nicht sitzen müssen", sagt Manu. „Jetzt gibt es endlich Gerechtigkeit." Sie wird ein Wiederaufnahmeverfahren bekommen. „Habe ja nur in Notwehr gehandelt ..." Sie wird rauskommen. Jedenfalls nicht so lange sitzen, wie sie verurteilt wurde. Die Akten sind schon weg. War ein politisches Delikt. Sie habe kein System mehr gesehen. Als der Alte sie antatschte, war ihr alles egal. Jetzt jedenfalls werden Gesetze eingehalten. Wegen Notwehr 15 Jahre, pü! Lebenslänglich war beantragt. Aber sie hat nur aus einem Konflikt heraus gehandelt. Hat sich nur gewehrt. Das wird nun alles aufgerollt. Gerade weil der Alte beim Ministerrat war. Das interessiert doch jeden. Und nun wartet sie. Und dann arbeitet sie draußen ihre Schulden ab. Das geht doch jetzt – pauschal arbeiten. Draußen kann man doch jetzt immer eine Arbeit finden. Sie arbeitet pauschal, zahlt ihre Schulden ab, und dann lebt sie mit Ivonne.

Manu hat viele Schulden. Mietschulden, Energieschulden. Die trauernde Geliebte des ehemaligen Ministerratsangehörigen hat Manu auch einiges Geld in Rechnung gestellt: Pflegegeld für die Grabstätte, Gießgebühren, Rechnungen für Trauerbekleidung und Trauerstrauß, Rechnungen für Telefongespräche ...

Manu wartet nun auf öffentliches Interesse. Ein bißchen ruhiger ist sie geworden, durch Ivonne. Manu wird nur noch verrückt, wenn sie Ivonne mit andern Mistweibern stehen sieht. Den ganzen Tag hat sie heute das Weibsstück gesucht. Die ist einfach früh abgehaun und hat nicht gesagt, wohin! Hat sich nicht gekümmert um Manu. Manu kümmert sich doch auch um Ivonne. Da muß doch Ivonne sich auch um sie kümmern ...

Aber dauernd hing die bei dem Viehzeug rum. Wird sie zur Sau, die Manu, hat sie sogar geheult, weil sie wütend war. Hat sie sich vom MED-Punkt Tabletten geholt und sogar Tabletten geschluckt. Hat sie jede Menge Glimmstengel gequarzt ... Verrückt ist sie fast geworden ... Aber Prügel hat's keine gesetzt. Sie schlagen sich nicht wie das andere Viehzeug, Kroppzeug, Gesocks ... Sich am Tag kloppen und nachts gemeinsam ins Nest kriechen, nee, das gibt's bei ihnen nicht. Sie wissen, sie können sich aufeinander verlassen, da kommt auch kein Bulle ran, da sind sie eine Einheit. Manu mag man nicht, aber Ivonne. Und weil man Ivonne mag, läßt man Manu in Ruhe. Ivonne weiß, daß Manu bisher kein Leben hatte. Wie auch. Nur im Heim, nur im Knast ... keine Liebe, kein Vertrauen, nichts ... Jetzt ist es die Erfüllung. Manu empfindet endlich auch im Bett was. Das ist verrückt. Noch nie war sie so weg. Ivonne brauch sie bloß anzufassen. Das ist Liebe. Das ist wirkliche Liebe ...
Einmal nur hat Manu einen Mann gern gehabt. Ihr Ehemann war bloß'n Kumpel gewesen, aber den Manne hat sie geliebt. War'n Ex-Bulle und auch im Knast gewesen. Hatte seine Frau und die kleine Stieftochter im Suff verwichst. Bei dem hatte man durchgegriffen. Bullen mußten ja Vorbild sein. Also Anzeige, Anklage wegen Körperverletzung. Haft. Scheidung. Danach haben sie sich zusammengeschmissen.
Am Anfang war auch alles bestens ... Manu hat gearbeitet. In der Textilreinigung! Manne hat als Fleischer gearbeitet. Sie hat ihm ihr Geld gleich am Zahltag hingelegt. Sie haben sich einen Fernseher gekauft und Möbel. Auch 'ne Waschmaschine war dann da. Man hat gesehen, daß sie sich was geschaffen hatten, ja. Fast ein Jahr haben sie so gelebt. Sind weggefahren. Haben Ausflüge gemacht. Nur manchmal ist Manne ausgerastet. Manchmal hat Manne gesoffen. Und Manu auch. Und dann verprügelte Manne Manu. Aber sie nahm ihm das nicht übel, wenn er mit dem Schlüsselbund auf sie einschlug oder ihr mit dem Messer drohte. Am nächsten Morgen hatte er sowieso alles vergessen. Und um Verzeihung gewinselt. Er meinte ja alles nur gut. Manne wollte Manu doch nur ändern ...
Manne hatte über seinen Vater, der ein „Bullenspitzel" gewesen sein soll, rausgekriegt, daß Manu öfter im Knast als draußen gewesen war. Manu hat das bestätigt. Manne hat sich immer mehr darüber aufgeregt. Manne hat sich auch beklagt, daß sie

den Haushalt nicht so schafft. Wie soll sie so was auch können? Sie war doch immer nur in staatlichen Zellen, wurde geweckt, kriegte Essen vorgesetzt, wurde dahin geschickt und dorthin. Nie hat sie doch was alleine machen müssen, war immer alles vorgeschrieben ...

Eines Tages hatte Manu dann eben die Schnauze gestrichen voll. Sie wollte Manne zeigen, daß er nicht alles von ihr verlangen kann. Entweder er liebt sie mit ihren Fehlern oder nicht.

„Da bin ich auf die Straße gegangen. Manne stand oben auf'm Balkon. Ich runter zu einem Bekannten aus'm Nachbarhaus. Der bastelte an seinem Motorrad rum. Ich sagte ihm, los küß mich jetzt, der soll alles sehen."

Manne hat alles gesehen, aber nichts gemacht. Da ist Manu rauf, hat ihre Sachen gepackt, und ab ging's. Ist sie wieder zurück in ihr Hinterhofzimmer.

Besondere Zeit. Besondere Zustände. Besondere Situation nach einer Liebe ohne Leidenschaft. Manu klaute sich Schnaps. Manu klaute sich einen Kassettenrecorder. Manu trank und schluckte Tabletten. Manu litt und heulte wegen Manne. Manu drehte Musik auf und litt und trank und schluckte Tabletten. Manu entschloß sich abzuhauen. Egal wie, nur weg. Manu trieb sich auf Bahnhöfen rum. Manu lernte Markus kennen. Markus hatte sich selbst Postanweisungen geschickt. Vier Mark eingezahlt und 400 Mark abgeholt. Hinter Markus war man her. Markus mußte untertauchen wegen Urkundenfälschung und Scheckbetrug ... Also half Manu, gewährte ihm Unterschlupf. Zu ihr wären keine Bullen gekommen. Hätten alle Angst vor ihr gehabt, glaubt Manu. Also habe man auch Markus nicht gefunden.

Manu und Markus besorgten sich, was sie brauchten, vor allem „Stoff". Manu und Markus wollten nun beide nach dem Westen und dachten sich einen Fluchtplan aus. Grüne Grenze. Vielleicht übern Harz. Vielleicht übern Brocken? Oder war Thüringen besser?

Markus ist Gamma-Alkoholiker. Manu ist auch ein Nichts. „Wer kümmert sich schon um solches Viehzeug." Muß man zusehen, wie man zurechtkommt. Geld brauchen sie, das ist wichtig. Knete braucht jeder. Also müssen sie was verscherbeln. Manu und Markus nehmen den geklauten Kassettenrecorder

und gehen zum „Weltbahnhof". Dort gibt es immer Chancen, etwas loszuwerden. In der Mitropa stärken sie sich erst einmal, und da weht ihnen der Zufall einen „herzensguten Menschen" an den Tisch. „Alter Zausel, grauhaarig und gutmütig" aussehend.
Der alte Zausel fragt, ob Manu aus'm Knast kommt. Der interessiert sich doch wirklich für ihr Schicksal. Der will was über die Eingliederungsmaßnahmen des sozialistischen Staates wissen. Der gibt einen aus und ist besonders neugierig auf Manus Wohnverhältnisse. Vielleicht kann er für sie was drehen! Vielleicht hat er Beziehungen und kann was ausrichten! Erst mal müßte er sehen, wie Manu wohnt. Ja, er müßte mit zu ihr nach Hause, um sich mal einen Eindruck zu verschaffen ...
Immerhin hat der Alte ein Parteiabzeichen am Aufschlag. Immerhin ist das Parteiabzeichen ein Zeichen für Staat. Ein Parteiabzeichen ist der Garant für ehrliche Absichten. Ein Parteiabzeichen flößt Vertrauen ein. Der Träger eines Parteiabzeichens wird das Zeichen seiner Mitgliedschaft nicht beschmutzen ... Ein Parteiabzeichenträger liebt den Staat, den Sozialismus und die Menschen, er ist gut und übt Solidarität ...

Was ist Liebe? „Jedenfalls hat ein Männerschwanz damit nichts zu tun. Rumflirten und so schon, aber wenn einer über mich rüber ist, nee, wenn einer sich ausgezogen hat, war's vorbei. Wann ist er fertig? Wann geht er runter? Ekelhaft war das. Der Alte war auch ekelhaft. Stoff hat er gekauft und dann sind wir nach Hause zu mir. Wir haben in der Küche noch den Wein geleert. Markus ist am Tisch eingeschlafen, und ich hab dem Alten die Wohnung gezeigt. Sind in die Schlafkammer. Der Alte legt sich auf mein Bett, zieht sich seinen Pullover aus, ich setz mich auf den Nachtschrank ... da zieht der mich auch schon auf sich. Ich schlag ihm gleich mit der Faust ins Gesicht ... War froh, daß sich einer kümmern wollte, und nun das ... haben uns schön unterhalten und dann das ... Vierundfünfzig war der Knacker und wollte fummeln ... Da kam Markus rein. Ist wach geworden durch den Krach. Ich saß auf dem Alten und hab ihn gewürgt, bin aber wieder runter. Markus ist raus und kam mit der Axt zurück, schlug auf Unterbauch und Beine ein ... Blut quoll aus dem Mund. Der Alte hat mir dann Geld angeboten. Ich soll ihn in Ruhe und gehen lassen, er gibt mir 1000 Mark.

Hat mich wie eine Nutte behandelt, bin ich noch wütender geworden. Hatte auch Angst, daß er uns anzeigt. Wenn der zur Polizei gegangen wäre, wem hätte man da geglaubt? Dem Alten hätte man geglaubt, der war Genosse. Wir hätten nicht den Mann, sondern das Abzeichen angegriffen ...
Hatte große Angst. Mußte an mein Überleben denken. Mußte mich wehren, der war ja schon schwer verletzt. Und da drückte ich zu, mußte an mich denken, erwürgte ihn ... sah kein Land mehr, war mir alles egal, wurde zum Tier ..."

Manu und Markus untersuchten die Aktentasche des Toten, fanden einen Betriebsausweis, lasen: Mitarbeiter beim Ministerrat der DDR. Fanden 1000 Mark Bargeld. Verließen die Stadt Richtung grüne Grenze mit dem Beil, dem Bargeld und einem Teil der Kleidung des Toten.
Manu wurde zu 15, Markus zu 12 Jahren Freiheitsentzug bei 10jähriger Aberkennung der bürgerlichen Rechte nach dem Strafgesetzbuch der DDR verurteilt.
Manu glaubt noch immer, daß es ein politisches Delikt hätte werden können und der Westen viel Geld dafür ausgespuckt hätte. Sie hätte erzählt, daß der Alte ein Spitzel und angesetzt war auf alle möglichen Leute. Über Jahre hätte sie ihn getroffen und Informationen bekommen. Der Westen wäre interessiert gewesen, ausgeliefert hätte der sie nicht. Reichlich Knete wär rübergekommen. Sie wären zu verschiedenen Stellen gegangen und hätten abkassiert. „Was wissen die denn von uns? Wer kann was nachprüfen?"

Besonders aggressiv. Besonders besonders gewalttätig.
Besonders durchsichtig, schmächtig, zart das kleine Mädchen. Eigenwillig steht es in der Mitte des Bildes. Blasses Gesicht, umrahmt von rotem Wuschelhaar. Trägt ein Nachthemd mit blaßrosa Blüten. Spitze an den Ärmeln. Tränen im Gesicht. Wuttränen – wegen der Generalamnestie. Sie hat daran geglaubt. An Kohl geglaubt. An Gerechtigkeit geglaubt ... Was weiß Manu vom Leben? Wann hat sie Erfahrungen sammeln können?
Besondere Zeit. Besondere Zustände. Besondere Situationen. Manu ist noch heute im Strafvollzug und Ivonne lange entlassen.

Einmal durfte Manu auf Urlaub zur Freundin fahren. Besondere Zeit, besondere Situation. Manu kam nicht wieder. Nach Manu mußte gefahndet werden.
Manu wurde gesucht und aufgegriffen. Manu wurde umverlegt in einen Westvollzug und erhielt vorerst keine Vergünstigungen mehr. Sie führte sich gut bis zum nächsten Urlaub, dann flüchtete Manu wieder. Wieder Fahndung. Wieder Festnahme, diesmal nicht bei Ivonne. Ivonne liebt Manu nicht mehr. Oder Manu liebt nicht mehr Ivonne.

Der Fall Krüger

Der Tag ist noch jung und hellblau. Ein wunderschöner Julitag des Jahres 1983. Die Rosen der Vorgärten stehen in voller Blüte und tragen noch Tautropfen. Einige der Laubenpieper, meistens Leute im Rentenalter, die die Sommer auf ihren Grundstücken verbringen, werkeln schon an ihren Schuppen, beschneiden Hecken oder ernten die letzten Erdbeeren für das Frühstück. Es geht gegen halb acht.
Auch die achtundsechzigjährige Marie Krüger hat bereits ihre Morgentoilette beendet. Sie zieht eine Kittelschürze über, setzt ihre Zahnprothese ein, nimmt ihre Gehstützen und läuft in die Küche, um das Frühstück zuzubereiten. Ihr Mann, ein paar Jahre älter, fragt nach der Uhrzeit. Marie Krüger antwortet nicht. Sie ist schwerhörig und früh gealtert. Im Kopf tickt alles noch wie ein Sekundenzeiger, aber die Gelenke wollen nicht mehr so recht. Sie ist in ihren Bewegungen stark eingeschränkt, hat Atembeschwerden, auf einem Auge wegen Arcus senilis verminderte Sehkraft, und die Beine sind durchs Rheuma stark verformt. Trotzdem kann sie noch den Haushalt besorgen, kocht täglich für sich und ihren Mann, fummelt sogar mit im Garten herum.
Frau Krüger balanciert Schritt für Schritt das Tablett mit dem Geschirr auf die Terrasse. Muß sich beeilen. Zum Frühstück wird eine Verwandte des Mannes aus Westberlin erwartet. Zweimal jährlich kommt sie in den Osten zu Besuch, ansonsten fahren sie rüber zu der alten Dame. Können als Rentner ja reisen und sich das auch leisten. An nötigem Kleingeld fehlt es nicht. Der Mann bezieht eine West-Rente, etwas über 500 harte

Mark, dazu seine Ost-Rente von 470 Mark und ihre von 320 Mark. Da geht es ihnen wirklich gut. Wenn sie bedenkt, daß sie ohne ihren Mann nur mit kärglichen 320 Pimperlingen im Monat auskommen müßte ... So können sie sich von drüben mitbringen, was sie brauchen, oder sie kaufen sich mit Forumschecks im Intershop, wonach ihnen der Sinn steht. Manchmal tauschen sie auch eins zu vier auf dem Schwarzmarkt. In der Küche ist hinter dem Spiegel der Notgroschen Ost versteckt: 12 000 Mark. Und in der Waschküche sind sicher 6 000 Westmark verwahrt. Sie weiß zwar, wo, aber an das Geld darf sie nicht ran, macht alles ihr Mann. Doch er ist großzügig, gibt ausreichend Kostgeld, sorgt sich um sie, wenn sie bettlägerig ist. Sie kann sich eigentlich nicht beklagen ...

Karl Krüger kommt an den Frühstückstisch. Pünktlich 8 Uhr 30 fährt das Taxi vor, und die alte Dame aus Westberlin steigt aus. Sie hat ein paar Geschenke mitgebracht. Die Krügers packen sie aus, dann wird gefrühstückt.

Der Tag verläuft wie immer, wenn man sich trifft. Es wird von alten und neuen Zeiten geredet, dazwischen gibt's die Mahlzeiten, bis wieder ein bestelltes Taxi vorfährt.

21 Uhr 30 hält ein Taxifahrer den Herrschaften die Wagentür auf. Karl Krüger begleitet seine Verwandte wie stets bis zum Übergang Friedrichstraße und will mit dem Taxi auch gleich wieder zurückfahren.

Marie Krüger steht hinter dem Gartentor und winkt den beiden nach. Als sie sich hinunterbeugt, um das Tor zu verschließen, hört sie eine Frauenstimme. Ob sie Rosen verkaufe? Das sei ja ein so wunderschöner, gepflegter Garten. Die Fremde sagt, sie würde auch gern so einen haben, hätte noch kleine Kinder, das wäre doch was für Gören ...

Marie Krüger lehnt den Verkauf ihrer Rosen ab. Es ist halb zehn! Nachts macht man doch keine Geschäfte mehr! Es wird gleich dunkel sein ... Sie verschließt das Gartentor und geht ins Haus. Auf den Mann will sie nicht warten. Sie ist geschafft und müde. Weil sie aber trotzdem nie richtig durchschlafen kann, nimmt sie zwei Schlaftabletten der Marke Benedorm ein, schreibt ihrem Mann einen Zettel, daß er nicht böse sein soll, sie sei schon zu Bett gegangen.

Gegen 23 Uhr wird Frau Krüger wach, weil sie Wasser lassen muß. Da bemerkt sie, daß ihr Mann nicht neben ihr liegt. Sie

geht zuerst zur Toilette, ein Plumsklo außerhalb des Sommerhauses, dann schaut sie auf die Terrasse, weil sie glaubt, daß ihr Mann in der Sitzecke hockt und noch einen schnasselt. Aber ihr Mann ist auch dort nicht zu finden. Im Nachthemd sucht sie den Garten ab. Karl Krüger ist nirgendwo.
Marie Krüger setzt sich in die Küche und wartet. Immer unruhiger wird sie. Karl kommt und kommt nicht. Sie zieht sich die Kittelschürze übers Nachthemd, nimmt den Gartentorschlüssel mit, gelingt den Weg hinunter, will das Tor von innen aufschließen, geht nicht, von außen steckt der Schlüssel ihres Mannes ...
In panischer Angst schaut sie sich um, sieht in den Rosenhecken neben dem Eingang etwas Helles liegen, kümmert sich aber nicht darum, will sich nicht kümmern, diese unheimliche Angst läßt es nicht zu. Hastig zieht sie den steckenden Schlüssel ab, schließt mit ihrem Schlüssel das Tor von außen zu und läuft so schnell sie kann zur Nachbarlaube: „Mein Mann liegt im Garten“, sagt sie.
Der Nachbar beruhigt Marie Krüger, will gucken gehen, erhält von ihr den Torschlüssel, kommt zurück und sagt: „Sieht nicht gut aus. Wir müssen einen Arzt und die Polizei rufen.“

Karl Krüger war, nachdem er sich vom Übergang Friedrichstraße mit demselben Taxi hatte zurückfahren lassen und er sein Grundstück betreten hatte, auf diesem mit mehreren brutal ausgeführten Schlägen mittels eines stumpfen, schweren Gegenstandes ermordet und beraubt worden.
Karl Krüger war mit einer mausgrauen Hose bekleidet, die ein leichtes Muster hatte, mit einem Camping-Hemd, weiß mit Streifen. Er trug Hosenträger, schwarze Schnürhalbschuhe, weißes Unterhemd, schwarze Turnhose, seinen goldenen Ehering, eine goldene Armbanduhr, ein Portemonnaie mit etwa 100 bis 200 Mark, ein Vergrößerungsglas, ein Taschenmesser und den Reispaß. Die goldene Uhr und das Portemonnaie fehlten. Im Haus fehlte nichts.

Die Kriminalpolizei leitet ein Ermittlungsverfahren gegen Unbekannt ein wegen des Verdachtes auf Raubmord.
Marie Krüger, die Rentnerin, plötzlich Witwe, erhält einen neuen Status, den einer Zeugin. Sie lieferte für oben geschilderten Verlauf des Tattages ihre Fakten.

Für die Kriminalpolizei beginnt eine mühsame Kleinarbeit. Das Motiv der Tat scheint klar, aber es gibt wenige objektive Spuren. Die Tatwaffe fehlt. Am Opfer fanden sich keine Hinweise, die auf seine Gegenwehr, also auf Kampf mit dem Täter schließen lassen. Damit sind auch die Hoffnungen auf Indizien – wie Haare, Hautfetzen, Fasern –, die den Täterkreis hätten einengen können, passé. Bleiben nur die Beobachtungen der Nachbarn, Verwandten, Bekannten, müssen jene winzigen Kleinigkeiten gesammelt werden, die dem normalen Bürger nicht erwähnenswert scheinen, aber der Kripo vielleicht den Ansatz einer Spur liefern könnten.
Viele Fragen sind offen, und auch die Zeugen müssen erst noch gefunden werden, die eine Antwort haben. Wer kennt den Sommersitz der Krügers? Wer hat welche Beobachtungen am Tattag gemacht? Wer hat Karl Krüger und seine Verwandte mit dem Taxi wegfahren und ihn zurückkommen sehen? Wer wußte von dem West-Besuch? Wer hat vom Vermögen der Krügers gewußt? Wer hat mit Karl Krüger Devisen gegen Ostmark getauscht? Welche Personen wurden wann in der Nähe des Grundstücks der Krügers oder auf ihm beobachtet? Und und und ...

Die Zeugin Marie Krüger, verwitwet:
Die ehemalige Produktionsarbeiterin, geboren 1915, war mit neunzehn schwanger gewesen, heiratete noch während ihrer anderen Umstände nicht den Vater des späteren Sohnes, sondern einen Bekannten und ließ sich ein halbes Jahr danach wieder scheiden, weil nun der Vater des Kindes, der Mann ihrer Schwester, auch frei war.
Marie ging mit dem sechzehn Jahre älteren, ehemaligen Schwager ihre zweite Ehe ein, obwohl sie den Mann nicht liebte. 1938 bekam sie ihr zweites Kind von ihm, die Tochter Hilde. Sechzehn Jahre dauerte die Ehe, dann ging der Mann fremd: Scheidung.
Zwei Jahre später heiratete Marie wegen einer Zuzugsgenehmigung einen zwanzig Jahre älteren Onkel und Rentner, weil der in Berlin wohnte und sie nach Berlin wollte. Es war eine beiderseitig wissentlich eingegangene Vernunftehe, die vier Jahre dauerte, dann starb der Mann.
Ein Jahr später erneute Heirat, sechs Jahre Ehe mit einem Trunkenbold, Scheidung.

Zwei Jahre danach wieder Abgabe des Jawortes. Auch diese Ehe dauerte wegen Alkoholmißbrauchs des Gatten nur zwei Jahre, dann erfolgte eine Trennung.
Marie war mittlerweile fünfzig Jahre alt geworden und lernte in einer Tanzgaststätte den Witwer Karl Krüger kennen. Noch im selben Jahr wurde geheiratet. Karl Krüger hatte wie Marie zwei erwachsene Kinder. Weil seine beiden Töchter mit seiner Eheschließung nicht einverstanden waren, hatte er rigoros den Kontakt zu ihnen abgebrochen. Mit Maries Sohn überwarf er sich gleich zu Anfang der Beziehung dermaßen, daß er unmißverständlich auch dem das Betreten seines Grundstückes untersagt hatte. Und die Stieftochter Hilde wollte er schon gar nicht kennenlernen. Er verbot auch Marie jeglichen Kontakt, weil Hilde straffällig geworden war: 1965 Diebstahl und unbefugte Kfz-Benutzung; 1966 Betrug und Urkundenfälschung; 1968 Verurteilung zu 2 Jahren 6 Monaten Haft wegen schweren Raubes; 1972 Verurteilung zu 2 Jahren 8 Monaten auf Bewährung wegen Diebstahl und Hehlerei; 1975 Verurteilung wegen asozialen Lebenswandels, Antritt der Haft noch im selben Jahr und Verbüßung auch der ehemals zur Bewährung ausgesetzten Strafe bis 1979. In den siebzehn Jahren gemeinsamer Zeit hätten sie, sagt Marie Krüger, also nur noch familiären Kontakt zu der Verwandten aus Westberlin gepflegt.

Frage: Wußte jemand von dem Vermögen und den Aufbewahrungsorten für das Geld? Wer hat mit Karl Krüger Devisen getauscht?
Antwort: Niemand wisse von dem Vermögen, und von seinen Geschäften durfte nicht mal sie, seine Frau, was wissen. Sie habe mal mit ihrer Frisöse Geld getauscht ... Aber wirklich nur ... nein, zweimal habe sie getauscht, aber nur ein paar Mark ... Na, 100 West gegen 400 Ost und dann noch mal 150 West gegen 600 Ost.
Mit Tochter Hilde verkehre sie seit Jahren nicht mehr. Ihr Mann habe ja den Kontakt verboten. Nur manchmal habe sie Hilde beim Frisör getroffen und für die Enkel Schokolade, Seife, Kaffee mitgebracht, auch mal 10 oder 20 Mark West oder einen Forumscheck gegeben ... Die Tochter kenne ihren Stiefvater gar nicht.
Auf dem Grundstück sei nur mal der Nachbarsohn gewesen,

habe die Fernsehantenne gerichtet, dann habe ein Feierabendarbeiter das Dach geteert und den Zaun gestrichen, alles gegen Bezahlung, versteht sich ... Nein, sie könne sich nicht vorstellen, wer zu so einer Tat imstande wäre. Weitere Fremde, die sich dem Grundstück genähert oder es betreten hätten, könne sie nicht nennen!

Frage: Und was ist mit jener Frau, die am Tattag, nachdem das Taxi mit Mann und der Verwandten wegfuhr, nach Rosen fragte? Ach, die! Die sei etwa dreißig Jahre alt gewesen, hundertfünfundfünfzig Zentimeter groß, dunkler, knielanger Rock, helle Bluse, keine Brille, gutes Deutsch. Ihr wäre, als hätte die eine Umhängetasche getragen. Wiedererkennen ...? Nein, bestimmt nicht.

Die Zeugin Hilde Müller, Tochter der Marie Krüger:
Einen Tag, nachdem sie vom Untersuchungsorgan erfahren habe, daß der Mann ihrer Mutter verstorben sei, sagt Hilde Müller, fünfundvierzig Jahre, wäre sie mit ihrer ältesten, hochschwangeren Tochter Regina zum Grundstück der Mutter gefahren, um ihr beizustehen und zu helfen ... Nein, auch ihr sei die Tat unerklärlich.
Frage: Woher wußten Sie, wo das Grundstück des Karl Krüger liegt?
Hilde Müller fragt sich, wußte sie das denn? Fragt sich weiter, ob sie überhaupt mal dort gewesen war? – Natürlich, einmal muß sie ja dort gewesen sein, 1975 vielleicht, auf alle Fälle mit der damals neunjährigen Tochter Rita wegen Obst. Sonst nicht mehr. Sie war ja dann in Haft bis 1979, und deshalb habe Karl Krüger den Kontakt untersagt. Seitdem hätte sie die Mutter nur hin und wieder beim Frisör getroffen und manchmal von ihr Schokolade, Kaffee oder 10 Mark in Forumschecks geschenkt bekommen.
Frage: Keine Devisen in bar?

Tage und Wochen sind seit der Tat vergangen. Die Kripo hat viele Hinweise und Beobachtungen der Nachbarn ausgewertet, aber bis jetzt noch keine heiße Spur aufnehmen können. Es gibt nur kleine Widersprüchlichkeiten in Zeugenaussagen, aber dem Anschein nach sind auch die nicht von Belang.

Die Zeugin Hilde Müller:
Haben Sie Ihrer bisherigen Aussage noch etwas hinzuzufügen? Hilde Müller hatte zu erwähnen vergessen, daß Hilde Müller doch Devisen in bar von der Mutter bekommen hat, mal 10, mal 20 Mark ...
Frage: Warum haben Sie das nicht gleich gesagt?
Antwort: Vergessen!
Frage: Und was haben Sie am Tattag zwischen 20 und 24 Uhr gemacht?
Hilde Müller war zu Hause in ihrer Wohnung gewesen, hatte mit der großen Tochter Regina Äpfel eingeweckt. Eine Nachbarin müßte gesehen haben, wie sie zur Mülltonne ging, drei- oder viermal Schalen ausschütten ... so etwa ab 20 Uhr.
Ihr Ex-Mann, Willi Müller, war auch anwesend gewesen, voll wie 'ne Natter, ging dann so gegen 20 Uhr 30 ins Kinderzimmer schlafen. Dort schlief schon der Kleine, ihr gemeinsamer Sohn, ein Jahr alt.
Die große Tochter sah dann fern, „Lolita" hieß wohl der Film. Der Ex-Mann war gegen 22 Uhr 30 wieder aus dem Kinderzimmer gekommen. Sie hatten dann zu dritt noch eine Flasche Wein getrunken, wobei die hochschwangere Tochter nur ein Glas zu sich nahm, danach waren alle ins Bett gegangen: Sie mit Ex-Mann auf die Doppelbettcouch im Wohnzimmer, und die Große schlief im Kinderzimmer. Eigentlich hat sie eine eigene Wohnung, die aber ist noch nicht eingerichtet. Und weil jeden Tag die Wehen einsetzen können, wohnt sie eben bis zur Entbindung bei ihr ...

Der Zeuge Willi Müller, Ex-Mann von Hilde:
Willi Müller ist Hildes siebter geschiedener Ehemann, achtundvierzig Jahre alt, hat mit ihr einen gemeinsamen Sohn, an dem er sehr hängt.
Hilde lebt eigentlich nur mit dem Kleinen und einer vierzehnjährigen Tochter zusammen, die zur Zeit aber in den Ferien ist. Er ist sehr häufig bei Hilde, obwohl sie geschieden sind.
Von den zwölf Kindern Hildes kennt er nur noch die älteste, Regina, die jetzt schwanger ist. Die anderen Kinder sind zum Teil in Heimen aufgewachsen und nun sowieso alle groß.
1979 hat er Hilde kennengelernt. Sie war geschieden, er war auch geschieden und hielt sich wegen der Einsamkeit fast täglich in der Gaststätte auf, wo sie als Küchenhilfe tätig war.

Im gleichen Jahr haben sie dann geheiratet, am selben Tag wie die große Tochter Regina. Nach der Eheschließung aber gingen Hilde und die Große, deren Mann jetzt in Haft sitzt, kaum noch arbeiten. Beide hatten aus seiner Tasche gelebt. Es gab dann oft Zoff, deshalb Scheidung zwei Jahre später. Trotzdem ist er wieder hin, hat Hilde finanziell unterstützt, brachte auch immer mal ein Geschenk mit, weil sie ihm nach wie vor die Wäsche wusch und alles in Ordnung hielt. Er war dann immer öfter bei ihr, hat auch dort mitgegessen und geschlafen. Intime Beziehungen wollte sie nicht mehr, da war sie eisern. Aber es war gut so, er hatte wenigstens ein geregeltes Leben. Als Weichenreiniger verdiente er 500 Mark, davon mußte er einen Kredit abzahlen für Waschmaschine und Kühlschrank, das waren 110 Mark monatlich, den Rest hat sofort Hilde bekommen. Die Geräte stehen auch bei Hilde. Hilde hat irgendwie alles im Griff. Er will auch weiter bei ihr bleiben, wegen des gemeinsamen Sohnes und weil er nicht verlottern möchte.
Eine richtige Familie kennt er nicht. Als er dreizehn war, ist seine Mutter ungesetzlich nach Westdeutschland verzogen, er wuchs dann bei den Großeltern auf. Später flüchteten auch sein Vater und die Schwester, er hat hier nur noch einen Bruder, sieht den aber selten. Er selbst fand seinen Weg bei der Kasernierten Volkspolizei, die dann Nationale Volksarmee wurde. Nach zwölf Jahren entließ man ihn in Ehren als Oberfeldwebel, danach arbeitete er als Instrukteur, Brandschutzbeauftragter, Beifahrer. Weil er Obst und Gemüse verschoben hat, mußte er wegen Diebstahls sozialistischen Eigentums 11 Monate in Haft. Seine damalige Frau trennte sich von ihm, weil sie im Ministerium beschäftigt war. Ein vorbestrafter Mann und Ministerium vereinbarten sich nicht ... Und da hat er halt dem Alkohol zugesprochen, auch weil seine Wohnverhältnisse beschissen waren. Er bekam nach der Haft nur ein dunkles, kleines Zimmer ...
Karl Krüger kennt er überhaupt nicht. Und die Witwe, also die Mutter von Hilde, hat er nur mal flüchtig gesehen. Einmal besuchte Frau Krüger Hilde in ihrer Wohnung. Er war auch anwesend gewesen, aber Hilde hatte ihn nicht als Ex-Mann vorgestellt, sondern als Handwerker, Herr Meier.
Am Tattag hielt er sich auch bei Hilde auf. Er hatte den Kleinen gewaschen, Essen gegeben und ins Bett gebracht - das macht

mal Hilde, mal macht er es. Die große Tochter weckte Äpfel ein, der Fernseher war an ... Ein Film lief... „Gloria“ hieß der. Ob im DFF oder ARD weiß er nicht mehr ... Hilde machte Abendbrot. Er verzog sich dann ins Kinderzimmer, waren ja zwei Frauen für die Hausarbeit da. Dort trank er heimlich fünf Flaschen Bier und drei Pullis Wodka, das sind diese Fläschchen. Ein Doppelter ist wohl drin. Hilde sieht nicht gern, wenn er trinkt, sie schimpft immer, deshalb trinkt er manchmal heimlich.
Nach dem Trinken ist er eingenickt, hat etwa bis 22 Uhr 30 im Kinderzimmer gelegen, dann ist er aufgewacht und rausgekommen in Turnhemd, Turnhose und Hauslatschen. Sie tranken noch gemeinsam Wein, er nur zwei Gläser, aber schnell hintereinander, weil er so einen Brand hatte. Sie unterhielten sich noch ein bissel, dann klappten sie die Couch aus und gingen schlafen ...
Das Grundstück von Marie und Karl Krüger kennt er nicht. Er weiß gar nicht, wo das liegt. Er war noch nie in dieser Gegend.

Die Witwe Krüger:
Mir ist eingefallen, daß mein verstorbener Mann öfter junge Männer zum Trinken eigeladen hatte. Es gab immer Westschnaps... Doornkaat oder so was ... Ich sollte nie jemandem von unserem vielen Geld erzählen, sonst würde uns noch jemand eins übern Kopf hauen, aber er hat bei solchen Gelegenheiten immer geprahlt und damit angegeben ...
Nein, die Männer kenne ich nicht ... Im Sommer hat Karl hier auf der Terrasse getrunken, im Winter waren wir ja in der Stadtwohnung. Jaja, das stimmt ... da ging er öfter mal in Kneipen ... wurde auch schon mal nach Hause gebracht.
Gestern waren zwei fremde Männer vorm Grundstück, riefen übern Zaun: Na, Omi, wo ist denn Vati? Nein, ich kannte die nicht ... Waren etwa dreißig Jahre alt ... Vielleicht Nachbarschaft ... weiß nicht, ob ich sie wiedererkennen würde ...
Frage: Eine Zeugin hat ausgesagt, daß Sie vor einem Jahr Ihre Koffer gepackt hätten und Ihren Mann verlassen wollten. Desweiteren hätten Sie sich in der Wohnung dieser Zeugin mit Ihrer Tochter getroffen. Sie sagten, im letzten Jahr hätten Sie nur Kontakt zu ihr beim Frisör gehabt. Wie erklären Sie sich das?
Antwort: Mein Mann trank in den letzten Jahren immer öfter einen über den Durst, und dann schimpfte er ... Er triezte mich ... Er sagte, daß das alles sein Geld sei und ich nur auf seine

Kosten leben würde ... Ich hatte mir überlegt, ihn zu verlassen, ja ... Er antwortete, daß ich ihn sowieso nicht verlassen könnte, wie wolle ich denn von 320 Mark Rente leben?
Er triezte mich auch im Bett ... Schon nach drei Jahren Ehe hab ich mich geweigert, mit ihm Geschlechtsverkehr durchzuführen. Er war sehr egoistisch. Ich war nie befriedigt. Er hat sich immer erst selber erregt, dann sein Glied eingeführt, ist sofort gekommen, und der Verkehr war beendet. Hab ich nicht mehr mitgemacht, hab mich geweigert. Da hat er von mir verlangt, daß ich ihn wenigsten anfasse oder Mundverkehr mache. Wenn er betrunken war, mußte ich ihn immer anfassen und bis zum Erguß onanieren. War so eklig, hat oft so lange gedauert, war so anstrengend. Einen Tag vor dem Tattag hat er auch Mundverkehr verlangt. Ich bin aus dem Bett raus und in den Garten, er hat deshalb noch mal zur Flasche gegriffen, und ich habe gewartet, bis er genügend Alkohol getrunken hatte und eingeschlafen war. Erst dann bin ich wieder ins Bett, war wenigstens Ruhe ... Sonst hat er mich immer noch beschimpft, wenn ich das nicht gemacht habe ... krepier, du Aas! So was muß man vernichten! Bist nicht wert, daß dich die Erde trägt ...
Ja, vor einem Jahr wollte ich weg, aber Karl hat ja nicht immer getrunken, gab ja auch schöne Zeiten ... Mit der Tochter habe ich mich bei der Nachbarin getroffen, weil Winter war, weil wir wieder in der Stadtwohnung lebten. Und dort war doch auch Karl. Der hatte aber den Kontakt zur Tochter verboten.
Frage: Ein Zeuge berichtet, daß er von Ihnen eingige Tage vor dem Besuch der Verwandten aus Westberlin, also einige Tage vor dem Tattag, den Auftrag erhalten habe, dringend Ihrer Tochter einen Brief zuzustellen. Er habe den Brief noch am gleichen Tag übergeben müssen. Was stand in dem Brief?
Antwort: In dem Brief hatte ich liebe Grüße an sie und die Enkelkinder ausgerichtet.

Die Tochter der plötzlich verwitweten Marie Krüger war nach dem Tod des Karl Krüger nun häufig auf dem Grundstück der Mutter. Sie verkauften gemeinsam Kleidung des Karl Krüger, auch Handwerkszeug wie Bosch-Hammer oder Bosch-Säge ... Hilde sagte aus, daß sie bisher ihren Lebensunterhalt von dem übergebenen Geld ihres Ex-Mannes bestritten habe. Der verkaufe auch täglich nach Feierabend noch auf dem Alexander-

platz „Bambuskeulen“, gemeint sei Schilfrohr, Einnahmen: 80 bis 100 Mark. Und jetzt würde die Mutter sie mit Geld unterstützen.
Frage: Was haben Sie nach dem Tod des Karl Krüger an Zuwendungen von Ihrer Mutter erhalten?
Antwort: Einmal 1600 Mark, dann irgendwann noch einmal soviel und weitere kleine Geldbeträge ... Ein Steppbett, Lampe Haushaltsgegenstände, Forumschecks ...
Meine große Tochter erhielt auch etwa 5000 Mark, davon hat sie sich für ihre neue Wohnung eine Küche und ein Schlafzimmer im An- und Verkauf besorgt ... Mein Ex-Mann erhielt nichts.
Frage: Sie fehlten seit Mitte des Jahres unentschuldigt in der Gaststätte „Sonne“, wo Sie als Küchenhilfe tätig waren. Weshalb fangen Sie jetzt plötzlich wieder zu arbeiten an?
Antwort: Meine Mutter hat kritisiert, daß ich nicht arbeiten gehe. Ich sollte mich erst wieder bei ihr blicken lassen, wenn ich eine Arbeit habe. Für meine Mutter würde ich durchs Feuer gehen. Es gibt nichts, was ich nicht für sie tun würde.
Frage: Haben Sie noch den Brief, den Sie ein paar Tage vor der Tat von Ihrer Mutter erhalten haben?
Antwort: Nein, hatte ihn nur kurz aufbewahrt, dann weggeschmissen. Standen nur Grüße drin.
Frage: Sie fuhren nicht erst zwei Tage nach dem Tod Karl Krügers zum Grundstück der Mutter, sondern Sie wurden dort bereits am nächsten Tag gesehen. Wie erklären Sie sich das?
Antwort: Hab ich durcheinandergebracht. Die Kripo war früh bei mir, und ich bin noch am Nachmittag, das stimmt, gegen 16 Uhr 30 mit einem Taxi bis vor das Nachbargrundstück gefahren, hab aber gesehen, daß alle Fenster verschlossen waren, schlußfolgerte daraus, daß meine Mutter nicht da ist, bin wieder weg.
Frage: Weshalb fuhren Sie nur bis zum Nachbargrundstück und nicht bis zu dem Grundstück Ihrer Mutter?
Antwort: Vor ihrem Grundstück steht doch immer ein Bus.
Frage: Wenn Sie nach so vielen Jahren zum erstenmal wieder dort waren, woher wissen Sie dann, daß dort *immer* ein Bus steht?
Antwort: Mit *immer* mein ich an dem Tag ...

Der Zeuge Willi Müller:
Frage: Ihre Ex-Frau behauptet neuerlich, daß am Tattag abends eine Freundin, die Zeugin Lehmann, zu Ihnen in die Wohnung zu Besuch gekommen sei. Wann war das?
Antwort: Weiß ich nicht, aber Hilde sagte, so gegen 22 Uhr 30. Ich habe ja geschlafen.
Frage: Sie sagten, Sie hätten 22 Uhr 30 das Kinderzimmer verlassen. Die Zeugin hat aber nur Ihre Frau und deren große Tochter gesehen. Wie erklären Sie sich das?
Antwort: Ich war aber da, nur im Kinderzimmer. Ich habe geschlafen, aber meine Sandalen standen im Flur. Die hätte Frau Lehmann doch sehen müssen!
Frage: Frau Lehmann hätte *Sie* sehen müssen. Angeblich ist sie bis 23 Uhr 30 geblieben? In dieser Zeit wollen Sie mit Frau Müller und ihrer großen Tochter Wein getrunken haben!
Antwort: Ich weiß auch nicht. Frau Lehmann soll ja nur kurz dagewesen sein.

Die Witwe Marie Krüger:
Frage: Kennen Sie Frau Lehmann?
Antwort: Nein.
Frage: Was sagen Sie zu der Zeugenaussage, daß Frau Lehmann in Begleitung Ihrer Tochter und Ihrer Enkelin am Soundsovielten nach der Tat gemeinsam mit Ihnen auf Ihrem Grundstück gesehen wurde?
Antwort: Jetzt fällt mir ein, daß Frau Lehmann einmal da war, ich glaube, sie hat sich Bettwäsche mitgenommen ...

Nach dreimonatiger Ermittlungsarbeit, unzähligen Befragungen und deren Auswertungen verdichtete sich ein Verdacht. Die Zeugen Marie Krüger, Hilde Müller und Willi Müller bekamen einen anderen Status – den von Beschuldigten. Alle drei wurden in Untersuchungshaft genommen.

Die Beschuldigte Hilde Müller:
Also gut, ich bin jetzt bereit, die Wahrheit zu sagen ... Am Tattag haben mein Ex-Mann und ich gegen 19 Uhr 30 noch eine Flasche Wein getrunken. Gegen 21 Uhr verließ mein Ex-Mann die Wohnung, um Zigaretten zu holen. Er kam aber erst gegen 23 Uhr wieder, erzählte, daß er noch in einer Kneipe war. Wir

gingen dann schlafen, er aber war unruhig und wachte immer wieder auf ...
In dieser Nacht sagte er mir schweißgebadet, daß er auf dem Grundstück meiner Mutter war und etwas mit meinem Stiefvater gemacht habe. Die Adresse von dem Grundstück habe er auf meinem Küchenschrank liegensehen ... Er wollte, daß ich ihn decke, deshalb hab ich bisher gelogen. Er drohte mir, daß er mich mit hineinzieht ...
Frage: Wie können Sie sich erklären, woher Ihr Ex-Mann wußte, daß Karl Krüger genau um diese Zeit mit dem Taxi nach Hause kommen würde, zu der auch Ihr Ex-Mann am Grundstück war?
Antwort: Keine Ahnung.
Frage: Zeugen haben ausgesagt, daß Sie und Ihr Ex-Mann am Tattag gemeinsam zwischen 19 und 20 Uhr Ihre Wohnung verließen, was sagen Sie dazu?
Antwort: Wer das sagt, der lügt. Es stimmt nicht. Zur fraglichen Zeit war ja noch meine Freundin, Frau Lehmann, in unserer Wohnung zu Besuch. Die hat doch schon bestätigt, daß ich zu Hause war.

Der Beschuldigte Willi Müller hatte unter seinen Kollegen selbst verbreitet, daß ihm die Kripo den Mord an dem Stiefvater seiner Ex-Frau anhängen wolle, und fand das lustig. Jetzt aber will er nichts als die Wahrheit sagen.
Seine Ex-Frau habe ihn, wenn sie von den Frisör-Treffen mit der Mutter kam, ständig damit genervt, daß der Mann die Mutter nur quäle, daß er viel randaliere, drei Flaschen Schnaps die Woche trinke, ihr drohe, daß er sie totschlage, und daß die Frau das nicht mehr lange aushalte. Die alte Frau hätte ihm leid getan. Nein, er kannte weder sie noch deren Mann. Er wisse nur, daß die Mutter sich nicht scheiden lassen wollte, wegen des Geldes. Auch noch ein Jahr nach dem Tod des Mannes hätte sie dessen West-Rente weiter bekommen. Ob auch Witwenrente, hätte sie noch nicht so genau gewußt.
Vor etwa einem Jahr habe seine Ex-Frau ihn bearbeitet, er solle Gift besorgen, habe doch mal in einem agrar-chemischen Betrieb gearbeitet.
Erst sei er nicht drauf eingegangen ... habe drumherum geredet. Hilde hätte ihn immer wieder gepiesackt, bis er in einer Droge-

rie „Mucks“ gekauft habe, ein Insektengift. Er habe das Etikett abgelöst und die Flasche seiner Frau hingestellt, damit er Ruhe hat. Wußte ja, daß das Gift unschädlich ist.
Die Mutter hätte dann aber die Gift-Variante fallenlassen, weil das Mittel so auffällig gestunken habe und ausgeflockt sei.
Seitdem habe ihn Hilde aber immer wieder damit gequält, daß man sich was anderes einfallenlassen müßte, aber er sei ja sowieso zu feige dazu. Immer wieder habe sie das gesagt. Du bist ja zu allem zu feige!
Hilde habe von der Mutter 2 000 Mark Belohnung für den verlangt, der es macht ... Ihm sei von vornherein klar gewesen, daß er von diesem Geld nie etwas sieht. Er habe auch nichts bekommen, nur eine Bosch-Bohrmaschine. Leihweise.
Etwa zehn Tage vor der Tat habe er von Hilde den Tatplan erfahren. Er habe den Mann ja gar nicht gekannt, auch nicht gewußt, wo das Grundstück liegt. In einem Brief habe die Mutter das Datum und die Zeiten genannt, wann der Westbesuch kommen und wieder gehen würde. Den Brief selbst hat er nie gesehen ... Am Tattag habe Hilde nur gesagt: Heute ist es soweit. Machst du es nun oder nicht?
Sie verließen gegen 19 Uhr 30 die Wohnung. Der Großen sagten sie, daß sie spazierengehen würden. Erst fuhren sie mit der Bahn, das letzte Stück liefen sie dann Richtung Grundstück, cirka 700 Meter, blieben bei den Telefonzellen stehen, weil Karl Krüger und die Verwandte gerade in das Wolga-Taxi stiegen. Als sie weggefahren waren, gingen sie zum Gartentor, besser gesagt, Hilde ging vor und sagte der Mutter: Willi macht's.
Dann winkte Hilde ihn ran. Die Mutter sagte: Ich laß das Gartentor auf. Sie ließ es auf und ging ins Haus. Er hockte sich hinter den Rosenhecken hin. Es war ja schon dunkel. Als Karl Krüger mit dem Taxi vorfuhr, holte er das Beil aus dem Jeansbeutel. Das hatte er sich aus dem Keller der Wohnung mitgenommen.
Krüger klinkte am Tor und fluchte: Hat das alte Miststück doch wieder das Tor aufgelassen. Als Krüger sich bückte, um von innen abzuschließen, schlug er zu. Krüger fiel um und auf den Rücken, stöhnte so unwahrscheinlich, da schlug er noch mal zu ... Krüger stöhnte wieder ... und noch einmal holte er aus ...
Das Beil steckte er gleich wieder ein. Er nahm Armbanduhr und Portemonnaie und lief Richtung Bahn. Hilde war nicht mehr

da, obwohl sie versprochen hatte zu warten. Sie war bereits mit einem Taxi nach Hause gefahren. Er kam dort gegen 23 Uhr 30 an. Die Große ging gleich ins Bett. Er zeigte Hilde die Sachen. Und dann sind Hilde und er noch mal los, um das Beil wegzuschmeißen. Er kann die Stelle zeigen.
Nein, er habe keine Vorteile aus dieser Tat gezogen, auch keine erhofft. Wollte nur mit Hilde zusammenbleiben, habe Angst gehabt, daß er wieder verlottere, deshalb habe er sich drauf eingelassen und den Vorschlag gemacht, alles wie einen Raubmord aussehen zu lassen. Die goldene Armbanduhr des Herrn Krüger befinde sich zu Hause in einer Jackettasche, das Protemonnaie habe er in einen Gulli geworfen, die 80 Mark, die drin waren, habe Hilde bekommen. Einen Tag nach der Tat, weil er Schilfrohr verkaufen sollte, aber keines verkauft hat, habe er so getan, als wären das die Einnahmen gewesen.
Vorteile hätten nur Hilde und die große Tochter. Als er nach der Tat mal Obst von Frau Krügers Grundstück abholen sollte, fragte die, wofür er das Geld denn nun verwenden würde? Er solle keine großen Sprünge machen und nicht so oft in die Kneipe gehen ... Wovon denn? Das Geld habe Hilde bekommen, ihm aber davon nichts gegeben ...
Frage: Haben Sie Beschwerden zur Vernehmung oder Unterbringung in der Untersuchungshaft?
Antwort: Zur Vernehmung keine. In der Kaltverpflegung gäbe es manchmal Küchenschaben, und er habe während der 5 Monate Untersuchungshaft bisher keine Gelegenheit gehabt, seine Decken auszustauben.

Die Beschuldigte Marie Krüger:
Ich klagte meiner Tochter mein Leid über meine Ehe. Und da machte Hilde mir mehrere Vorschläge, brachte auch einmal einfach Gift mit zum Frisör ... Hab es probeweise in eine Tasse Tee geschüttet, aber es roch so stark. Ich warf es in den Müll. Aber meine Tochter fing immer wieder damit an. Irgend etwas sollte meinem Mann passieren ... Wie? Was? – Keine Vorstellung ... Meine Tochter sagte: Ich mach das schon ... Als mein Mann einmal Rente abholen war, schlug sie vor, ihn zu überfallen. Ich sagte, denk an deine Kinder! Sie hat auch Quecksilber aus Fiebertermometern gesammelt, damit ich das meinem Mann eingebe ... Aber diesen Plan verwarf sie selbst wieder, und dem

nächsten habe ich nicht zugestimmt, nämlich, daß einer sich als Wasserwerker ausgibt, die Wasseruhr abliest und dann meinen Mann überfällt.
Der Vorschlag vom Raubmord kam von meiner Tochter.
Nein, nicht Raubmord. Raubüberfall. Mein Mann sollte was übern Kopf kriegen und verletzt ins Krankenhaus kommen, damit ich mal ein paar Wochen meine Ruhe habe. So wollte ich das. Wenn meine Tochter etwas anderes sagt, lügt sie. Sie hat ihr Leben lang gelogen, hat mir zum Beispiel gesagt, daß der Willi Müller verstorben sei und sie Halbweisenrente für den Jungen bekommen würde ... Die ist doch nur zum Frisör gekommen, um Geld, Forumschecks und Geschenke zu kassieren.
Frage: Aber Sie wären doch auch bereit gewesen, Ihren Mann zu vergiften? Sie wollten ihn doch auch umbringen?
Antwort: Ich hab nichts getan, hab ja auch das Gift weggeschmissen.
Frage: Aber Sie haben Ihrer Tochter einen dringenden Brief bringenlassen, in dem Sie mitteilten, wann Ihr Mann am Tattag zurückzuerwarten sei, und daß dies die günstigste und letzte Gelegenheit wäre. Stimmt das?
Antwort: Ja.

Die Beschuldigte Hilde Müller:
Frage: Haben Sie Ihre bisherigen Aussagen zu ergänzen oder richtigzustellen?
Antwort: Ja, ich bin doch mit meinem Ex-Mann spazierengegangen. Er sagte, daß er dreimal zugeschlagen habe, daß ich zu ihm halten solle und ansonsten schon alles Weitere sehen werde.
Antwort: Ich habe meinen Ex-Mann, Willi Müller, nicht angestiftet. Ich war am Tattag nicht in der Nähe des Grundstückes. Ich weiß nichts weiter.
Antwort: Nein, ich habe ihn nicht zum Grundstück gebracht. Ich war zu Hause.
Antwort: Nein, ich habe niemanden zu einer falschen Zeugenaussage überredet, auch nicht Frau Lehmann ... Gut, ich sage jetzt die Wahrheit: Ich wollte meine Mutter immer sehen können, ihr Mann aber verbot den Kontakt. Das erzählte ich Willi, und eines Tages brachte er Gift mit, um Karl Krüger zu vergiften. Das war nicht meine Idee, das war Willis Vorschlag. Weil

wir aber dazu meine Mutter hätten mit hineinziehen müssen, warf ich das Gift in die Mülltonne.
Antwort: Ich gab meinem Ex-Mann zu verstehen, daß ich meine Mutter immer sehen will, aber nicht kann. Da gab mir Willi zu verstehen, daß er den Karl Krüger erschlagen könnte, wäre der einzigste Weg, um die Mutter rauszuhalten. Meine Mutter wußte nichts von dem Plan. Ich zeigte Willi am Tattag das Grundstück und den Mann, also Karl Krüger, dann ging ich weg.
Antwort: Ja, meine Mutter hat einen solchen Brief geschrieben.
Antwort: Von einem Raubüberfall war nie die Rede, nur von Raubmord. Karl Krüger sollte umgebracht werden. Das wollte auch meine Mutter. Hab ich kommen sehen! Hab ich mir schon so gedacht. Immer hab ich gesagt, Mutter, was du vorhast, ist Mord. Sie sagte, kriegt ja keiner raus ... und daß wir schön leben könnten, wenn Karl Krüger nicht mehr wäre ... Und jetzt verdreht sie alles.

Hilde Müller wurde wegen Anstiftung und Beihilfe zum Mord zu lebenslanger Haft verurteilt. Ihre Strafe wurde durch eine Amnestie 1987 auf 15 Jahre Haft verringert.
Ihre Mutter, Marie Krüger, wurde wegen Anstiftung und Beihilfe zum Mord zu 13 Jahren Haft verurteilt. 1987 kam die zweiundsiebzigjährige, weil sie haftuntauglich war, auf Gnadenerlaß frei. Seitdem lebt sie in einem Altersheim.
Willi Müller wurde wegen Mordes zu lebenslanger Haft verurteilt, die auf Grund der Amnestie 1987 ebenfalls in eine 15jährige Haftstrafe abgeändert wurde.

Hilde Müller erzählte mir eine letzte neue Variante: Sie wisse bis heute nicht, wie ihr Ex-Mann die Tat begangen hat. Aber sicher habe er den Karl Krüger nur verletzt. Letztendlich totgeschlagen hätte ihn die Mutter, seine eigene Frau. Die immer mit ihrer Unschuld im Blick!
Daß der Mann so schlimm gewesen sein soll, stimme ja gar nicht. Die Mutter sei nur hinterm Vermögen hergewesen. Der Karl Krüger wäre ja noch nicht mal unter der Erde gewesen, da hätte seine Frau schon seine ganzen Sachen verkloppt. Sie habe von dem Geld nichts gesehen. Aber nun sei die Frau alt und habe alles vergessen.
Sie, Hilde Müller, bekomme Sonderausgang, damit sie ihre

Mutter besuchen kann. Wenn sie aber wieder hier sei, hier in den Verwahrräumen, müsse sie sich immer erst mal erholen von der Frau.

Weibliche Gewalt? Also es säßen hier ja welche ein, die ihre eigenen Kinder umgebracht haben. Wenn sie so einer Dame begegne, gehe sie auf Distanz. Solche Frauen wären doch keine Menschen!

Die Würde des Menschen ist unantastbar. Sie zu achten und zu schützen ist Verpflichtung aller staatlichen Gewalt …

Jeder hat das Recht auf freie Entfaltung seiner Persönlichkeit, soweit er nicht die Rechte anderer verletzt und nicht gegen die verfassungsmässige Ordnung oder das Sittengesetz verstösst …

Jeder hat das Recht auf körperliche Unversehrtheit. Die Freiheit der Person ist unverletzlich. In diese Rechte darf nur auf Grund eines Gesetzes eingegriffen werden …

Alle Menschen sind vor dem Gesetz gleich. Männer und Frauen sind gleichberechtigt. Niemand darf wegen seines Geschlechtes … benachteiligt oder bevorzugt werden …

Ehe und Familie stehen unter dem besonderen Schutz der staatlichen Ordnung. Pflege und Erziehung der Kinder sind das natürliche Recht der Eltern und die zuvörderst ihnen oblie-gende Pflicht …

Auszüge aus den Grundrechtsartikeln 1, 2, 3, 6 des Grundgesetzes der Bundesrepublik Deutschland

Die Gruppenbilder liegen vor mir, zerschnitten. Versuche, die Teilansichten, Bildausschnitte, Nahaufnahmen zu ordnen.
Detail an Detail.
Dazwischen wie Blinklichter Typisches ...

Tragen alle Frauen etwas von Medea in sich? Ist in jeder Frau der Ehrgeiz von Lady Macbeth? Oder sind Täterinnen weibliche Pendants zu den Jack the Rippers, krankhafte Triebtäter der Kriminalgeschichte?
Jack the Ripper, jener niemals identifizierte Londoner Mörder, brachte im Herbst 1888 in East End sechs Prostituierte um und verstümmelte deren Unterleiber. Der Italiener Vincent Verzeni erdrosselte 1873 mehrere Frauen, schlitzte ihnen den Bauch auf und empfand dabei nach eigenen Aussagen mehr, als wenn er onanierte. Eindeutig äußerte sich auch Peter Kürten, der 1930 hingerichtete „Unhold von Düsseldorf". Es erregte ihn sexuell, wenn er Frauen würgte und ihnen den Bauch aufschnitt, so daß sich daraus ein Blutstrom ergoß.
Oder erinnern wir uns an den Rostower Mörder, der sogar weibliches Fleisch verspeiste. Oder an den vierfachen Kindermörder Jürgen Bartsch. Oder an den Österreicher Unterweger ...
Suchen sich auch Frauen ihre Opfer aus – wahllos wie Männer „Frauen-Objekte" – und verstümmeln diese? Warum töten Frauen?

Nach der Fabel von Hesoid soll Zeus Pandora auf die Erde gesandt haben, um die Männer und Frauen zu bestrafen, die ihn beleidigt hatten. Dabei verließ er sich (zu Recht) auf die Neugierde der Frau. Er gab Pandora ein verschlossenes Gefäß mit, welches sie natürlich öffnete, wie auch Eva sich von der Schlange verführen ließ. Aus diesem Gefäß entströmten Zwist, Leid, Krankheit, Tod und sonstige Übel. Die Menschen sollten (falschen) Hoffnungen nachjagen, damit sie das volle Maß irdischen Leidens durchleben müssen, statt sich aus Verzweiflung selbst zu töten.
Der Mythos ist kaum noch bekannt. Die Autorin fragte Männer verschiedenster Bildung: Wer oder was ist Pandora?
An After-shave dachte der eine. Ein anderer mutmaßte, die

Werbeindustrie habe Pantalons in Pandoras umbenannt. Die meisten jedoch sprachen von Pandora als einem Sinnbild für Frau schlechthin. Die Frau bringe Streit zwischen die Männer, wenn sie erst einmal ihre „Büchse“ öffnete, ihr Büchslein, ihre Dose, die Vagina, Muschi, Votze, wenn sie erst einmal das Fellchen entblößte von Unterkleidern, Schlüpfern, Höschen, Slips, Tangas.
Der Fall ist klar. Die mythologische Dichtung wurde durch „heiße“ Stories verdrängt, konserviert in Pornofilm, Krimiheft, Serien-Seifenoper. In ihnen werden Inszenierungen wider dem tristen Alltag erfunden. Auflagenhöhe oder Einschaltquote beweisen es, die Menschen sind süchtig nach oberflächlichen Märchen.

Weibliche Gewalt ist reales weibliches Leben, nicht alltäglich, deshalb um so bemerkenswerter. Das Unwahrscheinliche ist eben das Reale.
Die ägyptische Antike hatte ein Sprichwort: „In der Vagina des Weibes liegt Heilung.“
Sind weibliche „Ausbrüche“ während der „Krankheiten“ der Vagina also auf „Menstruations-, Schwangerschafts- oder Klimakteriumsphasen“ zurückzuführen?
Sind gewalttätig gewordene Frauen Opfer ihrer Hormone?
Für die Dorfbewohner stand zum Beispiel im „Fall Weimar“ (Urteil 1989) von Anfang an fest: Die Mutter, die „Ami-Hure“, war es. Wer „Triebe wie ein Tier hat“, wer die Lustbefriedigung über die „ehelichen Pflichten“ stellt, bringt auch Kinder um, ist eine Mörderin.

DIE PHYSIOGNOMIE WEIBLICHER GEWALT

In allen Terroristenszenen dieser Welt gab und gibt es Frauen, die getötet haben und töten. Im Dritten Reich gab es mordende KZ-Aufseherinnen und an der Ermordung von Menschen beteiligte Ärztinnen. Während der französischen Revolution mordeten Frauen. Katharina die Große, Elisabeth I. von England, einige Herrscherinnen der altchinesischen Dynastien töteten oder ließen töten im Namen der Machterhaltung und umgeben von einem Heer männlicher Berater.
Die gesellschaftliche Rangfolge gibt vor, weshalb wer wann

zählt und wann wer weshalb weniger. Auch weibliche Herrscher, selten genug gab es sie, haben ihre Macht durch Intrigen und menschliche Opfer saniert.
Trotzdem, der Tod hat ein männliches Gesicht. Das Geschäft der Gewalt und des Krieges ist männlich. Es gibt immer wieder neue und noch konsistente Feindbilder: Judentum, Rote, selbstbewußte Frauen. Und die sogenannte Moral wurde und wird bei der Rationalisierung von Mord, um die Fähigkeit zum Massenmord zu bagatellisieren, gewendet wie ein altes Laken. Die zahllosen in der Geschichte männlicher Gewalt an Bäume genagelten Kinder, die zu Massen vergewaltigten Frauen, zuletzt die Opfer in Ex-Jugoslawien, sind dem männlichen Ritual geschuldet: der Herabwürdigung des Gegners, indem man seine Frauen entwertet und die Nachkommen tötet ... Doch der Herr sprach zu Moses: Du sollst Vater und Mutter ehren, nicht töten, nicht ehebrechen, nicht stehlen, nicht falsch Zeugnis reden wider deinen Nächsten, nicht begehren deines nächsten Haus, Weib, Knecht, Magd, Vieh oder alles, was sein ist ...

Wie auch bei männlichen Tätern gibt es bei Täterinnen im Affekt handelnde und jene, die aus Vorteilsdenken, also niederen Motiven, die Tötung eines Menschen planen oder in Kauf nehmen. Lustmörderinnen, Frauen, die wie Männer wegen Erreichung einer sexuellen Befriedigung töten, hat die Kriminalgeschichte bis jetzt nicht ausgewiesen. Während sich Männer auch noch an bewußtlosen und toten Frauen vergreifen und ejakulieren können, kann eine Frau das offensichtlich nicht, bestimmt nicht nur aus rein „technischen“ Gründen.
Jedoch: Frauen sind zu allem fähig, behaupten Männer. Aber wenn sie das sagen, lächeln sie kokett. Genauer müßte man formulieren: Einige wenige Frauen sind zu dem fähig, wozu viele Männer fähig sind. Deshalb noch einmal: Der Anteil der Frauen an Mord und Totschlag in der DDR und der BRD lag und liegt zwischen 13 bis 15 Prozent. Die häufigsten Gewaltdelikte von Frauen sind Mord oder Totschlag, begangen an den eigenen Kindern und an Ehemännern (85 Prozent der Opfer). 10 Prozent der Opfer sind Bekannte, also Lebensgefährten, Liebhaber. Und nur 5 Prozent sind Opfer jener wenigen Frauen, die im Gegensatz zu weitaus mehr männlichen Tätern wegen des eigenen, auch materiellen Vorteils Fremde töteten.

Meinen letzten Blick will ich deshalb auf das Phänomen weiblicher Gewalt werfen, auf die Tötung eigener Kinder und Partner.

Keiner wird, wie es zur Zeit aussieht, die Ehe abschaffen. Trotzdem werden vielfarbige „Beziehungskisten“ gelebt, allerdings haben die meisten „Kisten“ eines gemeinsam: den Anfang. Man begegnete jemandem. Man entschied sich. In Sekundenschnelle war man eingenommen oder abgestoßen, konnte man jemanden auf Anhieb „riechen“ oder nicht verknusen, pumpte das arme Herz schneller, oder drehte man sich auf dem Absatz weg. Dieser entscheidende Moment hat in den wenigsten Fällen etwas mit Verstand zu tun. Man will nicht wissen, ob ER ein Gelegenheitstrinker oder SIE eine Frau ohne Kinderwunsch ist oder ob mann/frau sich dahin entwickeln wird. Man verliebt sich und verliebt sich, aber nie in etwas Konkretes oder Erreichbares, immer nur in ein Teilbild des Gesamten. Hat sich irgendwann dann, wie man oft hört, der „wahre Charakter“ gezeigt, ist es üblich, den Partner gegen einen neuen zu tauschen, bis auch der seinen „wahren Charakter“ zu erkennen gegeben hat, und dann beginnt entweder das Spiel noch einmal von vorn oder: die *selbstverständliche Frau*, der *selbstverständliche Mann* schaffen es, *selbst*verständlich zu leben, ohne eine Vernunftehe zu führen, ohne alles in einer Tragödie enden zu lassen.

In seinem Buch „Der Mann, ein Fehlgriff der Natur?“ schrieb Rainer Knussmann: „Es hat sich doch gerade mit der Emanzipation gezeigt, daß Frauen außergewöhnlich aggressiv sein können.“

dpa/1994: Nach einer Untersuchung der Münchner Gesellschaft für rationale Psychologie halten Männer von weiblichem Selbstbewußtsein, Durchsetzungsvermögen und Ehrgeiz wenig. 93 Prozent der befragten Vertreter des männlichen Geschlechts zwischen achtzehn und vierzig Jahren nannten als wichtigste gewünschte Eigenschaft bei einer Frau „attraktives Aussehen“. Nur 20 Prozent befanden weibliche Intelligenz und 16 Prozent Ehrgeiz als *nicht störend.* Also machen 80 Prozent Männer der „attraktiv Aussehenden“ ein schönes Auge, mit dem anderen schielen sie nach ablehnungswürdigen Attributen, die nicht dem Idealbild Frau, dem Idealbild Mutter, dem Idealbild Großmutter entsprechen.

Ich habe reichlich Jahre lebensgeschichtlicher Erfahrungen hinter mir, habe viele Frauen erlebt, einige Männer verlebt. Habe Männer überlebt. Und sie mich auch. Ich war das erste Mal mit einem „Rollen"-Mann verheiratet. Das zweite Mal hatte ich Glück und war auf einen *selbstverständlichen* Mann getroffen. Wir ließen uns trotzdem scheiden, weil wir Freunde bleiben wollten. Was das mit weiblicher Gewalt zu tun hat?
Als ich das erste Mal einer Frau, die getötet hatte, gegenübersaß, wußte ich bereits, weshalb ich mich auf den Weg gemacht hatte, dachte aber immer noch, weshalb läßt du dich in fremde Dramen hineinziehen. Sie tun weh, rauben den Schlaf. Außerdem bist du keine gelernte Kriminalistin, Juristin, Psychologin …
Ständig kämpfte Unverständnis mit Verständnis, ständig ging die juristische Person in mir auf die Palme und der Mensch holte sie wieder herunter. Unruhe, das war mein Zustand.
Weshalb mich weibliche Gewalt interessiert?
Weil ich seit langem Frau lebe, wie sie ist, nicht wie sie sein soll. Das ist die Antwort. Bezahl ich die Musik, will ich auch tanzen. Das Leben ist ein Mannschaftsspiel. Jeder jagt nach dem Ball, aber ein Tor muß gemeinsam erspielt werden.

DER JAHRHUNDERTWITZ

Auch wenn Jungen und Mädchen mittlerweile einen Schritt weiter sind, auch wenn die meisten nicht mehr in traditionellen Rollen zu leben wünschen, die Umsetzung dieses gedanklichen Vorsprunges ist nur in der vorehelichen Zeit möglich. Ich habe das bei vielen jungen Müttern, unter anderem bei meiner Tochter, verfolgen können.
Sobald geheiratet wird, sobald Kinder kommen, wird das Idealbild Ehefrau und Mutter hervorgezerrt von Müttern, Schwiegermüttern und Ehemännern, und die Frau guckt in die Röhre, manche wird sogar hineingeschoben und schmort, bis sie verbraten ist.

Männer wie Frauen sind polygam und gleich schwach oder stark, ausgenommen die Schlagkraft der Fäuste.

Doch die Angst, entlarvt zu werden in einem Gemeinschaftsleben, das rückständiger ist als seine Menschen, nimmt alle in die Pflicht.

Aber was ist Pflicht? Eine Ehe „nach außen hin zu erhalten“ wegen des Vermögens? Eine Sonnenbrille aufzusetzen, weil niemand sehen soll, daß frau geschlagen wurde? Lebenslang eingesperrt bleiben in der kleinsten Zelle der Gesellschaft, weil der mann/frau keine Verbindung nach draußen wünscht? Lebenslang verzichten auf eine erfüllte sexuelle Beziehung wegen der Konventionen? Welche Konventionen? Und was sind sie wert?

Frauen brauchen Männer, und Männer brauchen Frauen. Und beide brauchen ein anderes Denken und gesellschaftliche Veränderungen, weil es in erster Linie um die Kinder geht, um die, die zukünftig noch in einer Gewaltbeziehung aufwachsen müssen, aber auch um die, die noch getötet werden könnten.

Oben zitierter Autor, der meint, daß gerade die Emanzipation zeige, wie außergewöhnlich aggressiv Frauen sein können, verwechselt Ursache und Wirkung. Emanzipation war im römischen Recht die Entlassung aus der patria potestas, der Hausgewalt des Vaters. Sie wurde erst später die allgmeine Bezeichnung für die Befreiung aus einem rechtlichen, politischen und sozialen Abhängigkeitsverhältnis.

Die meisten Frauen werden nicht aggressiv, weil sie emanzipiert sind, sondern sie reagieren auf gegen sie gerichtete männliche Hausgewalt und Unterdrückungsmechanismen.

Frauen haben nicht etwa neue Wünsche entdeckt. Frauen stehen nur zunehmend zu ihren Wünschen.

Daß frauliche Doppelbelastung oder Unterordnung (nur Hausfrau) und dazu männliche Ignoranz und Dominanz aber kein gutes Paar abgeben und sich die daraus resultierenden Konfrontationen negativ auch auf die sexuelle Bereitschaft und Erlebnisfähigkeit auswirken, dürfte kein Geheimnis sein.

Manche Paare schaffen es, manche trennen sich. Manche nehmen sich andere Heizquellen und bleiben verheiratet. Manche Paare verstummen, manche ziehen in den Krieg. Und so entstehen Opferstatistiken.

Es werden mehr Frauen getötet, als Männer.

Straftaten gegen das Leben 1992: 4 470, davon 1 123 Morde (u. a. 127 Raubmorde, 47 Sexualmorde).

Es werden mehr weibliche Körper und Psychen verletzt als

männliche. Neben den 47 Sexualmorden 1992 gab es 44 326 Straftaten gegen die sexuelle Selbstbestimmung, erstmalig ausgewiesen für alte und neue Länder insgesamt.
Nehmen wir die 463 homosexuellen Handlungen nach § 175 (diesen Paragraphen gab es 1992 noch) heraus, dann sind die Opfer der übrigen Straftaten in den meisten Fällen Frauen und Kinder.

Straftaten(gruppe)		erfaßte Fälle 1992
unter Gewaltanwendung oder Ausnutzen eines Abhängigkeitsverhältnisses		12 470
darunter		
- Vergewaltigung § 177	6 280	
- sexuelle Nötigung § 177	4 861	
sonstiger sexueller Mißbrauch		27 637
darunter		
- sexueller Mißbrauch von Kindern	16 442	
- exhibitionistische Handlungen und Erregung öfftl. Ärgernisses	10 315	
Ausnutzung sexueller Neigungen		3 722
darunter		
- Förderung sexueller Handlungen Minderjähriger oder der Prostitution	596	
- Zuhälterei	402	

Auf meinem Schreibtisch liegen die Gruppenbilder. Ich lese das Gepäck der Jahrhunderte in den Männer- und Frauengesichtern und höre den Kirchenchor der Unverbesserlichen: Suffragetten verpißt euch! Emanzen raus!
Bezahl ich die Musik, will ich auch tanzen.
Gott, falls es einen gibt, schuf Mann und Frau gleichzeitig. Beide nannte er Androgyn, damit sie sich lustvoll ergänzen. Ohne Reform scheitert die Kirche wie der Kommunismus, haben der Protestant Friedrich Schorlemmer und der Katholik Eugen Drevermann in einem Gespräch zugesagt.

Wie bigott (auch) diese Gesellschaft ist, zeigt sich nicht nur an den noch immer (straf)maßgeblichen § 217 und 218 des Strafgesetzbuches, auch die Abschaffung des § 175 erst in diesem Jahr ist ein Widerspiegel bigotter Sexkultur.

Dieser Paragraph besagte: „Ein Mann über achtzehn Jahre, der sexuelle Handlungen an einem Mann unter achtzehn Jahren vorgenommen hat oder von einem Mann unter achtzehn Jahren vornehmen ließ, wird mit Freiheitsstrafe bis zu 5 Jahren oder mit Geldstrafe bestraft."

Sexuelle Handlungen zwischen Frauen (lesbische Liebe) waren und sind nicht strafbar.

Weshalb der Unterschied zwischen Männern und Frauen?

Weil lesbische Liebesspiele in jeden Porno gehören und die Sex-Industrie nun mal der Mehrzahl der (männlichen) Käuferinteressen entgegenkommen muß?

Den § 175 gab es laut Erläuterungen zum Strafgesetzbuch der BRD in der Fassung vom 26.06.90 (Gustav Stogel) deshalb, weil der Gefahr begegnet werden sollte, daß kein jugendlicher Mann durch ein „Prägungserlebnis" in eine homosexuelle Richtung „gedrängt" wird.

Und wie wird per staatlicher Gewalt der Gefahr begegnet, daß Kinder, jugendliche Frauen und Männer durch „Prägungserlebnisse" in eine gewalttätige Richtung gedrängt werden?

Es ist auch bigott, Exhibitionisten (bekanntlich nur öffentliches Ärgernis erregend) unter Strafe zu stellen, wenn von jedem Zeitungskiosk mittlerweile nackte Herrlichkeiten (erregiert bis zu einem Winkel von 15 Grad?) herunterlächeln. Mittlerweile weiß jede(r) Pubertierende, wie hoch Papas Liebling steigen kann.

VON WEGWERFKINDERN, MONSTERN UND MONETEN

Ich puzzle am Gruppenbild ... lege weitere Aufnahmen dazu, die allesamt durch die Presse gingen ...

Ins „Tal der Ahnungslosen", Dresden, fielen 1991 zwei Männer ein, um den Ostdeutschen das Geschäft mit der Liebe zu Füßen zu legen. Sie eröffneten ein Bordell. Das gefiel dem Neonazi-Führer Sonntag, ebenfalls aus West übergesiedelt, ganz und gar nicht. Er ritt mit dreißig Anhängern an, um das Haus der Liebe plattzumachen. Die Bordellmänner S. und M. warteten schon im Auto. S. hatte eine Schrotflinte mit abgesägtem Lauf bei sich. Sonntag schrie: „Schieß doch, du Kanake!" Und S. erschoß Sonntag.

Beide, S. und M., wurden freigesprochen. Notwehr.

Streitigkeiten um ein Grundstück in Berlin-Grunewald, die zu Ungunsten von Wolfgang T. ausgingen, veranlaßten Wolfgang T. zu einem Mordplan an seinem Widersacher, einem Bauunternehmer.
Wolfgang T. bekam 6 Jahre Haft.

1993 stürmten schwerbewaffnet drei Kölner Zuhälter ein Bordell in Cottbus. Der frühere Junioren-Weltmeister im Ringen, Dieter Schwind, dortiger Rausschmeißer, flüchtete, wurde verfolgt und laut Zeugenaussagen „durch Genickschuß exekutiert“.
Zwei der drei Inhaftierten kamen gegen eine Kaution von je 100 000 DM bis zum Prozeß frei. Das Urteil: Je 9 Jahre Haft – nicht wegen Mordes – wegen schwerer Körperverletzung mit Todesfolge!

Ein Mann wollte verhindern, daß seine Ex-Freundin das gemeinsame Baby zur Welt bringt. Nachdem sein Versuch, sie mit 5 000 Mark zum Abbruch zu bewegen, gescheitert war, mißhandelte er die Freundin, schlug und drückte mehrmals kräftig gegen den Bauch der Schwangeren. Sie hatte eine Frühgeburt.
Peter A. wurde nicht angeklagt wegen versuchten Mordes an Mutter und Kind, sondern wegen versuchten Schwangerschaftsabbruches!
Urteil: 6 Monate Haft auf Bewährung und 2 000 Mark Geldbuße.

Politiker schanzen sich Gelder und Vergünstigungen zu und verschwinden, wenn es hoch kommt, nur für kurze Zeit von der Bildfläche. Ein Durchschnittsmann wird beim Pinkeln gegen einen öffentlichen Baum erwischt, zu einer Geldstrafe verurteilt, die er nicht zahlt, und deshalb muß er eine Haftstrafe antreten.
Ein Europaparlamentarier kassiert 400 Mark Sitzungsgeld, wenn er unterschrieben hat, daß er sitzt, und geht ... Und. Und.
400 Mark sind für manche Normalbürger monatliches Limit!
Ein sozialer demokratischer Rechts-Staat mit ethischer Beliebigkeit?

Vor dem Gesetz sind zwar alle gleich, aber diese Verfassungsnorm konkurriert mit der Unabhängigkeit des Richters.
Wie unabhängig ist ein Richter?
Wie unabhängig, also frei von Obrigkeitsdienerei, Vorurteilen und Idealbildern, also wie unkonventionell sind Richter, Gutachter, Staatsanwälte generell und speziell bei weiblichen Gewaltdelikten?

Im Vorfeld von Tötungsprozessen müssen Gutachter (in der BRD sind 90 Prozent männlich) einen psychologischen (und neurologischen) Befund auch über Frauen abliefern, der die Art und Weise und die Dauer gesellschaftlicher „Vergeltung" für eine Tat wesentlich mitbestimmt?
Haft ist Sündenablaß und Strafe.
Freigang ist Belohnung. Also wird in der Haftzeit, die die eigentliche Strafe darstellt, noch einmal abgestraft.
Es heißt, die Moral stehe unterstützend hinter dem Gesetz.
Die Moral ist patriarchalisch. Wie unabhängig davon ist die Justiz?

Bei Gewaltdelikten von Frauen gegen Familienmitglieder entziehen sich 40 Prozent der Strafverfolgung durch vollzogenen Selbstmord. In 25 Prozent der Fälle mißglückt der Suizid der Täterin.
Bei jeder in diesem Buch zitierten Gewalttat, männlicher wie weiblicher, habe ich mich gefragt, wie gemeingefährlich ist der Täter, die Täterin?
Ein mit Genickschuß Tötender ist ein Killer. Er mordet wegen des Geschäfts, manchmal auch noch gegen Geld. Er weiß, was ihn erwartet, wird er erwischt.
Der ungewollt Vater Gewordene hat ebenfalls versucht zu töten – wegen eines (wirtschaftlichen) Vorteils. Organhändler, Menschenhändler, Vertreiber von Kinderpornografie wissen, was sie tun.
Männer, die Frauen und Kinder vergewaltigen, holen sich, was sie brauchen, haben also auch einen Vorteil. Töten sie dann noch diese Frauen und Kinder, tun sie das, um ihre Tat zu verheimlichen.
Welchen Vorteil könnten Frauen haben, die ihre eigenen Kinder töten?

Mütter, die ihre eigenen Kinder töteten, töten ganz bestimmt keine fremden Kinder.
Männer, die Kinder sexuell mißbrauchen, mißbrauchen wahllos.
Männer die serienmäßig Frauen töten, töten wahllos.
Frauen, die Männer töten, töten in der Regel ihre langjährigen Unterdrücker.
Männer, die um sich schießen wie diese Bordellmänner, hatten bereits zurechtgebastelte Waffen im Anschlag und damit die Bereitschaft zu töten gleich mitgebracht.

Ehemänner, die ihre Ehefrauen so terrorisieren und mißhandeln wie in den im Kapitel 5 zitierten Fällen, tun das weiter, wenn sie lediglich auf Bewährung verurteilt werden.
Frauen, die „ihr eigen Fleisch und Blut“ töteten, sind ganz bestimmt keine Rückfalltäterinnen. Vor dem Gesetz sind zwar alle gleich. Da aber 70 Prozent von 2,5 Millionen Alkoholikern männlich sind und auch die Vorstufe des Alkoholismus, der Alkoholmißbrauch, verbreiteter bei den Männern als bei den Frauen ist, kommen statistisch bevorzugt mehr gewalttätige Männer „in den Genuß“ einer milderen Strafe.

In gutachterlichen männlichen Einschätzungen, aber auch feministischen Schriften zu Müttern, die ihre Kinder töteten, las ich, daß sich diese „schwachen“, „überangepaßten Frauen“ in schweren „Konfliktsituationen“ befanden und deshalb keinen anderen „Ausweg“ sahen als die Tat.
Manche JuristInnen bezeichnen diesen einzigen „Ausweg“ für Frauen auch als „weiblichen Widerstand“.

Ich merke mir: Schwach, überangepaßt, Konfliktsituation, Tat als Ausweg, weiblicher Widerstand.
Es obliegt mir nicht, gutachterliche Aussagen als unwahr oder wahr zu klassifizieren, aber Beobachtungen kann auch ich anstellen, zumal sich meine Gespräche über Wochen und Monate erstreckten, während sich Gutachter für ein gerichtspsychologisches und -psychiatrisches Gutachten weitaus weniger Zeit nehmen und sicherlich auch ein anderes Ziel haben. Zum Beispiel arbeitete Deutschlands berühmtester Gerichtsgutachter, Pro-

fessor Wilfried Rasch, nach Selbstaussagen (Interview Berliner Zeitung, 1992) immer nach einem bestimmten Schema: „Ich frage sie (die Täter) nach ihrer Gesundheit und den Familienverhältnissen." Und: Er empfand das für ein Gutachten zum Beispiel im „Beelitz-Mörder-Fall" aufgewandte 15-Stunden-Gespräch als „allerdings sehr lange".

Ein Blick auf das Attribut „schwach":
Karin A. hatte vier Kinder und einen Mann zu versorgen, sich um einen Garten zu kümmern und ein Haus in Ordnung zu halten, außerdem war sie berufstätig. Wer das alles auf einmal organisiert und schafft, wer ganz nebenbei auch noch jede Menge Geburten und Totgeburten zu verkraften hatte, ist nicht schwach.
Chris G. hatte zwei Kinder, einen Mann und den Haushalt. Nach ihrer Arbeitslosigkeit kümmerte sie sich nicht um einen x-beliebigen, sondern um einen ihren Interessen entsprechenden „Job" in einem Hundesalon. Sie liebte Tiere. Und sie ging dort auch noch, weil kein Krippenplatz zur Verfügung stand, mit ihrem Sohn arbeiten. Eine schwache Frau?
Dora S. hatte ebenfalls zwei Kinder, Haushalt, Beruf und Mann ohne „Beanstandungen" unter einen Hut gebracht.
Paula I. hatte Mann, Kind, Haushalt und ein viel Fleißarbeit abverlangendes Fremdsprachenstudium bis zur fast letzten Etappe mit herausragenden Leistungen geschafft.
Alles schwache Frauen?

Ein Blick auf das Attribut „überangepaßt":
Was heißt überhaupt „über"angepaßt? Sprache ist verräterisch. Sprache ist Denken. Wenn konservative Kriminologen, Juristen etc. männliche sexuelle Übergriffe gegen Frauen damit erklären, daß diese Frauen selbst „mit daran schuld seien", weil sie sich zu aufreizend anzögen – Rock zu kurz, Ausschnitt zu tief –, dann bedeutet „über"angepaßt in etwa dasselbe und ist eine männliche Rechtfertigungsstrategie, die Frauen gedankenlos übernehmen: Die Frau, weil sie „über"angepaßt war, ist selbst dran schuld, daß sie ausrastete. Sie sollte ja gar nicht „über"-angepaßt sein, sondern nur angepaßt!
Angepaßt heißt maßgeschneidert. Angepaßte Frauen leben gesünder und gehen mit dem Ausmaß, das ein Mann anzunehmen gedenkt, mit. Was, wenn der Mann aus dem Anzug platzt?

Ein Blick auf „Konfliktsituation und Tat als Ausweg“: Dem Erklärungsansatz bewußter oder unbewußter „weiblicher Widerstand“ würde ich folgen können nur in Fällen wie dem der Lorena Bobitt, also in allen solchen Fällen, wo Frauen ihre Partner verletzten oder töteten nach oft jahrelanger vorangegangener männlicher Erniedrigung und Demütigung.
Widerstand richtet sich gegen den, der unterdrückt. Ich will keinesfalls nachgewiesene, geplante Tötungshandlungen von Frauen als Ausweg rechtfertigen, sondern mir Aufgefallenes benennen, in der Hoffnung, Frauen und Männer fangen damit etwas an.
Die Kinder tötende Mutter, aber auch die den Partner tötende Frau in den geschilderten Fällen hatten ähnlich ignorante Männer. Trotzdem versuchten sie, vor der Tat die Konfliktsituation in den Griff zu bekommen. Sie hatten durchaus nach „normalen“ Auswegen gesucht, hatten um Lösungsvarianten „gekämpft“ und aufbegehrt, doch die Männer lebten ihren Stiefel weiter.
Weshalb aber tötete die eine Frau dann „ihr eigen Fleisch und Blut“, die andere den Partner?

Die Frauen, die ihre Partner verletzten oder töteten, hatten bis auf Brigitte C. *keine* gemeinsamen Kinder mit dem Opfer.
Die Frauen waren weitestgehend desillusioniert, was die weitere Partnerschaft anging. Sie waren sozusagen schon „fertig“ mit dem Mann oder nie in Vertrautheit verbunden gewesen und bereit zur Trennung. Die Frauen hatten generell eine selbstbewußte Haltung männlichen Ausfälligkeiten oder Übergriffen gegenüber, waren ihnen nur ausgeliefert.
Alle Männer tranken. Irgendwann tranken die Frauen mit, irgendwann leisteten die Frauen Widerstand, in allen Fällen am Tattag mit Alkohol.

Die Mütter, die ihre älteren Kinder töteten, hatten mit dem Lebenspartner *gemeinsame* Kinder.
Karin A. wollte sich und die Kinder, gemeinsame Kinder mit ihrem Ehemann, töten.
Paula I. tötete das aus der Lebensgemeinschaft stammende gemeinsame Kind.
Chris G. töteten nicht ihre beiden Kinder, sondern das Kind, das sie gemeinsam mit ihrem Lebensgefährten hatte.

Und Dora S. tötete auch nicht beide Kinder, sondern „nur" das gemeinsame.

Die Partner all dieser Frauen züchtigten zwar nicht wie in o.g. Fällen, aber sie verletzten die Frauen trotzdem schwer, zum Teil vorsätzlich, zum Teil, weil sie es nicht anders gelernt hatten, also aus Bequemlichkeit, gepaart mit der Unfähigkeit, Probleme ehrlich zu bereden und vor allem fair zu lösen.

Diese Täterinnen waren mit ihren Männern noch nicht „fertig", sie hatten alle auf Zukunft gesetzt. Die Zukunft hatte gerade mit einem noch sehr kleinen Kind neue Dimensionen erhalten, im Gegensatz zu den emotionalen Beziehungen seitens der Männer, die waren aussichtslos abgestorben. Unaufrichtigerweise blieben die Männer trotzdem.

Karins Mann teilte nur die Zimmer auf.

Der Mann von Chris blieb letztendlich, weil er mit seinem Sohn nicht alleine leben konnte/wollte.

Paulas Mann suchte gemeinsam mit Paula ein Zimmer, damit sie nun doch ausziehen konnte und sollte. Vereinbart war, daß er das Kind behält, aber er holte sie immer wieder zurück.

Und auch Doras Mann entfernte sich immer mehr, obwohl sie nach der Geburt des gemeinsamen Kindes Heirat verabredet hatten. Ihr Freund war zwar räumlich und zwecks Versorgung vorhanden, wie alle anderen Männer auch, ging aber ebenfalls seiner Wege.

Die Frauen waren aus männlichem Leben Ausgeschlossene. Keine Aussicht auf Zukunft. Gibt es kein Hoffen, gibt es kein Jetzt.

Obwohl Chris über den Tattag sagte, sie sei in ein „tiefes schwarzes Loch" gefallen, obwohl sich Dora partout nicht daran zu erinnern glaubte, was sie ihrem Kind getan haben soll, obwohl Karin sagte: „Ich war außer mir", und Paula rekonstruierte: „Ich war wahnsinnig, verrückt", im Verlauf der über Tage und Wochen geführten Gespräche wiesen Details eine Spur, vielleicht auch nur eine Andeutung darauf.

Chris sagte: „Sascha hat nicht eine Träne vergossen", als es hieß, „sein Kind" sei entführt worden. „Er hat in der Nacht ruhig geschlafen. Er hat mich nicht einmal in den Arm genommen und mich getröstet."

Allen sicher unbewußt, hatten die Frauen noch eine Erwartungshaltung. Eine letzte.

Noch nicht einmal diese „allerletzte Chance" hatte Sascha gesehen. Er hatte schon während des Prozesses eine neue Frau. Dora sagte: „Er kam nicht einmal in die Untersuchungshaft, um mich etwas zu fragen oder mir was zu sagen. Irgend etwas. Er schaute mich nicht im Gerichtssaal an. Er holte seine Sachen aus der Wohnung, und ich hab ihn nie wiedergesehen."
Karins Mann brachte nicht einmal der Prozeß zum Reden. Auch sie hatte gehofft, hatte männliche Emotionen erwartet, aber nur bestätigt bekommen, was sie bereits wußte.

Manche Männer können eben nur bitterlich weinen, wenn ihre Mannschaft im Fußball verliert. Manche Männer brauchen die Frau eben nur als Bewährungshelferin.

Die Griechen nennen noch heute Mütter, die ihre Kinder töten, Medeas.
Nach der griechischen Sage tötete Medea, Tochter des Königs von Kolchis, die mit ihrem Gemahl Jason gezeugten zwei Kinder, weil der sich plötzlich von ihr abgewandt und sich mit einer anderen vermählt hatte.

Der heutige männliche Blick auf Mütter, die ihre älteren Kinder in einer Krisensituation aus einer Affekthandlung heraus töten, der Presse-Blick, der Blick der Masse, ist überwiegend eindeutig. Alle Frauen sind irre Frauen. Monster. Opfer hysterischer Anfälle, jedenfalls krank.
Eine solche Tat im irrationalen Bereich zu belassen, scheint oftmals sowohl für die Täterin als auch für Nichtbetroffene erträglicher.
Frauen gelten nun mal als „abnormal", wenn sie sich „nicht nützlich machen", wenn sie nicht zweckentsprechend funktionieren. Deshalb bekamen sie in Ost hohe Haftstrafen, bekommen sie in West häufig eine psychiatrische Behandlung verordnet.
Täter aber, die Frauen schlagen oder Männer, die gleich das Schießeisen oder Messer ziehen und somit die (naturgegebenen?) Attribute und Rituale der Männlichkeit erfüllen, geraten nicht einmal in die Nähe des Verdachtes, daß bei ihnen eine Schraube locker sitzen könnte.

Was ist „normal“, was „abnormal“?
In Essen ließ 1992 eine getrennt von ihrem Mann lebende zweiundzwanzigjährige Frau die zwei Jahre alte Tochter verhungern und verdursten. Das Kind erlitt einen langen, qualvollen Tod und wurde völlig abgemagert und ausgetrocknet gefunden.
Die Mutter hatte, bevor sie sich davonmachte, allerdings den Vater des Kindes gebeten, die Betreuung zu übernehmen. Diese Bitte blieb ohne Resonanz.
Die Frau wurde wegen Totschlags zu 10 Jahren Haft verurteilt. Der Vater wurde nicht angeklagt.

So furchtbar der Tod jedes Kindes ist, so zynisch sich das auch anhören mag, aber es ist ein Unterschied, ob Kinder über lange Zeit mißhandelt oder sich selbst überlassen werden und zu Tode kommen wie in diesem Fall oder ob nach einer langandauernden Krisensituation eine Mutter ihr Kind in einer Kurzschlußhandlung tötet, meistens verbunden mit einem Suizidversuch.

Der bundesdeutsche Gesetzgeber legt fest, daß es Schuld im strafrechtlichen Sinne nur insoweit gibt, als nach den gesamten äußeren und inneren Umständen der rechtswidrigen Tat auch damit der Vorwurf verbunden werden kann, TäterInnen hätten unter diesen Umständen anders handeln können.

Die *Schuldunfähigkeit* im Sinne des § 20 StGB nennt bestimmte biologische Gründe, aus denen es dazu kommt, daß TäterInnen weder die Fähigkeit besitzen, das Unrecht der Tat einzusehen, noch nach dieser Einsicht handeln können.

Demgegenüber wird die verminderte Schuldfähigkeit gemäß § 21 StGB nicht umschrieben. Bei ihr handelt es sich innerhalb der bejahten Schuldfähigkeit um einen der gesetzlichen Schuldminderungsgründe (z. B. Vollrausch).

Einige Täterinnen bekamen verminderte Zurechnungsfähigkeit (dem BRD-Recht analoger juristischer Begriff im DDR-Strafrecht gemäß § 14 – Schuldminderung durch außergewöhnliche Umstände, § 15 – Zurechnungsfähigkeit, § 16 – verminderte Zurechnungsfähigkeit) zugesprochen, mußten in der DDR aber trotzdem für 12, 13, gar 15 Jahre ins Gefängnis. Mittlerweile hat man festgestellt, daß das Strafmaß in der DDR allgemein viel zu hoch war. Trotzdem ergaben die gesetzlich vorgeschriebenen Urteilsüberprüfungen nach der Wende nur in Ausnahmen Abänderungen im Strafmaß, obwohl nach § 2, Absatz 3, StGB der BRD das mildere Recht in Anwendung kommen sollte.

Bei Chris G. wurde die (BRD)Strafe erst nach Revision, aber immerhin dann noch in 7 Jahre Haft abgeändert.

Verglichen mit den Urteilen in o.g. männlichen Gewaltfällen ist das schon bemerkenswert.

Den Frauen bleibt die Hoffnung auf eine frühere Entlassung, wenn sie sich gut führen, bewähren und Unrechtseinsicht mittels Reue dokumentieren.

Was ist bei solchen Täterinnen aber „gute Führung" und „Bewährung" im Knast?

Und was ist mit den Ehemännern, Gefährten, Partnern, die bei dieser Art weiblicher Zerstörung fleißig Beihilfe leisteten? Das Leben der Frauen war nicht zuletzt wegen männlicher unterlassener Hilfeleistung und Fairneß weitestgehend unlebbar geworden. Und als Vergeltung bekommen diese Frauen noch einmal verhindertes Leben: hohe Haftstrafen.

Werden sie entlassen, sind sie dann wieder „normal", „normgerecht" zurechtgebogen?

Solche Frauen sollten Leben verordnet bekommen. Ihre Urteile müßten lauten: Geschütztes Wohnen mit ihren verbliebenen Kindern und mit selbstverständlichen Menschen.

ZU MÜTTERN, DIE IHRE NEUGEBORENEN TÖTETEN

Ich weiß, weil ich eine Frau bin, daß Frauen, wenn sie über neun Monate ihre anderen Umstände vor der Umwelt verheimlichen, die Tötung des kommenden Kindes beabsichtigen.

Frauen sind auch nicht in besonderer Bedrängnis durch die Erregung während des Geburtsvorganges. Eine Geburt macht nicht irre im Kopf.

Aber eine Frau kann in Bedrängnis sein, wie jede ungewollt schwanger gewordene Frau, ob ledig oder verheiratet.

Die folgende Statistik zeigt, wie viele BRD-Frauen in den letzten Jahren gegen neugeborenes und ungeborenes Leben vorgingen (ohne ungeklärte Fälle und Dunkelziffer bei Abtreibungen):

Jahr	Kindestötung nach § 217	zusätzlich dazu Abbrüche nach § 218
1987	19	280
1988	25	406
1989	30	78
1990	32	55
1991	26	34

1992 gab es 33 Tötungen Neugeborener, davon 9 in Ost, und immer öfter hört man auch von einfach irgendwo abgelegten Babys.
Ist Bedrängnis für werdende oder bereits seiende Mütter nicht genug Anlaß, die gesellschaftlichen Bedingungen zu erfragen?

Sowohl große Härte gegenüber Frauen, als auch ein besonderes Entgegenkommen in der Beschränktheit des § 217 zeigen patriarchalische Verständnislosigkeit. Und obwohl auch diese deutsche demokratische Republik auf Familie baut, ist sie latent kinderfeindlich. Es besteht der Wunsch nach pflegeleichten, belastbaren, dynamischen, rund um die Uhr einsetzbaren ArbeitnehmerInnen; Wohnungen sind rar und überteuert, Kinderkrippen und -gärten werden abgebaut; Schwangerschaftsprävention ist kostenpflichtig für die Frau; der Abbruch ist nur nach Indikation möglich und gegen Bezahlung; es gibt keinen Haushaltstag für berufstätige Mütter, nicht einmal für die, die ihr Kind allein aufziehen; es gibt immer mehr arbeitslose Frauen, also haben auch die Frauen immer weniger Geld. Und finanziell abhängige Frauen sind schon mal gar keine gleichberechtigten Frauen.
Außerdem – wo bleibt der Pflichtenkatalog für die Kindererzeuger?
Wo bleibt das Idealbild Vater zum Idealbild Mutter?
Wo bleiben mehr Rechte für willige Väter, ob geschiedene oder ledige?
Was nützt die Möglichkeit des Erziehungsurlaubes für Vater oder Mutter, wenn Männer diese Möglichkeit nicht wahrnehmen können, wenn der Arbeitsmarkt so bleibt, wie er ist, wenn die Arbeit nicht geteilt wird, wenn Arbeitgeber nicht unter

Druck gesetzt werden, wenn das Bild des ewig hastenden Versorgers nicht endlich modernisiert wird?
Wenn sich etwas nicht freiwillig von selbst regelt, muß der Staat mit entsprechenden gesetzlichen Regelungen nachhelfen. So ist das nun mal. Ein System wird nicht gleich zur Diktatur, wenn Selbstverständlichkeiten per Gesetz abgesichert werden müssen. (In Schweden ist Erziehungsurlaub bereits für den Mann Pflicht.)
Was nützen immer wieder neue Überlegungen zum gemeinsamen Sorgerecht nach Scheidung, wenn dabei wieder nur ein Umgangsrecht für einen Elternteil, in der Regel eben für die Väter, herauskommt. Gemeinsames Sorgerecht heißt auch gemeinsame Sorgepflicht, heißt auch für den Vater Versorgung, Pflege und Beaufsichtigung der Kinder. Früh zum Kindergarten bringen, nachmittags abholen, abends zu Hause bleiben, am Wochenende große Wäsche.
Manche Väter wollen aber nach einer Scheidung die ach so geliebten Kinder nur noch im Portemonnaie und, wenn möglich, dort auch nicht so toll spüren.
Manche Mütter/Väter wollen aber gar nicht (obwohl die Kinder es wollen) dem geschiedenen Partner großzügig die gemeinsamen Töchter oder Söhne überlassen. Dabei beschneiden besonders die dann letztendlich Berechtigten, in der Regel eben doch die Frauen, Kinderseelen und Kinderwünsche, sie schneiden sich aber auch selbst ins eigene Fleisch, weil sie auf Erholungsphasen, kinderfreie Abende, weil sie auf Zeit ganz für sich allein freiwillig verzichten.

Es bedarf gesetzlicher Veränderungen, u. a. der Selbstverständlichkeit, die §§ 217 und 218 StGB abzuschaffen, die Vergewaltigung auch in der Ehe unter Strafe zu stellen. Es bedarf dringend männlicher Einsichten u. a. in den Polizeibehörden gegenüber männlicher Gewalt ... Es bedarf, es bedarf.
In den USA werden angezeigte gewalttätige Ehemänner in Gewahrsam genommen und müssen nicht ins Gefängnis, wenn sie sofort eine Therapie beginnen.
Bei Gewalt von deutschen Männern können Frauen mit ihren Kindern in Frauenhäuser fliehen, müssen also auch noch zusätzliche Veränderungen ihrer Lebenssituation, zusätzliche Kosten, weitere Wege in Kauf nehmen ...

Frauenhäuser können nur eine augenblickliche Notlösung sein und kein Ausweg!
Man kann doch keine neuen Friedhöfe errichten, wenn ein Krieg befürchtet wird, man muß den Krieg verhindern.

Bei Verdacht auf Verkehrsgefährdung durch Trunkenheit wird der Verdächtigte einer Blutentnahme zugeführt. Bei Überfahren einer roten Ampel bekommt man Fahrerlaubnisentzug.
Auch zu Hause werden rote Ampeln überfahren und der Verkehr durch Trunkenheit gefährdet. Die Würde des Menschen ist unantastbar. Sie zu schützen ist Verpflichtung aller staatlichen Gewalt, heißt es im Grundgesetz. Sie zu schützen, ist staatliche Selbstverständlichkeit, meine ich.
Die meisten Politiker, Beamten, eben die meisten Männer, haben ja auch gar nichts gegen Frauen, nur zeigen muß man ihnen schon, wo der Hammer hängt.

Mein Gruppenbild ist zusammengefügt. Ab und zu werde ich hinschauen und zusehen, daß mir nicht die Kapuze ins Gesicht fällt beim Tanzen ...

Ich danke allen in diesem Buch erwähnten Frauen und Dr. Peter Klepzig, Strafgefangenenhilfe Berlin e.V., für ihre Beihilfe. Den Frauen der Berliner Senatsverwaltung, Förderprogramm Frauenforschung, danke ich für ein Jahr finanzielle Projekt-Unterstützung. Ich danke dem Steuerzahler, der diese Unterstützung erst ermöglichte.
Und ich danke allen Männern für ihre unbewußte Zuarbeit.

Quellenverzeichnis

1) Max Pierre Schaeffer: „Wenn Frauen töten", Herbig Verlag, 1989
2) Neue kriminologische Studien/Annegret Wiese: „Mütter, die töten", Wilhelm Fink Verlag, München 1993
3) Rede L. de Maiziere anläßlich des Anwaltsforums in Erfurt, November 1993, veröffentlicht im Berliner Anwaltsblatt, Heft 1/2, 1994
4) Studie des Bundesverbandes der Innungskrankenkassen (IKK), veröffentlicht Dezember 1992
5) Jahrestagung der Deutschen Gesellschaft für Suizidprävention (DGS) in Dresden, September 1992
6) Aus „Mütter, die töten", siehe oben, Bezug auf „Gewalt gegen das Kind", Trube-Becker 1982, Seite 62
7) aus: „Leben und Sterben der Kindsmörderin Susanna Margaretha Brandt", Siegfried Birkner, Insel Verlag, 1978
8) aus: „Der Kindesmord: Historische, rechtliche und literarische Aspekte", Klaus Kastner in NJW, Heft 23, 1991
9) Die Vorworte zu den Kapiteln 3, 4, 5 und 7 sind den „Mittelalterlichen Lehren über Ehe und Haushalt" entnommen, herausgegeben von Michael Dallapiazza unter dem Titel: „Wie ein Mann ein fromm Weib soll machen", Insel Verlag, 1984.
10) Alle im Text enthaltenen statistischen Angaben zur DDR sind dem Frauenrepport 1990 entnommen, Verlag Die Wirtschaft, Berlin
11) Die Statistiken zur BRD habe ich vom Bundeskriminalamt erhalten und der Studie „Mütter, die töten" (siehe oben) entnommen

Literatur

– Das neue Strafrecht, Gustav Stogel, Kommentar zum Strafgesetzbuch der BRD, Jüngling Verlag, Karlsfeld 1990
– Strafrecht der DDR, Kommentar zum Strafgesetzbuch, Staatsverlag, Berlin 1984
– „Geschlechtsspezifische Rechtssprechung beim Mordmerkmal der Heimtücke", Ilka Junger, Streit Nr. 2, 1984
– „Der Selbstmord", Roger Willemsen, Kiepenheuer & Witsch, Köln 1986
– „Lust am Töten", Cameron/Frazer, Orlanda Frauenverlag, 1990
– „An der Front des Patriarchats", Giesen/Schumann, Extra- Buchverlag, Bensheim 1980
– „Das geheime Wissen der Frauen", Lexikon, Barbara G. Walker, Verlag Zweitausendeins, Frankfurt/M. 1993
– „Kultur im Dritten Reich", 5 Bände, Joseph Wulf, Ullstein Verlag, Berlin/ Frankfurt/M. 1989